湖北民族学院民族社会发展学科群应用经济学学科建设项目及国家连片特困地区（武陵山片区）农村贫困问题重点研究基地课题（JDY201505）资助

教育、健康与经济增长

——基于武陵山连片特困地区的分析

陈霞 著

中国社会科学出版社

图书在版编目（CIP）数据

教育、健康与经济增长：基于武陵山连片特困地区的分析/陈霞著.—北京：中国社会科学出版社，2017.10

ISBN 978-7-5161-9387-7

Ⅰ.①教… Ⅱ.①陈… Ⅲ.①地方教育—影响—贫困山区—区域经济发展—研究—西南地区 ②人力资本—健康状况—影响—贫困山区—区域经济发展—研究—西南地区 Ⅳ.①F127.7

中国版本图书馆 CIP 数据核字(2016)第 288143 号

出 版 人　赵剑英
责任编辑　谢欣露
责任校对　王纪慧
责任印制　王　超

出　　版　中国社会科学出版社
社　　址　北京鼓楼西大街甲 158 号
邮　　编　100720
网　　址　http：//www.csspw.cn
发 行 部　010-84083685
门 市 部　010-84029450
经　　销　新华书店及其他书店

印　　刷　北京明恒达印务有限公司
装　　订　廊坊市广阳区广增装订厂
版　　次　2017 年 10 月第 1 版
印　　次　2017 年 10 月第 1 次印刷

开　　本　710×1000　1/16
印　　张　15.25
插　　页　2
字　　数　212 千字
定　　价　66.00 元

前　言

经济增长已经成为全世界各个经济主体关注的话题，国内外学者关于经济增长过程、源泉和主要因素等内容都做了大量的研究，也取得了丰硕的成果。根据国际反贫困经验，人力资本是经济增长的决定性因素，对经济增长的减贫效应显著。本书是将经济增长研究的方法、内容与范围应用到一个新的对象，即连片特困地区。教育和健康是否是连片特困地区经济增长的主要因素？与发达地区经济增长源泉相比是否有差异？对这些问题的探讨正是本书研究的驱动因素之一。党的十八大报告中专门把人才工作作为党建工作的一个部分来加以部署，提出了“教育是中华民族振兴和社会进步的基石”。十八届五中全会作出了“推进健康中国建设”的决策部署，健康中国上升为国家战略。为此，在以人为本的发展理念下开展教育和健康对经济增长的作用机理和影响研究，在理论和实践上对整个社会经济发展和反贫困都有很重要的意义。

从新中国成立以来，特别是改革开放30余年来经济发展的历程看，连片特困地区经济社会虽获得了巨大发展，但连片特困地区的人力资本贡献率却不容乐观：教育人力资本存量和质量偏低，专业技术人才严重外流，人力资本投资相对不足，且地区间差异较大；在连片特困地区，长久以来健康人力资本没有受到人们的足够重视，健康投资严重不足，因病致贫、因病返贫现象凸显。多种因素的共同作用导致连片特困地区减贫难度大，减贫进展缓慢。其中，教育人力资本和健康人力资本是影响经济增长的关键因素。连片特困地区各级政府应该更加重视教育人力资本和健康人力资本。

教育和健康两个要素已经成为主流经济增长理论研究的重点，虽然两者都可以促进区域经济的增长，但两者推动经济增长的作用机理和方式不同，具有差异性。国际反贫困经验表明，对贫困人口进行教育和健康方面的人力资本投资是脱贫的有效举措，能够显著地减缓贫困。尤其是在经济相对滞后的连片特困地区，教育和健康两个因素的推动力度小于经济发达地区，这使不断提高教育和健康投资成为促进连片特困地区经济增长不可或缺的环节。

本书共有七章，具体安排如下：第一章为导论，介绍了选题背景及研究意义以及本书研究的思路与研究方法等。第二章梳理了与人力资本有关的经济增长理论、与教育和健康有关的人力资本理论和贫困理论。第三章重点论述教育、健康人力资本对经济增长的作用机理，指出两者之间相互影响、相互促进，有很大的相关性，却不能相互替代，各自对经济增长的影响有着不同的作用机理。第四章以武陵山连片特困地区为例，分别对教育和健康人力资本的现状进行考察，并测算了教育人力资本和健康人力资本的存量。第五章利用相关数据，检验武陵山片区教育和健康对经济增长的影响及其程度，并与其他发达地区相比，指出本地区的优劣势及其关注重点。第六章是本书的落脚点，提炼出本书的政策建议。第七章是结论与展望。

本书在写作过程中，参阅了国内外大量的文献和资料，并尽可能地加以注明，如有疏漏，敬请谅解。在此，对所有致力于劳动经济研究的学者、专家、前辈和同人致以最真诚的谢意。由于作者水平有限，时间也比较仓促，本书存在许多疏漏和不足之处，恳请广大读者不吝赐教，使本书得以不断充实和完善。

目　录

第一章　导论

第一节　选题背景及研究意义

一　选题背景

自古典经济学家开创了经济增长的研究框架以来，经济增长日益成为人们关注的重要主题。早期西方经济发展理论特别强调物质资本在经济发展中的决定性作用，是“以物为本”，而不是“以人为本”，忽视了人力资本的重要性。自20世纪60年代诺贝尔经济学奖获得者、美国芝加哥大学教授舒尔茨（Schultz，1960）提出人力资本概念以来，越来越多的经济学家开始认识到人力资本对经济发展的意义。20世纪80年代，罗默（Romer，1986）提出的以内生技术进步为特征的知识积累模型和罗伯特·卢卡斯（Lucas，1988）提出的新经济增长理论，充分强调人力资本是促进经济增长的关键因素，是经济增长的原动力，决定着物质资源的有效利用，它作为生产要素中最具活力的要素之一，显示出其重要作用。随着知识经济时代的到来，越来越多的国家都意识到：经济要获得长期稳定的增长，就必须增加本国的人力资本，尤其是在物质资本与劳动数量投入已经无法保持经济持续增长的情况下，进行人力资本投资能有效促进经济增长。人力资本是保证社会经济持续、快速、健康发展和社会经济结构优化升级的基本条件，劳动者的知识、技术、健康、生产能力决定着经济增长和发展的速度，劳动者素质就成为经济发展成功与否的决定性因素。因此，对于一个国家、一个地区来说，其发展的根本就是要重视自身的人力资本投资、开发与积累，提升人力资本的质量。

在经济发展过程中，如果想要深刻剖析人力资本对经济增长的影响，不但需要关注人力资本存量对经济增长的重要影响，还需要研究人力资本的构成对经济增长的促进作用，这就要求我们理解人力资本的构成因素。舒尔茨（1960）、贝克尔（Becker，1962）按人力资本投资的形式进行了划分，他们认为，普通教育、在职培训、医疗健康、就业迁移是人力资本投资的四种主要形式。其中，教育和健康是人力资本最为重要的组成部分。当然，也有学者按照性别、年龄、受教育程度对人力资本进行细分，根据这些标准划分为不同类型的人力资本，研究其对经济增长的作用。虽然这些研究在一定程度上考虑了人力资本结构对于经济增长的作用，但绝大部分集中在教育对经济增长的研究，把人力资本狭义地等同于教育，教育人力资本几乎成为人力资本理论的代名词，忽略了健康也是形成人力资本的一个重要因素，因此对健康人力资本的研究少有涉及。一方面是由于健康本身的不确定性，难以测量；另一方面是由于保健、锻炼、医疗、闲暇等健康投资统计资料不全。其实，健康为高质量人力资本的实现提供了必要的基础，健康投资的重要性并不亚于教育投资。

在我国的发展战略中，连片特困地区作为特殊类型区域，很长时间以来深陷“空间贫困陷阱”（即贫困与空间地理位置有紧密的关系）①，成为国家“全面建成小康社会，实现美丽中国梦”的一道障碍。对于经济发展相对落后的连片特困地区而言，人力资本更是经济持续发展的源泉和动力，是决定性因素。就国内经济背景而言，在西部大开发、构建和谐社会、建设社会主义新农村的背景

---

① Jalan J. and Ravallion M.，“Spatial Poverty Traps?”，The World Bank Policy Research Working Paper，No. 1862，1997.

下，我国连片特困地区如何摆脱贫困、实现与全国同步进入小康社会成为各方关注的焦点。2011 年 4 月，中共中央政治局召开会议，审议《中国农村扶贫开发纲要（2011—2020 年）》，中央决定将六盘山区等 11 个连片特困地区和西藏及四川、云南、甘肃、青海四省藏区，新疆南疆三地州作为扶贫攻坚的主战场，并在武陵山连片特困地区（以下简称武陵山片区）率先开展区域发展与扶贫攻坚试点。连片特困地区除了具有生产方式原始、产业结构单一、基础设施薄弱、社会发育程度低下、生态严重失调等特征，教育事业发展落后和健康投资能力极其薄弱也是连片特困地区经济社会的共同特点。这种状况直接决定了连片特困地区劳动力身体素质低下和文盲半文盲占主体地位的格局，人力资本匮乏降低了反贫困效果，成为连片特困地区落后的最主要原因。

应当看到，未来十年是劳动年龄人口比例持续提高带来的人口红利期的最后阶段，更是加强教育及健康人力资本投资，以及缩小连片特困地区与发达地区经济增长差距持续拉大现象的关键时期。因此，我国必须在继续加强物质救济、援助和区域经济发展的基础上，着重加强教育和卫生保健等社会服务，将人力资本投资、培育、积累作为连片特困地区从根本上摆脱贫困、走向富裕的战略重点。因此，正确衡量与评估教育和健康对连片特困地区经济增长的影响，探求有效的人力资本积累模式与途径显得尤为重要和迫切。

正是基于以上背景，本书分析了教育和健康对经济增长的作用机理，具体以武陵山连片特困地区为例，考察了教育、健康人力资本现状、形成途径、存在的主要问题，与东部发达地区广东省进行比较研究，利用数据检验武陵山片区的教育和健康人力资本投资对区域经济增长的影响程度，并与其他发达地区经验相比，推导出本地区的优劣势及其后续的关注重点。在吸取历史发展教训的同时，借鉴国内外先进的人力资本理论与措施，提出适合连片特困地区经济持续增长的政策建议，为连片特困地区未来的扶贫攻坚提供一些有益的参考。

二 研究意义

胡锦涛同志在党的十八大报告中专门把人才工作重点作为党建工作的一个部分来加以部署，提出了新的要求，明确提出“加快确立人才优先发展战略布局，造就规模宏大、素质优良的人才队伍，推动我国由人才大国迈向人才强国”。这些都说明，我们党把人才工作提到更高的战略位置。党的十八大报告中还强调了“教育是中华民族振兴和社会进步的基石”“大力促进教育公平，合理配置教育资源，重点向农村、边远、贫困、民族地区倾斜”“健康是促进人的全面发展的必然要求”。党的十八大提出的“全面建设小康社会”具体十项指标中的两项目标是“大学入学率20%”“每千人医生数2.8人”。习近平同志两次提出“没有全民健康，就没有全面小康”，全民健康托起了全面小康的中国梦，健康中国上升为国家战略，意义重大。世界银行在1993年的《世界发展报告》中明确指出：“良好的健康状况可以提高个体劳动生产率，提高各国经济增长率。”[①] 但是，健康作为人力资本中必不可少的组成部分，并不像教育那样受到关注，实际上，健康是高质量人力资本实现的前提基础，健康是人力资本构成的基本要素，其重要性不亚于教育。一个人越是健康，其人力资本存量就会越大，当然其预期寿命就越长，人力资本投资的风险降低，收益更大。2015年10月29日，党的十八届五中全会决定，推动义务教育均衡发展，普及高中阶段教育，逐步分类推进中等职业教育免除学杂费，率先对建档立卡的家庭经济困难学生实施普通高中免除学杂费，实现家庭经济困难学生资助全覆盖。十八届五中全会通过会议公报，提出推进健康中国建设，深化医药卫生体制改革，理顺药品价格，实行医疗、医保、医药联动，建立覆盖城乡的基本医疗卫生制度和现代医院管理制度，实施食品安全战略。公报还提出，建立更加公平可持续的社会保障制度，全面实施城乡居民大病保险制度。为此，以人为本的人力资

① 世界银行：《世界发展报告》，1993年。

本理论研究，尤其是具体到教育、健康人力资本对经济增长影响的研究显得更为重要和迫切。

从新中国成立以后经济发展的历程来看，尤其是改革开放30余年来，连片特困地区经济社会获得了巨大发展，但与东部沿海地区及其他发达地区比较，经济发展水平的差距表现为不断扩大的趋势。因而，探索连片特困地区教育、健康人力资本状况、形成机理及发展路径，对缩小与东部沿海地区经济发展水平之间的差距具有重要意义。本书以武陵山片区教育、健康人力资本与经济增长作为具体研究对象，运用人力资本和经济增长的相关研究成果，通过系统分析连片特困地区人力资本在经济增长中的作用及其作用机制，为连片特困地区的经济发展提供新的思路和途径。其意义如下：

首先，通过研究可以使人们对连片特困地区教育和健康人力资本现状有一个全面而客观的认识，明确其在全国的战略定位和发展中的地位和作用，便于正确把握人力资本发展方向。当今知识经济时代，经济的发展和繁荣不再取决于自然资源或物质资本，人力资本已经成为生产要素中最活跃、最重要的资源。早在1961年，美国经济学家舒尔茨指出："人类的未来并非由土地、资源和设备所决定，而是由人类的教育知识水平的发展来决定。"我国人力资本对经济增长的贡献率大约是35%，而发达国家人力资本对经济的贡献率大约是75%，差距高达40%（鲁志强，2008）[①]。毋庸置疑，"老、少、边、穷"的连片特困地区人力资本贡献率更加不容乐观。因此，对于连片特困地区来说，能否实现经济发展由主要依靠资金、物质要素投入向人力资本转变，提高教育和健康人力资本贡献度则具有至关重要的作用。

其次，通过研究可以反映出不同连片特困地区之间、连片特困地区与发达地区之间教育和健康人力资本存在的各种差异，使我们

① 鲁志强：《第三届中国人力资源管理大奖颁奖典礼暨峰会上的致辞》，http：//www.sina.com.cn，2008年4月14日。

从质和量两个方面掌握连片特困地区在未来发展过程中所存在的人力资本问题，有利于把握各自的区域人力资本发展态势，对于促进连片特困地区经济持续、快速发展具有重要的实践意义。

再次，教育和健康人力资本的研究对政府进行社会资源再分配有着重要的意义，可以提出供有关决策部门参考的建议和方案，在政府宏观决策与政策制定上有着较为重要的参考价值。事实上，人才素质是制约连片特困地区经济增长的重要因素。以 2010 年我国每十万人拥有的大学生比例和文盲率为例：每十万人拥有的大学生比例，上海为 21952 人，武陵山片区所跨四省市分别是贵州 5292 人、重庆 8643 人、湖北 9533 人、湖南 7595 人，上海是贵州的 4.15 倍；文盲率，上海为 2.74%，武陵山片区所跨四省市中贵州为 5.12%、重庆为 4.3%、湖北为 4.58%、湖南为 2.67%，贵州是上海的 1.87 倍。连片特困地区人力资源的典型特征表现为劳动力素质低下。教育与经济增长之间呈现较强的正相关关系，文盲率高则经济增长缓慢。因此，要增加教育投资，促进人力资本质量的提升。健康与教育一样，也是重要的人力资本要素，均能有效地提高劳动生产率，是经济增长中具有基础性作用的要素。随着社会的进步和经济的发展，世界各国用于卫生保健方面的开支日益增加，我国的卫生支出水平虽不及发达国家，甚至比一些发展中国家还低，但从卫生费用占 GDP 比例的增长速度来看，健康问题越来越受到重视。比如，1979 年我国的卫生医疗费用总支出占 GDP 比例为 3.11%，1989 年增加到 3.62%，1999 年为 4.51%，2009 年为 5.12%，2015 年为 6%。作为人口大国，健康状态直接影响人力资本的质量，进而影响社会经济发展，为此，健康人力资本投资应成为经济社会发展过程中的首要选择。

最后，依据武陵山连片特困地区教育、健康人力资本的特殊情况，可以建议政府相关部门实施差异化的区域发展与扶贫攻坚对策，促使其采取更具针对性的减贫措施，尤其要在基础教育、医疗保障等公共服务领域增加投资，这对推进公共服务均等化、探索精准扶贫新路径方面具有现实意义。

第二节　国内外相关研究综述

一　国外相关研究综述

正确认识并估计人力资本对经济增长的影响，是要以正确认识并估计人力资本各形成要素为前提的，越来越多的研究在度量人力资本时，除了使用教育指标，也使用健康指标。本书在综述国内外研究动态时，把教育和健康人力资本对经济增长影响的研究文献分开综述。

（一）教育人力资本与经济增长的研究综述

1. 古典经济增长理论中教育人力资本投资的经济价值研究

长期以来，经济增长一直是经济学家们所关注和研究的重点，但教育人力资本投资对经济增长的重要影响并不是经济学家们在研究经济增长问题伊始时所关注与重视的。在传统社会里，教育在经济发展中所起的作用并不是很明显，长期以来学者们把教育人力资本投资视为一种纯消费行为。最早重视教育人力资本投资问题的是英国古典经济学家威廉·配第（William Petty，1676），他在《政治算术》一书中认为，"掌握一定'技艺'的人，能够做许多没有本领的人所不能做的许多工作"。[①] 这种"技艺"需要投入一定的人力、物力及财力，通过培训才能获得，这些投入就是早期的教育人力资本投资。

此后，以亚当·斯密（Adam Smith）、李嘉图（Ricardo）为代表的古典经济增长理论认为，资本、劳动、土地等因素是促进经济增长的主要来源。亚当·斯密在其巨著《国民财富的性质和原因的研究》中强调，劳动者的经验、知识、能力是国民财富的主要源

① ［英］威廉·配第：《政治算术》，陈冬野译，商务印书馆 1978 年版。

泉，是经济发展的必要因素，劳动者要掌握一定的技术、知识就需要学习，这种学习需要投入一定的费用，他将这种教育的支出看作可以获得回报并获取利益的投资，这是较早的关于教育投资的经济价值论述。李嘉图（Ricardo，1817）特别重视劳动力教育投资的作用，认为物质资本促进的经济增长趋势是不会长久的，它会在收益递减规律的作用下停止，而教育投资则不然。

许多经济学家如德国的李斯特（Liszt）、英国的马歇尔（Marshall）等对教育投资的认识则上升到了一个新的高度。李斯特的观点对德国的教育发展产生了重要的影响，他指出教育在社会发展中具有非常重要的作用，并认为“接受教育、家教、科学、艺术的人的精神劳动具有生产性，故一国的最大部分消费应该用于促进和培养国家未来生产力，用于后一代的教育”①。马歇尔在《经济学原理》中主张经济生产的要素除了土地、劳动力、资本，还应该加上教育这一因素。他还提出“教育是国家投资”“用于人的教育投资是最有效的投资”等观点，甚至认为“一个适用的工业天才的经济价值，完全可以抵偿一个城市的教育费用”。②

2. 现代经济增长理论体系中认定教育是经济增长的原动力

哈罗德（Harrod，1939）和多马（Domer，1946）开始正式研究经济增长，建立了一个较完整的现代经济增长理论体系。他们以凯恩斯（Keynes，1936）的“有效需求”理论为基础，分别提出两个极为相似的经济增长模型，就是后人称为的哈罗德—多马模型。他们认为，经济增长率提高与储蓄率的增加是成正比的，但却与资本—产出比成反比，伴随着人口数量不断增长的趋势，资本投入不断减少，这样经济增长将会逐渐达到一种理想的稳态。但该模型有一个明显的局限，就是资本—产出比固定不变，且不考虑技术进步对经济增长的作用，这并不完全与各国经济增长的实际情况相符，

---

① ［德］李斯特：《政治经济学的国民体系》，陈万煦译，商务印书馆 1997 年版。
② ［英］马歇尔：《经济学原理》，朱志泰译，商务印书馆 2005 年版。

尤其是发展中国家。索洛（Solow，1956）和斯旺（Swan，1956）在修正哈罗德—多马模型基础上建立了一个新的经济增长模型即索洛—斯旺模型。该模型不再要求资本—产出比固定不变，他们认为，从长期看经济增长不仅取决于劳动力增长率、资本增长率、资本和劳动对产量增长的相对作用程度，还取决于技术进步程度，将技术进步作为外生变量引入生产函数中。索洛（1956）还用余值法对技术进步进行测定，得出美国1909—1949年技术进步因素对经济增长的贡献率超过了80%，并将技术进步率分解为培训和劳动力受教育水平等因素的贡献。迄今为止，索洛模型是各种要素分析和生产率分析的基础，并为后来的内生增长理论奠定了基础。

卢卡斯（Lucas，1988）和罗默（Romer，1986）分别发表了《收益递增和长期增长》与《论经济发展的机制》两篇论文，这标志着“新经济增长理论”的出现。新经济增长理论的重要内容之一是把新古典经济增长理论中“劳动力”的定义扩展为人力资本投资，即人力不仅包括劳动力数量，而且包括劳动力的教育水平、生产技能训练和相互协作能力的培养等。新经济增长理论认为，经济增长不是外部的，而是经济体系的内部力量作用的产物，经济增长的影响因素主要由资本、劳动、人力资本以及技术进步等构成。它特别强调教育人力资本对经济增长的促进作用，认为高质量的经济增长来源于教育人力资本的有效积累。教育人力资本存量越丰富的国家，其经济增长率越高，均衡的经济增长与教育人力资本存量成正比，与研发部门的生产力成正比，与时间贴现率成反比。卢卡斯（1988）认为，教育和干中学（某种程度上，相当于培训）是人力资本形成的主要渠道。罗默（1986）提出了知识溢出模型，认为生产要素主要由非熟练劳动、新思想、物质与人力资本四个部分组成，其中人力资本又进一步划分为原始劳动和具有专业知识的人力资本。他提出知识能提高投资收益率，这对各国经济增长率的非收敛性做出了很好的解释。同时，他认为，特殊的知识和专业化的人力资本能促进自身收益的增加，使物质资本的投资产生递增效益，表现为知识的“外溢效应”。卢卡斯（1988）的人力资本溢出模型分析了人力资本的形成和积累对产出的贡献，将人力资本作为独立要素纳入了经济增长模型，把拥有“专业化的人力资本”看成是经济增长的原始动力。同时，卢卡斯（1988）分析了人力资本投资的内部效益和外部效益，并强调人力资本的外部效益是递增的。对新古典增长理论中一个重要但无法解释的变量——全要素生产率（TFP），两位学者分别从不同层面开展分析。卢卡斯的模型在原有的“教育与研发”“生产”的基础上，注入了“人力资本”“技术进步”两个新因素，对内生的、可持续的经济增长展开了详尽论述。

在卢卡斯和罗默之前，阿罗（Arrow，1962）、泽宇（Uzawa，1965）、谢辛斯基（Sheshinski，1967）已经做了有关这方面的分析，认为“知识累积”“教育”是内生技术的重要支撑，为后来的内生经济增长理论搭建了最初的研究框架并提供了证据。泽宇模型引入了以线性生产技术增加人力资本的教育部门，认为人力资本的不断积累保证了经济的持续增长。

3. 人力资本理论强调教育对经济增长的巨大促进作用

“二战”后对教育投资的研究，是与人力资源理论的发展紧密联系的。人力资本真正形成较为完整的理论始于20世纪五六十年代。明塞尔（Mincer）分别于1958年、1974年系统而深入地研究了人力资本与收入的关系，并由此被誉为人力资本理论的创始人。明塞尔（1958）利用教育模型进行实证，结果表明，人力资本投资对个人的收入有显著影响，受教育程度与收入呈正相关，即受教育程度高的人更容易获得相对较高的收入，脱离贫困；反之亦然。为此，很多处于贫困状态的人为了摆脱贫困，通过接受教育这种方式来缩小与他人之间收入的差距。

舒尔茨1960年进行了一次著名的演讲，这次轰动西方经济学界的演讲题目是“论人力资本投资”。他认为人力资本是资本的一部分，同时强调了人力资本的特殊性，充分论证了人力资本是经济增长的主要源泉，在经济发展过程中人力资本投资收益率高于物质资本的收益率。舒尔茨认为，人力资本投资包括教育投资、职工培训、保健投资和劳动力迁移，其中最主要的是教育投资。他对1929—1957年的美国教育与经济增长关系进行了定量分析，得到教育投资增长的收益占劳动收入增长、国民收入增长的比例分别为70%和33%。[①] 可见，教育投资是人力资本投资的关键形式，投资效益显著。

贝克尔在1962年和1964年先后发表了《人力资本投资：一种理论分析》和《人力资本：特别是关于教育的理论与经验分析》两篇文章，从微观上阐述了人力资本、人力资本投资等重要观念和思想，进一步拓展了人力资本理论，提出了较为系统的人力资本理论框架。培训资本是人力资本的最重要的组成部分（Becker，1988）。贝克尔在1990年和1992年发表了《人力资本、生育和经济增长》和《劳动分工、协调成本与知识》两篇论文，认为更大范围或程度更深的劳动分工能够提高生产率，教育投资使工人更加专业化，同时使知识更加专门化。贝克尔的人力资本理论更加注重微观分析，注意将人力资本投资理论与收入分配结合起来，弥补了舒尔茨只重视宏观的缺陷。贝克尔、Murphy和Tamura（1990）强调了教育对经济增长的巨大促进作用。

4. 教育人力资本对经济增长影响的实证研究

对教育人力资本作用的计量分析首推丹尼森（Denison），他在计算教育程度提高对提升国民收入增长的贡献时，将教育程度的提高归入人力资本投入量增加，把教育水平提高看作促进人力资本质量提高的范畴，认为教育程度、教育水平成为对经济产生影响的重要因素，得出“美国在1929—1957年这28年的经济增长中，教育贡献了23%的比例”[②]，这是他最著名的研究成果。丹尼森这项研究成果发表之后，从20世纪60年代开始，全球教育经费猛增，这种

---

① ［美］舒尔茨：《论人力资本投资》，北京经济学院出版社1990年版。

② Denison，Edward F.，Measuring the Contribution of Education. In the Residual Factor and Economic Growth，Paris：Org. Econ. Co - operation and Development，1964.

情况持续了十多年。

在人力资本实际贡献率的测度方面，曼昆、罗默和威尔（Mankim，Romer and Weil，1992）对索洛模型进行了扩展性的研究，萨拉·伊·马丁和巴罗（Sala I. Martin and Barro，1995）做了有关教育和经济增长关系的回归分析。

Petrakis 和 Stamatakis（2002）对三组发展水平明显不同的国家进行人力资本对经济增长的影响分析，结果表明不同的经济发展水平与教育之间的关系会发生变化：对经济欠发达地区而言，初等、中等教育对其经济增长显得尤为重要；而对经济发达地区而言，其经济增长主要依靠高等教育。Agiomirgianakis、Asteriou 和 Monastiriotis（2002）研究表明，随着教育水平（初级、中级、高级）的提高，人力资本的作用越来越显著，政府为了增加经济增长的潜在收益，可以采取措施发展高等教育，这样可以获得更高的、更可持续的经济增长。Jung Hong - Sang 和 Thorbecke Erik（2003）利用跨部门的 CGE 模型，研究了坦桑尼亚和赞比亚教育支出对人力资本，进而对宏观经济的影响。Alfaro Carlos E. 和 Pedro M. Lorenti（2005）利用阿根廷 1900—1990 年的数据来研究经济增长中人力资本的作用，发现初级教育与经济增长之间存在强相关关系，这是因为 20 世纪前半世纪阿根廷处于欠发展状态，到了后半世纪，当工业化进程开始的时候，中级和高级教育起着重要作用。

5. 教育人力资本与贫困关系研究

目前针对某一特定贫困地区来研究教育人力资本问题的成果并不多见，已有的相关研究更多地偏重少数民族人力资本的具体相关问题。多数研究结果表明，教育支出能够提高经济增长，一个目标良好的教育支出模式对于缓和贫困是有效率的。森（Sen）从理论上分析了人力资本对贫困的影响，认为造成贫困的原因在于创造收入的基本能力的剥夺，教育、技能、健康等形式的人力资本，不仅是贫困的表现，也是贫困产生的实质原因。史密斯（Smith，1997）认为，少数民族学生存在教育不足的问题。Withers（1997）认为，劳动力市场上存在就业、收入上的差别，少数民族身具双重劣势。美国社区学院未来委员会编写的《建设社区——对一个新世纪的展望》中明确提出，“社区学院不仅要招收少数民族学生，而且更要保证他们能够顺利完成所学课程……失去了这一机会，美国将成为一个社会和经济分裂的国家”。Frey（1992）将研究焦点集中在民族人口与贫困关系等问题上。Cynthia Feliciano（2005）、Perreira K. M.（2011）重点探讨了少数民族人口与移民教育中的选择性问题，认为相对于欧洲人来说，第二代亚洲移民的大学入学率更高，而且西班牙、亚洲和非洲后裔的第一代移民的年轻人比他们的父母能够得到更好的教育。约翰·格雷（John Gray）根据1996年11月加拿大政府发表的《皇家委员会关于土著居民的报告书》，毫不客气地指出：“土著人口已陷入了一个恶性的且无休止的循环——贫困、教育无效、家庭暴力、恐怖活动、健康受损、再贫困。”[①] 根据统计资料显示，发现“第一民族”的土著人口无论在教育、收入，还是就业、住房等变量上存在差异。John Kendall（2001）认为，土著人口受教育水平远远低于非土著人口，这是失业率高的根本原因，加上劳动力市场对土著人的根本性歧视，导致其在就业市场中处于不利地位。米勒（Miller J. R.，1996）为了恢复土著人的自信，他曾乐观地认为，“土著居民在加拿大的社会生活中曾经扮演过不可或缺的角色”[②]，鼓励土著人提高受教育程度，让土著人的各个群体恢复自信。

教育人力资本与缓解贫困之间关系的实证研究结果存在差异。Kurosaki和Khan（2001）对巴基斯坦农村的研究表明，教育人力资本在缓解贫困方面起到了非常重要的作用。Cheng等（2002）的研究显示，教育人力资本投资的减贫效果最显著。但也有学者认为，

① ［英］约翰·格雷：《自由主义的两张面孔》，顾爱彬等译，江苏人民出版社2005年版。

② Miller J. R., Singwauk's Vision: A History of the Native Residential Schools, Toronto: University of Toronto Press, 1996.

教育人力资本对消除贫困的作用并不明显。Teal F.（2001）对加纳的研究表明，教育人力资本并没有显著地缓解农村贫困。Wedgwood R.（2007）对坦桑尼亚的研究证明，教育人力资本投资并未带来显著的减贫效果。甚至有研究表明，教育人力资本投资不利于缓解贫困。如 Gustafsson 和 Li（2004）利用中国 18 个省份 1988—1995 年的相关数据，证明农村家庭增加教育人力资本投资会造成低收入家庭教育支出占比上升，导致农村贫困消除缓慢。

（二）健康人力资本与经济增长的研究综述

人力资本理论提出后，引起了许多理论研究者的兴趣，被视为贫困成因的一个重要解释，许多国家将健康摆到了不可或缺的位置，并在实践中将人力资本投资作为反贫困和经济发展的重要举措，把健康作为经济发展的基本因素。许多研究者围绕健康人力资本投资与反贫困做出了各种有益探索，并在实践中得到了验证。

1. 健康人力资本投资是人力资本投资的重要组成部分

莫什金（Mushkin）、贝克尔、格罗斯曼等经济学家很早就开始关注健康投资，认为健康是人力资本的重要组成部分。莫什金（1962）在《健康作为一种投资》一文中，正式提出将健康作为人力资本的构成部分，认为教育与健康是人力资本的孪生产物，并计算出美国在 1900—1960 年期间由于人口死亡率的下降带来的经济效益约为 8200 亿美元。舒尔茨（1979）提出，健康状况的改善会刺激人们获得更多的人力资本，每个人的健康状况是一种资本储蓄，主要通过健康服务来发挥作用。世界卫生组织（WHO，1946）把健康定义为“完好的生理心理并具有社会幸福感的状态，而并不仅仅指不虚弱和无病”。[①] 贝克尔（1987）认为，居民或个人既是消费者同时又是投资者，健康正是投资的结果。格罗斯曼（1972）认为，好的健康能提高个人的效用，它的状况及变动对一国经济增长的影响不容忽视。健康投入既是一种人力资本投资，也是个人生活中不

① 殷大奎：《健康教育、健康促进重要文献选编》，中国人口出版社 1998 年版。

可或缺的一种消费。格罗斯曼（1999）指出："每个人都会通过遗传获得一笔与生俱来的初始健康存量，这种存量会随着年龄的增长而折旧，也可能由于健康投资的增加而上升。"① 作为人力资本投资不可或缺的一部分，健康人力资本投资确保了高质量人力资本的实现。摩根（1962）从不同角度分析过健康投资对个人在劳动力市场上表现的影响，认为健康状况是影响每年工作时数、劳动力参与度等的重要因素，健康状况良好的人参与劳动力市场和获得就业机会的概率是成正比的，同时工资水平也就越高，当然工作寿命也越长。Cropper（1977）构建了健康资本投资和作为健康投资的职业选择的两个模型，研究发现，健康资本衰退的比率随着年龄的增长而加速，所以，工人们牺牲了高工资而在不影响健康资本的环境中工作，也是一种健康投资。

2. 健康投资具有不确定性、测量困难等特点

阿罗在《不确定性与卫生保健的福利经济学》（1963）一文中指出，人们发生疾病的不确定性，医疗需求和产出的不稳定性带来风险分担市场的缺失，道德风险、逆向选择等也会影响医疗保险市场。根据这一特点，阿罗建立了最优保险政策理论模型。

健康资本测量很难找到有效的度量指标。舒尔茨与 Tansel（1997）等以营养状况、发病率、生理特征来度量健康指标，结果表明健康会影响劳动者的收入和生产效率。Dolan 则在 2000 年提出了"健康有关的生命质量"指标。舒尔茨（2001）、Thomas 和 Franken－berg（2002）指出，对健康资本的测量一直都是相当困难的，已有的测量主要包括存活率、死亡率、发病率、总体健康和功能状态变量。Chakraborty（2004）、Bunzel 和 Qiao（2005）曾把内生死亡率引入两期的 OLG 模型中，开展了以死亡率衡量的健康人力资本对经济增长作用的研究。

① Grossman，"The Human Captial Modle of the Demand for Health"，NBER Working Paper Series，1999.

3. 健康对经济增长具有很重要的直接影响作用

20 世纪 70 年代末，世界银行关于贫困方面的世界发展报告都倾向于认为，健康对经济增长具有很重要的作用。格罗斯曼（1972）指出，健康是人力资本极为重要的构成因素之一，它对一个国家或地区的影响是不容忽视的。世界银行在《世界发展报告：投资与健康》（1993）中指出："良好的健康状况的受益者不仅是个人，还有国家。对个人来说，可以提高微观个体的劳动生产率，对国家来说，可以提高宏观国家的经济增长率。"① 巴罗和李（1994）发现，健康对经济增长率存在显著的正向影响。卢卡斯（1988）、Zon 和 Muysken（2001）指出，健康人力资本对于宏观经济、居民的收入增长有显著作用。Bhargava（2001）直接用成人生存率代替健康状况，结果表明，健康状况每提高 1 个百分点，经济增长率便提高 0.05 个百分点。Arora（2001）有个重要的研究成果，利用发达国家近 200 年来经济增长状况的数据，通过做计量回归，发现 200 年的经济增长中，健康贡献了 30%—40%。Bloom（2003）发现国家的产出与平均预期寿命相关性特别大，平均预期寿命每增加 1 年，国家产出平均增加 4%。Jamison（2004）则围绕成年人存活率对国内生产总值的影响进行估计，研究发现成年人存活率上升 1%，相应的 GDP 增长率将上升 0.05%。

二 国内相关研究综述

（一）教育人力资本与经济增长的研究综述

1. 新中国成立前后教育人力资本与经济增长的关系研究

20 世纪 30 年代，老一辈教育学家开始探究教育与经济的关系，如陶行知、杨贤江、古煤等，为以后逐步建立并完善教育经济学理论体系奠定了基础。古煤先生首先使用"教育之经济学"的概念②，但没有从理论层面上很深入地对教育与经济增长之间的关系进行

---

① 世界银行：《世界发展报告：投资与健康》，牛津大学出版社 1993 年版。

② 尹小宇：《中外教育经济理论研究比较》，《教书育人》2001 年第 6 期，第 2 页。

探讨。

新中国成立初期至改革开放前，政府坚持“先经济后教育”的教育财政思想，我国教育不断被边缘化，“不平衡发展论”是教育财政思想形成的深层原因。李永贤（2005）这样总结新中国成立以后至改革开放之前的教育与经济增长之间关系的研究状况：“在‘先经济后教育’的教育财政思想的指导下，教育规模和教育经费多次被削减，教育发展严重滞后。但是，这一思想的出现是当时我国社会历史发展的必然结果，无法因个人的意志而转移。”①

2. 改革开放后展开了教育人力资本对经济增长影响的理论研究

“文革”期间教育事业遭受了极大破坏，直到党的十一届三中全会以后，教育投资对经济增长的影响才被重新定位。1977 年 7 月，邓小平同志提出抓科技和教育工作，恢复了高考制度。1980 年指出“大力增加科教文卫的经费”，从财政政策上开始重视教育。1988 年提出“千方百计把教育问题解决好”。改革开放后我国对教育的重视程度可见一斑。此后，国外经济增长理论、人力资本理论、教育经济理论不断传入中国，我国很多经济学家、学者对教育及教育投资对经济增长的影响展开了研究。

国内对于教育人力资本与经济增长关系的研究较多，研究结果几乎都表明教育人力资本能够促进经济增长。一些专门研究教育与经济增长的文章、书籍开始出版，厉以宁的《教育经济学》（1984）最早提出了一些属于人力资本范畴的观念，如“教育的经济功能”“能力薪金”“知识与技能标准”② 等，对教育人力资本与经济增长相关研究产生了深远的影响。周天勇（1994）认为：“自学能力和知识的提高，会使劳动者较快地接受新工艺、掌握新操作方法，将引进和发明的新技术转化成生产力，使产出大规模地增加。”③ 范先

---

① 李永贤：《建国初期“先经济后教育”的教育财政思想之评析》，《清华大学教育研究》2005 年第 2 期。

② 厉以宁：《教育经济学》，北京出版社 1984 年版，第 138 页。

③ 周天勇：《劳动与经济增长》，上海人民出版社 1994 年版，第 141 页。

佐（1999）这样总结教育与经济增长："无论是劳动者行为的规范，素质的提高，还是劳动者资源配置的合理，都与教育有着密切的联系。"[①] 教育作为培养人的活动，它的发展必须以经济为基础，范先佐（2007）论述了教育与经济的相互作用："经济发展决定教育的规模和速度，决定教育结构，决定教育体制；教育发展为经济发展提供前提条件，教育发展直接影响经济运行，经济发展是教育发展的函数。"[②] 熊春文（2002）在《教育经济功能的一个制度经济学解释》一文中，从制度的角度来考察教育的经济价值，他认为制度包括"正规约束"与"非正规约束"，教育有助于正规约束的创立和遵从，节约正规约束的实施成本，其作用更多体现在非正式约束方面的意识形态，如道德素质。

3. 教育人力资本对经济增长影响的实证研究

伴随着人力资本理论研究的深入及研究领域的拓展，相关实证研究得以广泛开展。在定量研究人力资本与经济增长的文章中，一般是以柯布—道格拉斯生产函数为基础进行各种数学变形，只是衡量人力资本的测度指标不同，选取的指标通常有大学生在校人数、受教育程度、教育经费、工资收入差别等指标，而分析的方法大多采用回归分析法。如李建民、王金营（1999）用的是人才指标；盛乐（2000）用的是教育投资经费指标；诸建芳（1995）、胡鞍钢（2000）、侯亚非（2000）、陆根尧（2004）、王金营（2005）、郭志仪和逯进（2006）、魏立萍（2007）用的是教育年限法指标；王永齐（2006）用的是混合替代指标（选择三个替代指标，DU：国家财政预算内支出中用于驾驭的支出所占比例；UM：每万人口中大学生所占比例；AVUNI：每万人口平均受教育程度）。杨建芳等（2006）指出，大量的研究以教育水平来度量人力资本，甚至完全以教育资本来替代整个人力资本。王萍（2008）用回归分析法，实

① 范先佐：《教育经济学》，人民教育出版社 1999 年版，第 94 页。

② 范先佐：《教育经济学》，中国人民大学出版社 2007 年版，第 51—61 页。

证研究了甘肃省1990—2005年通过高等教育增加的人力资本存量对经济增长的产出弹性及促进作用大小。

许多学者间接地估计教育人力资本对经济增长的作用，如孙炳彦（1998）在环境损失计量中考虑教育人力资本因素；吴建伟（2001）、赖明勇（2002）、沈坤荣（2002）、蔡昉（2004）从教育人力资本角度研究技术引进和利用外资问题；许学军（2002）从人力资本角度研究教育有效需求不足问题；王绍光（2000）、沈坤荣（2002）、蔡昉（2002）将教育视为影响区域差异形成及变动的因素之一；安应民（2003）从在职培训与管理角度研究企业发展问题；侯亚非（2001）、王金营（2002）根据经济增长目标对教育人力资本的供需进行了预测。

从物质资本与人力资本比较的角度来观测人力资本水平、教育投资效率和增长贡献的文献也日益增多，如孟晓晨、刘洋、戴学珍（2005），胡永远、刘永呈（2005），廖楚晖（2006），侯风云（2007），魏下海（2009），王小鲁、樊纲、刘鹏（2009），等等。针对中国教育人力资本水平估算的研究成果十分丰富，较有代表性的有贺菊煌（1992），任若恩（1997），张军（2003），陈勇、李小平（2006），孙景尉（2005，2006），沈坤荣、李剑（2009），等等。庄志军（2006）通过对比分析日本、美国、英国高等教育发展与经济增长的关系，指出经济增长不能离开高等教育的发展和科学技术的进步。

近年来，有关中国教育人力资本因素的实证计量研究结果差异较大。梁昭（2000）估算出1981—1995年中国经济增长中教育人力资本的贡献份额为15%；李玲（2003）估算出1978—1998年教育对经济增长的贡献率为31.51%；崔玉平（2000）估算出1982—1990年国民生产总值年平均增长9.58个百分点，其中有0.847个百分点是由教育带来的，占8.84%。结论如此悬殊，原因是多方面的，如各学者研究的具体对象不同，采用的增长模型不同，样本所属时间不同，以及人力资本结构因素的作用。此外，各学者用以表示教育人力资本水平这一基础变量的指标差异极大。钱雪亚

（2009）指出，教育人力资本水平这一变量表达上的不一致，必然导致人力资本贡献率的估计差异较大。事实上，学术界对教育人力资本这一变量水平本身计量的滞后，已经构成了对相关后续研究的制约和局限。李忠明（2000）、杨明洪（2001）均认为，目前一般都能定性地说明教育人力资本对经济增长有显著贡献，但定量分析并没有令人信服的结果。

4. 教育人力资本薄弱影响贫困地区经济社会发展

近年来，关于探讨经济社会发展特别是贫困地区发展与教育人力资本的研究成为理论界研究的热点。连片特困地区能否在全球化体系中找到适合自身需要的生存方式和发展道路，而不是在激烈竞争中被日益“边缘化”，成为重要的研究问题。

赵曦（1997）对人力资本投资与反贫困问题进行了定性研究，指出贫困地区经济社会的共同特点在于落后的教育事业和薄弱的人力资本投资。陈琳（2000）针对民族地区贫困的特点，提出了教育人力资源开发策略。向恒（1998）指出，教育人力资本投资是消除我国农村贫困的一种战略选择。杨红英（2008）、戴庆中（1998）、马翀炜（2004）、陈庆德（2004）均认为，人力资本的形成不能回避人生存的特定文化环境，指出以民族文化所包含的地方性知识作支撑的人力资本，可以成为“边缘”民族参与当代主流社会、求得发展的内在动力，使这些贫困民族地区获得新的发展路径。刘寒雁（2006）提出，在当前常规教育无法满足地区内特殊人力资本需求的条件下，在原有教育模式基础上适当建立符合地方经济发展需求的具有地方特色的少数民族教育体系，不失为一种延续少数民族文化传统、建立社会多元发展机制的方法，并提出了应在贫困的少数民族地区建立多层次、多元化文化教育体系的构想。王金营（2005）比较了西部各省区人力资本与经济增长的作用，证明了西部仍处于人力资本规模收益递增阶段与人力资本短缺时期。李志江（2007）对我国东中西部地区从业人员接受教育的差异程度进行分析并给出对策。郑长德（2001）对贫困民族地区人力资本的开发与人力资本的形成进行了研究，指出贫困民族地区的总体人力资本水平还很低，与沿海发达地区的“知识差距”在不断扩大，但未谈及人力资本对经济增长的贡献率大小。

成艾华（2007）分别对贫困民族地区教育人力资本和健康人力资本进行测算，采用人力资本基尼系数对贫困民族地区人力资本发展的不平衡性进行分析，用因子分析法对全国31个省市区的人力资本进行排名，明确贫困民族地区各省区所处的位置。逯进（2009）以卢卡斯的人力资本溢出模型为依据，对西部各省区人力资本与经济增长之间的关系进行了实证分析，重点核算了人力资本脑力素质积累及其外溢的增长效应，此外，对资本、劳动力数量以及全要素生产率（TFP）的贡献率也进行了核算、比较和评判。原新（2000）实证分析了西部地区的高等教育与经济增长的关系后，指出西部地区高等教育与经济增长存在高度相关且高度同步的关系，人力资本对经济推动作用明显。张晓阳、赵普（2008）根据关联机制的模型假设，对西部地区所处经济增长阶段与人力资本积累阶段进行实证分析，从科技投入状况和教育投入状况两个方面对西部地区的科技教育驱动能力进行了相应的考察，并对西部地区三次产业专业技术人才的需求情况进行了预测。

实证研究得到的结论并不一致。刘修岩、章元、贺小海（2007）运用两阶段Probit模型进行实证分析，结果表明，农户劳动力平均受教育程度每提高1年，会降低其陷入贫困的概率为7.51%。蒋选、韩林芝（2009）应用灰色关联分析法对农村教育人力资本与贫困之间的关系进行研究，结果显示，教育对消除贫困的影响十分显著，特别是义务教育对减少绝对贫困作用非常重要。杨国涛等（2006）利用宁夏农村的调查数据，对影响农户贫困的各种因素进行实证分析，但结果却是教育因子没有通过显著性检验，所以无法判断教育对贫困的影响程度。

（二）健康人力资本与经济增长的研究综述

从国内对人力资本与经济增长之间关系的研究情况来看，研究问题主要侧重于探讨教育人力资本投资对经济的促进作用。对于健康人力资本投资与经济增长之间的关系问题虽也有涉及，但研究较晚，文献较少。学者们使用单一指标或构建健康指数来度量健康人力资本，验证结果一致认为，健康投资与教育一样，影响经济增长。

1. 健康是教育和其他人力资本构成因素发挥作用的基础

健康是生产力增长的先决条件。周天勇（1994）认为："劳动力拥有健康的身体和充沛的精力，在劳动过程中拥有的附加值就是增加了干劲和耐力，结果就是劳动力个体贡献了更多的供给量；健康的身体可以减少病痛的折磨，从而有效地使工作年龄延长。"① 樊明（2002）分析健康人力资本对劳动力市场的影响，结论表明，健康状况良好的劳动力会受到劳动力市场的青睐，即获得就业机会更多，工资水平更高。

显然，健康人力资本对经济增长的意义已经十分明确，很多文献研究健康与教育之间的关系，证实了健康和教育的基础性作用。余长林（2006）打破以往研究局限于人力资本存量的路径，采用柯布—道格拉斯生产函数形式，将教育和健康数量都考虑进去，试图在拓展的 MRW 基础上构建内生增长模型，结果表明经济增长受到教育与健康人力资本存量、人力资本结构的限制。胡昭霖（2006）、徐倩和谢勇（2004）从投资成本、投资收益、投资主体、外部效应等方面，分析了健康投资与教育投资存在异同与联系，认为健康投资较教育投资存在信息不对称、有更大的不确定性和难以测量等问题。杨建芳等（2006）通过将人力资本投资分成教育投资和健康投资两个因素，综合考虑健康和教育之间的平衡和配合关系，以 MRW 模型为基础，考虑了技术进步内生和外生两种增长模型，运用了中国省际数据，分别对两种模型进行了实证分析，结果表明，人力资本存量和累积以及人力资本形成的两大要素——教育和健康对经济增长都有重大影响。于东平、段万春等（2011）利用我国

① 周天勇：《劳动与经济增长》，上海人民出版社 1994 年版，第 140 页。

1997—2008 年 12 年的省级面板数据，分析了人力资本的作用，认为在中东部教育人力资本对经济增长的影响较显著，对我国整体及西部地区健康人力资本表现出显著的促进作用，也就是说，教育、健康人力资本对经济增长的作用具有地区差异性。

2. 健康人力资本能缓解贫困与增长经济水平

孟庆国和胡鞍钢（2000）提出健康贫困的概念，指出健康贫困意味着就业机会的丧失和工作能力的剥夺，并得出了全国因病致贫的比例达到了 23% 的结论。洪秋妹、常向阳（2010）利用 1989—2006 年 CHNS 面板数据，研究表明疾病是我国农村致贫的重要因素之一。汪燕敏（2009）也发现，提高农村居民的健康水平是减少贫困的有效途径之一。李翠锦（2010）通过建立向量自回归模型研究发现，教育投资和健康投资对农村贫困均有显著的缓解效应，但迁移投资对农村贫困的缓解并没有产生显著影响，显然，教育和健康投资是缩小居民收入差距的最理想选择。

罗凯（2006）对健康人力资本与经济增长的关系进行研究，应用 Pooled - OLS 模型和 GLS 模型，得出我国的健康投资与经济增长之间存在显著的正相关关系，预期寿命每延长 1 年，GDP 增长率则相应提高 1.06%—1.22% 的结论。杜本峰（2005）指出，健康是社会发展的目标，健康具备投资和消费两种作用，是社会经济发展的资源，一是作为一种人力资本投资，直接促进了收入增加，并推动了经济的发展；二是通过健康消费，扩大了人们的需求，逐渐将重点从治疗转移到预防保健上，间接地推动了经济的发展。王弟海等（2007）从理论上分析健康投资对经济增长的影响，主要考虑中长期的影响，实证上利用格罗斯曼效用函数和阿罗—罗默生产函数的混合模型，考虑了健康投资的效用，分析了健康投资对产业结构和经济增长的作用以及健康人力资本对经济增长的中长期影响作用。王弟海（2010）采用一个两部门的经济框架，基于动态的角度研究了物质资本积累、健康与经济增长之间的关系，结果表明，健康生产函数的具体形式与经济的动态行为有着直接的关系。

3. 健康人力资本与个人收入关系密切

张车伟（2003）较早地研究了健康与个人收入增长关系，他利用中国农村的数据，将健康和营养纳入了明塞尔的工资方程，发现营养和健康确实是制约农民收入增加的重要因素，几乎所有的营养和健康都会影响农村的劳动生产率和种植业收入。魏众（2004）根据1993年资料，从微观角度研究健康与收入之间的关系，增加了心理因素，扩大了健康的维度，采用Heckman二阶段模型，研究发现健康对家庭收入方面有较大的正向影响。刘国恩与傅正泓（2004）将人口健康作为人力资本投资形式之一，认为决定中国家庭人均收入的重要因素是个人健康，对农村人口来说健康带来的经济收益要高于城市人口，而且女性比男性的健康经济回报更大一些。刘国恩（2004）利用1991—1997年的CHNS数据，分析健康投资与收入增长的关系，结果发现，健康人力资本确实在个人收入增长中发挥了极为重要的作用。赵忠（2005）只解释了收入怎样影响居民的健康需求，并未剖析健康怎样影响收入。高梦滔、姚洋（2005）采用微观面板数据，对健康风险对农户长期收入的影响进行了测算，结论表明，疾病冲击对农户的人均纯收入有显著的负向影响。王一兵和张东辉（2007）使用1997—2004年CHNS数据，采用GLS、HT、FE等模型分析了健康人力资本对收入的影响，结果也表明健康对收入有着显著的正向影响。潘思思（2007）利用CHNS数据，研究发现，健康投资对城市和农村的收入均有影响，但表现出差异性，健康对农村人口的收入影响要高于城市人口。

三　简评

综上所述，国内外学者对于教育人力资本、健康人力资本与就业收入、贫困和经济增长的关系进行了大量研究，并取得了显著效果，必对将来这一领域的进一步研究提供发展方向和研究思路。通过引入人力资本这个新的生产要素，经济增长理论呈现出新的活力，出现大量可以解释经济增长成功经验的经济增长模型，传统的规模收益递减的假定也被突破。新近的研究更多的是从实证角度来探讨新增长理论中人力资本与经济增长的关系，并对新经济增长理论中的一些假定做出了检验，并取得一些突破。国外较早对健康、教育人力资本与经济效益的关系进行研究，多半采用国家之间的宏观比较研究。国内对教育人力资本、健康人力资本与经济增长的相关研究起步较晚。我国的研究主要集中在教育人力资本投资对经济增长的影响，健康人力资本投资研究起步滞后，但由于健康人力资本投资对于经济的发展确实起到不可低估的作用，才逐步被政府和学者们所重视，一些学者开始尝试把健康人力资本也纳入我国经济增长的分析模型中。不论国外的研究，还是国内的研究，都极大地体现了健康要素已经成为推动区域经济发展的重要变量，而且在某种程度上决定了一个区域的教育水平的提升。因为只有个体的健康水平达到标准，才能够接受教育和进行生产，疾病发生概率较大的地区，劳动力数量和质量都是相对较低的。随着我国经济发展水平的提升，人们对于健康的追求或需求水平已经与对教育的追求和需求程度基本持平，而且增长趋势在某种程度上高于教育。从本书第四章的分析可知，对于连片特困地区，初始的健康水平与发达地区相比是较低的，且由于经济增长速度和收益较低，健康的生活方式并没有得到广泛覆盖，导致了健康关注度相对较低。因此，针对此类特征地区的健康要素第一个关注点就是了解在经济增长过程中“健康”到底起了多少作用，在后续经济增长方式选择中如何进一步提升健康的位置等，具有非常强的实践意义。健康与教育既相互影响，又共同促进经济的持续增长。我国的部分研究虽综合考虑了教育和健康两种人力资本对经济增长的作用，却忽略了两者对区域经济的影响。当然，一些理论和实际的问题依然存在，尚待进一步研究。

一是衡量标准过于单一。教育人力资本的计量是一个比物质资本计量更模糊、难度更大的问题，一些学者通常以人均受教育年限为评价指标对人力资本进行研究，而事实上，教育只是人力资本的一个部分，受教育程度的高低也不是唯一决定人力资本是否产生效益的标准，教育水平指标也不能体现出人力资本的货币价值，这是导致教育人力资本对经济增长作用的实证分析差别较大的一个重要原因。健康人力资本存量的评估不容易找到合适的指标，婴儿死亡率、自然出生率、人口平均寿命预期等指标虽有优点，却不全面。人们试图构建一些新的指标，比如"伤残调整期望寿命"，但未能广泛运用。

二是现有文献对健康人力资本促进经济增长的这种间接效应的研究不多，主要集中在教育人力资本对推动经济持续发展相关研究上，这样就为健康人力资本对教育人力资本及经济增长的影响评估留下了进一步研究的空间。

三是教育人力资本投资、健康人力资本投资对脱贫有重要作用，但现有的研究基本上还是各自为政，各说各的理，当然也就难以形成理论分析框架，没有给出一个确切的研究范式。另外，在对连片特困地区跨越式发展问题的理解上，大多停留在一种政治意义上的喊口号，谈跨越式发展的人很多，却缺乏严谨的学术研究，因此给本书留下了较大的研究空间。

第三节　研究思路、方法与技术路线

一　研究思路

本书以人力资本为研究起点，归纳并梳理了人力资本理论及新经济增长理论、贫困理论的发展历程。通过综述国内外相关文献，发现在分析教育人力资本和健康人力资本对经济增长的影响时，学者们对教育人力资本和健康人力资本采取不同的方法进行度量，得出的结论具有差异性。本书基于数据可得性和多数一致性等限制因素的考虑，以平均受教育年限作为衡量指标，用丰裕系数估算方法对武陵山片区教育人力资本进行系统和详细衡量，以期尽可能达到准确估算人力资本存量规模的效果。采用平均预期寿命、医疗保健、卫生服务水平等指标对武陵山片区健康人力资本进行了测算、排序，分析了地区间健康人力资本的差异性。使用武陵山片区所跨四个省市的数据对教育、健康人力资本对经济增长的影响进行了实证分析，并考虑发达地区与连片特困地区的不同影响，得出了相应的结论和对策建议。

二　研究方法与技术路线

（一）研究方法

第一，文献的收集与处理方法。

文献的收集与处理，主要采用规范分析的方法。具体为文献分析法和历史分析法。其中文献分析法，主要用于分析研究现状和国内外教育与健康人力资本投资方面的经验；历史分析法，主要用于以人力资本为主线的经济增长理论和以教育与健康为主线的人力资本理论的发展和演变的历史轨迹。

第二，数据的收集与处理方法。

本书的基础数据主要来源于《中国统计年鉴》（2006—2015年）；武陵山片区所跨省、州、区的2006—2015年的统计年鉴；《中国教育经费统计年鉴》（2006—2015年）；中国及武陵山片区所跨省、州、区的2006—2015年的国民经济和社会发展统计公报，以及人力资源和社会保障事业发展统计公报；全国及相关省市第五次和第六次人口普查主要数据公报；《中国劳动统计年鉴》（2006—2015年）。另有一些数据来源于国家、相关省市统计局网站；少量数据计量模型，通过查找到的基础数据计算所得。在写作过程中借鉴了一些专家学者研究成果中的数据、模型和研究方法。在本书第五章实证分析部分，利用武陵山片区所跨四省市的2005—2014年数据，使用Eviews 5.0统计软件包进行分析。

其方法具体为：描述性统计分析方法、多元回归分析方法等。其中，描述性统计分析方法，侧重于对教育与健康人力资本形成途径及其测算方面的分析；多元回归分析方法，侧重于对教育与健康人力资本投资对经济增长影响因素的分析。

第三，样本地区教育、健康人力资本与全国及发达地区存在差异的分析方法。

武陵山片区教育、健康人力资本投资的现状与全国及发达地区的差异分析，主要运用比较分析的方法。具体化为描述性统计分析的方法，侧重于武陵山片区所跨的各省市内部之间及与经济发达的广东和全国现有教育、健康人力资本存量的差异进行比较分析。

（二）技术路线

技术路线如图1－1所示。

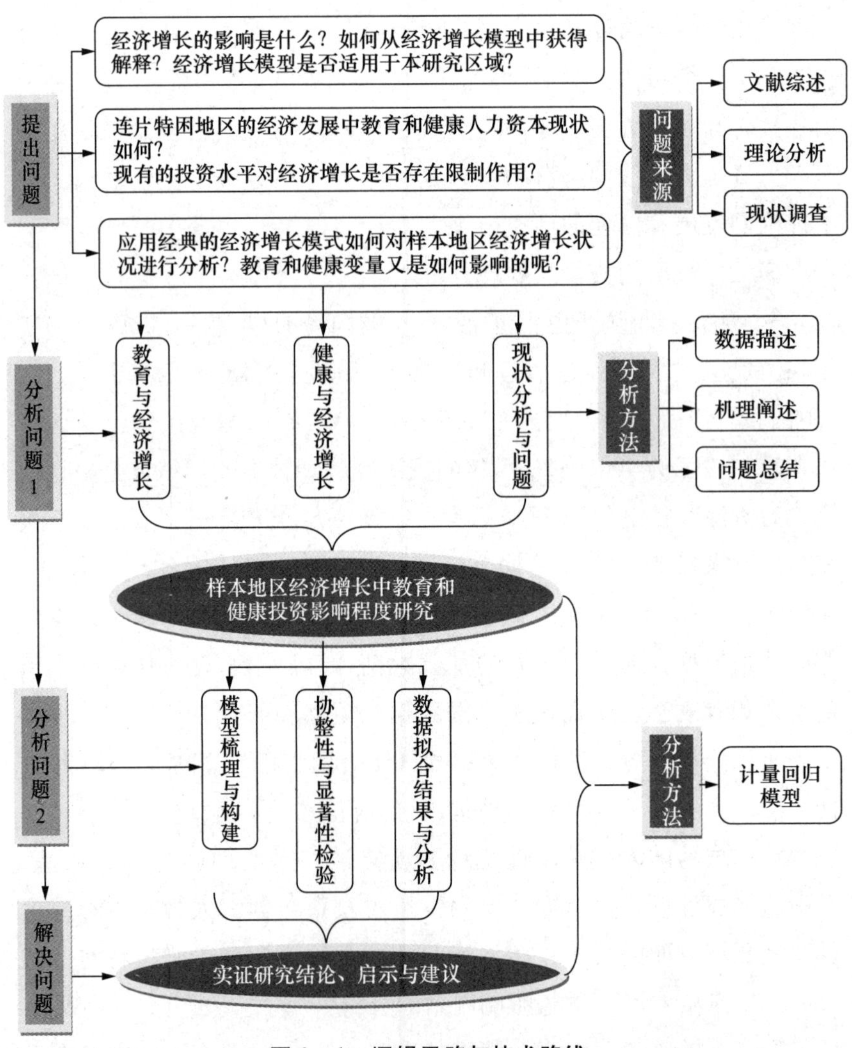

图1－1 逻辑思路与技术路线

第四节　可能的创新点与不足

一　可能的创新点

第一，以连片特困地区为研究对象进行研究。本书是将经济增长研究的方法、内容与范围应用到一个新的对象，即连片特困地区。国内虽有部分学者研究经济欠发达地区、边远贫穷地区人力资本对经济增长的贡献作用，但大多着重从全国层面进行研究，具体针对连片特困地区人力资本对区域经济增长影响的研究基本上还没有。本书从中观层次（连片特困地区）来讨论人力资本问题。既往的人力资本研究对象，主要是从微观层次（个人、企业）与宏观层次（政府）着眼研究，较少从区域经济与人力资本的协调发展及对经济增长的影响进行研究。从中观层次来研究问题，对于人力资本在区域间发展不平衡的深层次原因和发展动力的研究具有启示意义。

第二，拓宽了研究视野。本书立足于人力资本来探讨武陵山片区经济增长问题，武陵山片区是典型的民族地区，境内有土家族、苗族、侗族、白族、回族、仡佬族等 9 个世居少数民族，此外，还有 30 余个少数民族广泛散居在境内。本书测算了这片民族地区的教育、健康人力资本存量，分析了该片区在全国经济发展中的重要地位和作用。本书的研究融合了民族学和劳动经济学两大学科研究领域，在一定程度上完善了民族学和劳动经济学的理论体系，所得结论具有一定的参考价值，对我国相关研究提供了有益补充。

第三，构建了相关模型。本书在梳理菲德模型、柯布—道格拉斯增长模型等的基础上，构建了相关模型，如同时嵌入教育和健康两个影响变量的模型。利用样本地区的相关数据，通过单位根检验（ADF）、Johansen 协整检验、EISR 和 EIR 的后 Johansen 协整回归分析等，分析是否能表现出很好的模型拟合度，体现教育和健康对经济增长贡献率的影响及其差异。

第四，拓展了研究内容。本书分别分析教育和健康两个因素对区域经济增长的影响。一些研究在分析人力资本对经济增长的影响时，往往把教育和健康融合在一起进行实证分析，本书在数据分析基础上讨论教育和健康人力资本是否能够相互替代，结果发现教育人力资本虽然对经济增长效用较大，但不能替代健康人力资本，这就说明本书将教育与健康分别研究的正确性。另外，在人力资本存量测算方面，本书基于平均受教育年限，采用丰裕系数方法对武陵山片区教育人力资本进行测算，同时参考2010年第六次全国人口普查主要数据资料当中对教育程度的分类方法，尽可能准确估算人力资本存量。同时，在现有文献的基础上，本书采用平均预期寿命、医疗保健、卫生服务水平等指标对武陵山片区健康人力资本进行测算、排序，分析地区间健康人力资本的差异性。

二　不足

第一，本书多数资料来源于统计数据或研究机构的调查数据，因各种原因并没有深入武陵山片区农村获取第一手资料，可能会影响到部分结论。

第二，本书以财政性教育经费支出、平均受教育年限、从业人口数为评价指标对教育人力资本进行研究；衡量健康人力资本时采用了人口预期寿命、婴儿死亡率。指标较单一，具有不完善性，这就会导致实证分析人力资本对经济增长的影响时依然存在不足。

第三，本书在论述教育、健康人力资本形成途径及测算时，既有微观数据（武陵山片区所含恩施州、湘西州、怀化市、张家界市、黔江区、铜仁市六个地级州、市所辖县市及其他县市的具体数据），又有宏观数据（武陵山片区所跨湖南、湖北、重庆、贵州四个省市的具体数据），虽然使用微观、宏观的数据测算的结果可能是一致的，但影响结论的精确度。

第四，本书仅选取教育、健康两种指标对武陵山片区人力资本投资对经济增长的影响进行分析，选取的指标不能全面表达人力资本的内涵，这样做有可能会低估人力资本的实际效应。

第二章 人力资本与经济增长及贫困：理论阐述

由于教育和健康都是人力资本的重要组成要素，所以在实证分析之前，本书进行理论阐述，即将人力资本与经济增长及贫困之间的关系进行梳理。理论是研究的基础，要实证研究教育与健康人力资本对经济增长的影响，就必须了解基本理论，弄清楚与人力资本相关的经济增长理论有哪些？人力资本到底有哪些研究理论？人力资本理论面临的挑战有哪些？以人力资本为主线的贫困理论发展进展怎样？因此，本章梳理了与人力资本相关的经济增长理论、与教育和健康相关的人力资本理论和贫困理论，分析了人力资本理论面临的挑战及发展，为后续几章的分析奠定了基础。

经济增长理论和人力资本理论是当代西方经济学所关注的两个热点问题。各国经济发展实践证实，经济增长理论中的决定性因素是不断发生变化的。农业经济时代，自然资源成为一国经济发展的关键性要素。工业经济时代，经济学家更加看重物质资本对经济增长的决定性作用。在知识经济时代，单纯依靠自然资源和物质资本的投入已经无法满足经济持续增长的需求。20 世纪 60 年代以来，西方经济学家对经济增长机制和对各国经济增长率差异进行的相关研究，尤其是卢卡斯（1988）和罗默（1990）等将人力资本因素纳入新增长理论的框架内，强调人力资本的外部效应及其边际生产率递增的特征，更加证实了人力资本是各国经济增长的源泉。

经济增长是减少贫困的重要条件，经济增长可以给贫困人群提供更多的就业机会，提高贫困地区的整体收入水平，促进其福利水平的改善，对缓解贫困起到非常重要的作用。研究和借鉴贫困理论，可以加深我们对贫困的认识，对我国的减贫扶贫、反贫困事业提供有益的思路。

第一节　与人力资本有关的经济增长理论

一　经济增长的概念

所谓经济增长，通常是指在一个较长的时间跨度上，一个国家（地区）社会再生产的不断扩张的过程或趋势。萨缪尔森等在《经济学》中指出："经济增长可以看作是一个国家或地区的潜在国民生产量或者潜在的实际 GDP 的扩展。"[①] 经济增长主要取决于一个国家（地区）自然资源禀赋、物质资本积累、人力资本积累与质量提升、技术水平的提高以及制度环境的改善等。亚当·斯密（Adam Smith）和李嘉图（Ricardo）认为经济增长就是国民财富的增长和社会总产品的增加。

在现实生活中，人们往往认为经济增长就是经济发展，其实，经济增长和经济发展这两个概念既相互联系又相互区分。经济发展是相对于不发达经济而言，而经济增长主要是用于分析发达经济。所谓经济发展，不仅指经济量的增长，同时还包括社会结构、投入产出结构、经济结构、产品结构的转换以及居民生活水平的提高、质量改进。[②] 经济增长是经济发展的前提和基础，经济发展不仅注重经济增长这一数量上的增加，还关注社会、政治、经济结构的调整，人类社会文化与自然环境的协调发展。

人力资本是经济增长的决定性因素，与社会经济发展有着不可分割的联系。在经济增长过程中，应该充分认识到人的能力的改善

---

① ［美］保罗·萨缪尔森、威廉·诺德豪斯：《经济学》，华夏出版社 2003 年版，第 418 页。

② 张培刚：《发展经济学教程》，经济科学出版社 2001 年版，第 33—39 页。

所起的作用，经济增长研究的进展推动了人力资本理论的发展，因此，了解经济增长理论，对经济增长的动力进行研究，进一步分析了人力资本理论具有的推动作用，为人力资本的发展拓展了巨大空间。

二　与人力资本有关的经济增长理论

（一）古典经济学中的人力资本

古典经济学家注意到了人在经济增长中起到的作用。威廉・配第（W. Petty）有个著名的判断："土地是财富之母，劳动是财富之父"[①]，认为人口的素质与人口数量对于社会财富的创造都有非常重要的影响，说明人在财富生产中的决定性作用。马尔萨斯（Malthus，1798）认为，人口增长是一种没有节制的自然增长，其增长速度一般会超过生活资料的增长，它将导致人们贫困，经济增长会受到限制。亚当・斯密在《国富论》中论述不同工人的工资回报时，认为特殊职业的工人需要获得超过一般的工资回报。斯密的分工思想对于人力资本思想的形成具有决定性的影响，他在对长期学徒制的抨击中，体现了人力资本积累制度的思想，在考察各种职业劳动工资的影响因素中，涉及机会成本、风险因素等，体现了他对人力资本形成和投资的思想。李嘉图特别重视劳动力教育投资的作用，物质资本促进经济增长的趋势不会是长久的，它会在收益递减规律的作用下停止。这之后的许多经济学家如约翰・斯图亚特・穆勒（John Stuart Muller）、马歇尔、熊彼特（Shumpeter）等对经济增长问题都曾做过较深刻的分析和论述。

尽管古典经济理论已经开始论述人的作用，但是关于人力资本的思想是朴素的、零星的，没有形成系统的、明晰的人力资本思想。在诸多代表性经济学家的著作之中，所有关于人力资本在经济增长中作用的论述，只是点到为止。然而，古典经济增长理论通过个案的分析，已经透射出现代人力资本理论的思想火花，成为新经

① ［英］威廉・配第：《政治算术》，商务印书馆1960年版，第12页。

济增长理论的出发点。

（二）新古典经济增长理论中的人力资本

古典经济学家对生产活动中人力的作用给予了充分的重视，但是没有真正引入人力资本，而人力资本引入现代经济学却是经济增长理论发展的需要。新古典经济增长理论试图借助外生的劳动增长率与技术进步率，来说明经济的长期增长机制，如果没有外生的技术进步因素，经济增长会处于停滞状态。经济要获得持续增长，技术必须有一个正的增长率。由于资本的边际生产力递减，资本积累不能持续地进行，为此，可以从保证资本持续积累的角度来探讨长期经济增长的趋势。

1. 哈罗德—多马经济增长模型

始于20世纪40年代的哈罗德—多马模型，是关于长期收入和就业稳定均衡增长所需条件的理论，是现代经济增长理论研究的开端，体现了经济增长理论研究在宏观经济学中的作用。在《动态经济学》一书中，罗伊·F. 哈罗德（R. F. Harrod，1948）以凯恩斯的收入决定论为理论基础，提出经济增长模型。多马（E. Domar）在《扩张与就业》《资本积累问题》等论文中也创建了与哈罗德模型基本相同的模型。在哈罗德—多马模型中，抽象了知识资本的投入，仅把人力资本看作劳动力的数量，它的几个基本假设为：

（1）全社会只有劳动力和资本两种生产要素，且两者之间比例固定。

（2）资本—产出比保持不变。

（3）边际消费倾向不变。

（4）不考虑技术进步与资本的折旧。

（5）全社会只生产一种产品，且生产的规模收益不变。

在该模型中，一个社会的经济增长率等于经济体的储蓄率与资本—产出比率的比值，即：

$$Gw = s/v \tag{2.1}$$

其中，Gw 为均衡经济增长率；s 为储蓄率，$s = X/Y$；v 为资本—产出比率，$v = K/Y$。

其中，X 为储蓄量；Y 为国民收入；K 为资本存量。

分析上述公式可以看出，均衡经济增长率与储蓄率呈正相关，与资本—产出比率呈负相关，在 v 一定时，均衡经济增长率完全取决于储蓄率。

哈罗德—多马模型运用动态均衡的分析方法，考察了实现均衡经济增长的条件以及均衡值的大小，该模型将经济增长率分为实际增长率 G、均衡增长率 Gw 和自然增长率 Gn，并对三者之间的关系进行了分析。为了使社会经济能够均衡增长，要求 $G = Gw = s/v$，但实际发展过程中，储蓄不一定全部转化为投资，一旦实际经济增长率 G 与均衡经济增长率 Gw 不一致，在后续的发展中，将会出现积累性的经济扩张（$G > Gw$）或经济收缩（$G < Gw$），并且一旦实际增长率与均衡增长率发生偏差，则这种差距将变得越来越大。

自然增长率 Gn 是人口和技术变动条件下，一个国家所能实现的最大增长率，用公式表示为：

$$Gn = Gn1 + Gn2 + Gn1 \times Gn2 \tag{2.2}$$

其中，$Gn1$ 为劳动力增长率；$Gn2$ 为劳动生产率增长率。

社会要实现均衡经济增长，就不仅要满足 $G = Gw = s/v$，还要满足 $G = Gn$。因此，实现充分就业的均衡增长的条件是 $Gn = s/v$，由于 Gn、s 和 v 的影响因素不尽相同，因此充分就业的均衡增长 Gw 将难以实现。只有 $Gw = Gn$ 时，经济才会长期处于均衡状态，两者之间的背离将使社会处于一个长期停滞或长期高涨的状况。如果出现 $Gw > Gn$，这表明储蓄和投资的增长率超过了劳动力的增长率，这种状况下，企业将进一步缩减其投资，以致实际增长率 G 小于均衡的增长率 Gw，经济将处于长期的萧条状态。反之，$Gw < Gn$，劳动力过多，工资低廉，生产的扩大将不受限制，最终社会经济将长期处于高涨的状态，甚至会出现持续的通货膨胀现象。

哈罗德认为，当实际增长率 G 和均衡增长率 Gw 发生偏差时，会导致经济的短期波动，而当自然增长率 Gn 与均衡增长率 Gw 发生偏差时，则会导致经济的长期波动。该模型推导出一个像“刀刃一样脆弱”（knife - edge）的均衡增长条件——“$G = Gw = Gn$”，但由于每种经济增长率的影响因素较多，因而是很难实现均衡经济增长的。该模型只强调资本积累对经济增长的作用，却忽视了技术进步对经济增长的作用，因此该模型被看作是经济增长“物质资本决定论”的代表。

2. 索洛—斯旺经济增长模型

20 世纪 50 年代，由美国的经济学家索洛首先提出，后经澳大利亚经济学家斯旺（Swan）予以完善的经济增长理论，被学界称为索洛—斯旺经济增长模型，它奠定了新古典经济增长理论的基础。

该模型修正了哈罗德—多马模型关于生产技术不变的假设，并认为技术进步是经济增长的决定性因素。它的基本假设有：

（1）生产的技术条件是变动的，即资本—劳动比和资本—产出比是变化的。

（2）资本 K 和劳动 L 这两个生产要素的边际生产力是递减的，且两者相互替代。

（3）经济是完全竞争的，资本和劳动这两个生产要素都能得到充分利用。

该模型的外生变量为储蓄率、人口增长率和技术进步率；内生变量为投资。该模型描述了在完全竞争状态下，资本和劳动投入的增长所对应的产出的增长，其中重点研究了四个变量，即产出 Y、资本 K、劳动 L，以及知识或劳动的有效性 A，模型生产函数表示为：

$$Y = AK^{\alpha}L^{1-\alpha} \tag{2.3}$$

其中，α 和 $1-\alpha$ 分别代表资本和劳动力在生产中所占的份额，A 是广义的技术进步因子（索洛余值）。

索洛—斯旺模型在生产函数中加入技术进步因素，尝试将产出增长中不能被传统生产要素解释的部分分离出来，并推导出新的经济增长：

$$\Delta Y/Y = \Delta A/A + \alpha\Delta K/K + (1-\alpha)\Delta L/L \tag{2.4}$$

通过稳态均衡分析，索洛—斯旺模型认为，物质资本积累的变化既不能解释不同时间内人均产出的显著增长，也无法解释人均产出的巨大区域差距。经济增长率是由劳动力增加和技术进步决定的，劳动力增加不仅指劳动力数量的增加，而且还包含劳动力素质的提高，以及技术能力的提高。在一定程度上说明技术进步、劳动力质量的提高比资本积累对经济增长的作用更为突出。

索洛在《技术变化与总生产函数》一文中，依据该模型对美国1909—1949年资本和劳动力投入对经济增长的贡献率进行了定量测算，结果发现资本和劳动力投入的增加只能解释经济增长的12%，而另外88%则归功于模型中的外生变量——技术进步。同时他指出，发展中国家不能把本国经济的发展仅仅依赖于资本和劳动力的增长上，特别是起步较晚的国家，要更多地研究如何在现有工业的基础上逐步提高劳动生产率、技术和教育进程，这样就能有效地跟上世界经济的发展步伐。

索洛—斯旺模型在对资本积累推动经济增长的分析中，得出在长期内人均收入增长率趋同于技术进步率。按照这个“趋同假说”，贫富国家之间的差距会缩小。然而现实并非如此，而且该模型对于已经达到稳态水平国家的长期经济增长不能做出解释，因为按照该模型解释，一旦某个国家达到稳态水平，该国经济发展就会停滞。索洛模型在完全竞争假定条件下，外生的技术进步是经济持续增长的关键因素，并未阐述技术进步的根源，使该模型无法解释一些重要的经济增长事实，如果将技术进步内生化，又与该模型的规模收益不变的假设产生冲突。

（三）新经济增长理论中的人力资本

新经济增长理论是对新古典经济增长理论的修正和发展，强调经济增长不是外生因素而是内生因素作用的结果，对此有影响的模型有阿罗的“干中学”模型、罗默的知识溢出模型、卢卡斯的内生经济增长模型。同传统的古典经济增长理论相比，新经济增长模型具有动态最优决策和经济参数不变而经济变量自发变化的特点。如果考虑人力资本与物质资本的异质性及在经济增长中起到的不同作用，可以将新经济增长模型扩展到同时注重物质资本与人力资本的两部门新增长模型。

1. 阿罗的“干中学”模型

针对索洛—斯旺模型将技术外生化的缺陷，1962 年美国经济学家阿罗在继承和批判新古典增长理论的基础上，在《干中学的经济含义》一文中提出了“干中学”模型，模型中技术仍然是外生的，把劳动者获得技术的过程内生化。在阿罗的模型中，有两个基本假设：

（1）知识的获得即“学习”，是“经验的产物”，即知识的创造是投资的“副产品”（即“干中学”），而这些知识能够提高企业的生产效率。

（2）知识具有溢出效应，它是一种非竞争性、非排他性的公共产品，不仅进行投资的厂商可以通过生产经验的积累提高效率，其他厂商同样可获得收益。同时他指出，知识技术主要来自经验，主要通过“干中学”或在职培训获得。

“干中学”模型是技术内生化的最初尝试，阿罗把经济增长过程中的要素投入分为有形的要素投入与无形的要素投入，在“干中学”模型中用积累总投资表示技术进步，即用物质资本来表述学习与经验，这就意味着技术进步、人力资本投入以有形要素投入的形式表现出来。他从含有劳动与资本两要素的柯布—道格拉斯生产函数中，推导出一个规模收益递增的生产函数：

$$Y(t)=K(t)^{\alpha}[A(t)L(t)]^{1-\alpha}$$

$$A(t)=BK(t)^{\varphi} \tag{2.5}$$

其中，Y 为总产出，K 为资本存量，A 为知识或技术，L 是劳动投入，$B>0$，$\varphi>0$。

阿罗指出，在物质产品的生产过程中，会积累更多的知识，使下一代物质产品所含的技术得以提高，由于这种溢出效应，又使得所有劳动力和固定资本在生产最终产品时效率都有所提高，这样经济增长就完全归功于知识的学习和技术的外部效应。

但按照新古典增长理论推导出干中学模型的均衡增长率为 $n/(1-\alpha)$，即该模型的均衡增长的条件是被外生的人口自然增长率所决定的，若人口增长率为0，则经济增长率亦为0。这导致“干中学”模型没有最终解决索洛提出的余数问题，即如何将技术进步的作用内生化。另外，该模型所涉及的技术进步是一个渐进的过程，而面对经济增长过程中突变的、跃进式的技术变革，该模型无法做出解释。

2. 罗默的知识溢出模型

1986年，美国经济学家保尔·罗默在《收益递增与经济长期增长》一文中，以阿罗的“干中学”概念为基础，提出了以知识生产和知识溢出为基础的知识溢出模型。文中谈道：综观各国的经济增长，每个国家的经济增长率都呈上升趋势；从横向来看，发达国家与大多数发展中国家差距扩大。而新古典增长理论不能对此事实做出合理的解释，因为该理论假设生产的规模收益是不变的。根据这一经济增长的事实，罗默提出了一个由外部效应、生产收益递增和新知识生产中收益递减三个要素共同构成的竞争性均衡模型。该理论假定有：

（1）消费品的生产作为知识投入的函数，具有递增的规模收益。

（2）新知识生产中的规模收益递减。

（3）经济属完全竞争，生产者是价格的接受者。

（4）对知识的投资具有正的外部效应。

在此基础上，罗默提出了四要素经济增长理论，即除资本和劳动外，加上人力资本和新思想。其中，人力资本以受教育的年限衡量，是按正式教育和在职培训等教育时间长短来表示；而新思想一方面体现在劳动者的熟练程度，另一方面体现在新设备、新原材料等物质产品的技术创新方面，用专利来衡量，强调创新。该模型的生产函数表示为：

$$Y_i = F(k_i, k, x_i) \tag{2.6}$$

其中，Y_i 为 i 厂商的产出水平；k_i 代表 i 厂商的专业知识水平；k 代表总知识水平，即一般性知识；x_i 代表 i 厂商其他有形投入，如物质资本和原始劳动。

从罗默的生产函数及其假定中可以得出以下结论：第一，对于整个经济，生产函数表现为规模收益递增；第二，对于个别厂商，k 视为给定的变量，生产函数表现为不变规模收益，第三，当 k 的递增速度小于 k_i，生产就处于规模收益递减的状态，k 成为外部性的来源，经济增长停滞不前。

罗默认为，企业创造的新知识和新技术是经济增长的主要原因，知识作为一个独立内生化的变量，具有溢出效应，一个企业研发的新技术和新知识不仅会促进本企业的产出增加，相应地也会带动其他企业的产出。知识的溢出效应可以消除固定生产要素带来的不利影响，内生的技术进步是经济增长的动力，足以抵消由物质资本引起的知识资本边际产品递减的趋势，这使任何厂商所生产的知识都能提高全社会的生产率，从而使知识投资的社会收益率保持不变或呈递增趋势。知识溢出还造成厂商的私人收益率低于社会收益率，经济就可能存在竞争性均衡与社会最优水平，分散经济的竞争性均衡增长率低于社会最优增长率，竞争性均衡一般情况下是社会次优的，政府可向生产知识的厂商提供补贴并对其他生产课税，并使经济达到社会最优水平，从而提高经济增长率和社会福利水平。

在前述研究的基础上，1990 年，罗默建构了一个更加完整的技术进步内生的增长模型，把社会生产划分为研究部门、中间品生产部门和最终生产部门。对研究部门而言，任何一个厂商生产的新知识都可能被其他厂商使用，因此知识对于研究部门而言具有非排他性；中间产品部门通过向研究部门购买新技术、新产品的专利权，利用新产品设计和其他投入品生产出中间产品，新知识对于中间产品部门具有排他性；最终产品部门利用中间产品、人力资本和劳动投入以生产消费品。罗默提出最终产品部门的生产函数为：

$$Y(H_Y, x, L) = H_Y^{\alpha} L^{\beta} \sum_{i=1}^{N} x_i^{1-\alpha-\beta} \tag{2.7}$$

其中，H_Y 是用于最终产品生产的人力资本数。这是一个一阶齐次生产函数，即最终产品生产是规模收益不变的。

通过各个部门的利益最大化行为分析，罗默得出经济的均衡增长率方程：

$$g = \frac{\dot{C}}{C} = \frac{\dot{Y}}{Y} = \frac{\dot{K}}{K} = \frac{\dot{A}}{A} \tag{2.8}$$

罗默模型（1990）充分重视技术和人力资本对经济增长的决定性作用。从上述公式可以看出，经济增长率与人力资本存量成正比，与研究部门的生产率成正比，与时间贴现率成反比，而与人口规模无关。人力资本的增加不仅使产量增加，成为劳动力贡献于经济增长的主要方式，而且引起知识与资本比率的增加，发展和提高了人的智力、体力与道德素质等。此外，研究部门人力资本占总人力资本的比率增加。政府应采取措施对知识积累以及开展研究的人力资本提供补贴，提高新知识的收益率，以期形成更高的生产能力，促进经济长期增长。

罗默模型突出了知识与技术对经济的增长作用。罗默认为知识与技术体现在物质产品之上，并将技术进步内生化于模型，阐述了技术进步与人力资本的相互关系，提高了模型对现实经济现象的解释力度。罗默模型将技术进步看作经济增长的决定因素，但却把人力资本看作是外生性的，忽略了对人力资本总量的考虑，从而很可能低估了人力资本对经济增长的作用。

3. 卢卡斯的内生经济增长模型

1988 年，美国经济学家卢卡斯在《论经济发展的机制》一文中，将人力资本作为独立因素纳入经济增长模型，建立了一个以人力资本外部性为核心的内生经济增长模型。此模型结合了舒尔茨的人力资本概念和索洛的技术进步概念，并使之具体化、微观化。他认为，人力资本具有内部效应和外部效应，前者是给个人或家庭带来的增值，后者是人力资本的社会收益，正是人力资本的外部效应，使人力资本成为经济长期增长的动力源泉。

卢卡斯模型的基本假设是：

（1）人力资本的增长率是由人力资本的边际产出率和时间贴现率决定的。

（2）劳动力的人力资本水平不仅影响自身的效率，而且对整个社会的生产率产生影响，这是规模收益递增和政府政策增长效应的基础。

该模型假定每个劳动者都将用一定比例 $u(t)$ 的时间进行生产，如果劳动者从事生产和学习的时间为 1 个单位的话，那么，他们将用 $[1-u(t)]$ 比例的时间从事人力资本的积累，因此，人力资本的形成可表示为：

$$H(t)=h(t)\delta[1-u(t)] \tag{2.9}$$

其中，$H(t)$ 表示人力资本的增长，$h(t)$ 为人力资本存量水平，δ 为教育部门的生产效率，为一正常数。$u(t)$ 是有效劳动，即投入产品生产的非闲暇时间份额。式（2.9）表明，人力资本变化率取决于现有人力资本存量及从事人力资本建设的时间。以此为基础，卢卡斯推导出生产函数为：

$$Y(t)=A(t)K(t)^{\alpha}[u(t)h(t)N(t)]^{1-\alpha}h_E(t)^{\alpha} \tag{2.10}$$

其中 $A(t)$ 为技术水平，$K(t)$ 为 t 时的物质资本存量，α 是各部门产出中物质资本的比例，γ 为外部效应水平，$N(t)$ 为 t 时的劳动量，$h_E(t)^{\alpha}$ 为 t 时的人力资本对生产的外部效应。由此可得到均衡增长条件为：

$$g=\frac{H(t)}{h(t)}=\frac{(1-\alpha)[\delta-(\rho-n)]}{\sigma(1-\alpha+\gamma)-\gamma}(\gamma>0) \tag{2.11}$$

其中，ρ 表示时间偏好率，σ 为跨时替代弹性的倒数。当经济处于均衡增长路径时，可推导出产出与人力资本增值的关系式如下：

$$\dot{Y}'/Y = \dot{H}'/H = (\dot{A}'/A)/(1-u) \tag{2.12}$$

卢卡斯按照人力资本积累的不同方式设计了两个经济增长模式：两资本模式和两商品模式。两资本模式将资本划分为物质资本和人力资本两种形式，将劳动划分为纯体力的原始劳动和专业化的人力资本。这一模式将人力资本作为独立的因素纳入经济增长模型中，并使之内生化并具体化为每个人的，得到的结论是只有专业化人力资本积累才是经济增长的真正源泉。这一模式主要反映的是人力资本积累的内部效应，即个人脱离生产、通过正规或者非正规教育来积累人力资本，从而影响其自身生产率。试图说明经济长期增长的可能性是其主要意图，以及各国收入水平存在的巨大差距。

两商品模式继承了阿罗的“干中学”的思想，在此人力资本的积累完全是外部性的，即强调劳动者通过生产中的边干边学、工作中的实际训练和经验积累来增加人力资本。该模式较好地模拟了世界经济中各国经济增长率存在的差异。

卢卡斯模型很好地解释了人力资本对经济发展的重要作用，该理论对解决发展中国家经济发展问题具有启发性意义，他分析了人口从发展中国家向发达国家移民的原因，解释了劳动力跨国流动及发展中国家智力外流的现象，解释了各国持久收入的差异。在地区经济增长中，劳动力质量比数量更为重要，由于人力资本具有正的外部性，高素质人才从富裕地区向贫困地区的流动是十分有限的，相同技术水平的工人在发达国家或地区获得较高的工资，发展中国家必须大力提高人力资本的积累，才能实现良好的经济增长。

第二节　以教育和健康为主线的人力资本理论

随着 20 世纪 60 年代人力资本理论的创立，西方经济学界有越来越多的学者用人力资本的理论解释经济发展过程中出现的问题，人力资本理论研究的成果大量涌现，从而使该理论随着社会的进步、经济的发展不断被完善充实。人力资本是目前国内外研究的热点问题，不管是从理论还是现实的要求来看，都能够从多个侧面引起人们对它的研究兴趣，正如马克·布劳格所说："人力资本研究显示了一种简单但令人惊讶的丰富性，几乎在每个经济学分支都提出了新的研究课题。"①

教育与健康是人力资本的关键性构成要素，在社会经济发展中有着不可分割的联系，在经济增长过程中，均能够通过改变平均人力资本水平使有效劳动数量发生变化，因而需要综合考虑教育和健康两个因素，对人力资本与经济增长进行研究，并得到人力资本对经济增长贡献的大小。因此，了解以教育与健康为主线的人力资本理论，对经济增长的动力源进行分析，为分析教育人力资本与健康人力资本对经济增长的作用机制打下了坚实的基础。

一 人力资本的概念

各种有关人力资本的概念，绝大部分论及人力资本的构成要素。从各种有关人力资本概念的文献综述中可以看出：教育与健康是人力资本的重要构成要素。

关于人力资本概念，可追溯到古典经济学派。配第认为，由于人的素质不同，所以才使劳动能力有所不同。斯密肯定劳动创造价值以及劳动在各种资源中的特殊地位，将投资于人的有用才能形成的价值当作资本来看待。李嘉图指出，只有人的劳动才是价值的唯一源泉。马歇尔提出，知识和组织是资本的重要组成部分，是最有力的生产力。让·巴蒂斯特·萨伊（Say Jean Baptiste）认为，在所有的投资中对人本身的投资是最有价值的。在人力资本思想史上，美国经济学家费雪（Irving Fisher，1906）在出版的《资本的性质和收入》一书中，首次提出了人力资本的概念，他认为，人力资本是

---

① ［英］马克·布劳格：《经济学方法论》，黎明星等译，北京大学出版社1990年版，第248页。

与物质资本相对应的，属于社会范畴，表现为内在本质与外在载体的统一。当今学界关于人力资本的概念与界定尚未形成一个公认的定义，很多学者也只是从某一方面对其加以说明与定义，但对人力资本理论真正系统地进行研究却开始于20世纪五六十年代的舒尔茨和贝克尔。

（一）舒尔茨：人力资本体现于人身体上的知识、健康和能力

真正意义上的人力资本概念始于20世纪60年代的人力资本理论创始人舒尔茨。1960年，在经济年会上美国经济学家舒尔茨发表了题为“人力资本投资”的演讲，被誉为人力资本研究新领域的“独立宣言”，标志着人力资本理论的正式形成。他给出的人力资本概念是：“人力资本是一个严格的经济学概念，是投资形成的能力，表现为知识、技能、体力（健康状况）价值的总和。”舒尔茨指出：“包括马歇尔在内的许多经济学家，在他们的著作中的此处或彼处也能看到人力投资的现实意义，但人力投资却很少被纳入经济学的正规的核心内容之中……不把人力资源明确地看作是资本的一种类型，看作是生产出来的生产资料，看作是投资的产物，这种劳动概念，在古典经济学里就不正确，其错误就更加明显。”[①] 舒尔茨认为，人力资本是“人民作为生产者和消费者的能力”，“体现于人身体上的知识、健康和能力”，“之所以称这种资本为人力的资本，是由于它已经成为人的一个部分，又因为它可以带来未来的满足或收入，所以将其称为资本”。[②] 舒尔茨的人力资本理论主要归纳为以下几个方面：

1. 经济发展的动力应该包含人力资本因素

舒尔茨批判了传统经济学关于资本同质性的假设，明确地指出经济发展的动力应该包含人力资本因素在内，如果单纯从物力资本的投入进行分析，无法完全解释社会生产力提高的现象。他论证了

---

① ［美］舒尔茨：《论人力资本投资》，北京经济学院出版社1990年版，第3—4页。

② ［美］舒尔茨：《人力资本投资》，商务印书馆1990年版，第92、205页。

人力资本投资是经济增长的主要源泉，经济发展过程中，人力资本投资收益率要高于物力资本投资收益率，为了进一步证明人力资本的重要性，他运用“经济增长余数分析法”，对美国1929—1957年的国民经济增长额进行分析估算，结果显示，约有33%是由人力资本做出的贡献。① 其在著作中指出：“构成高收入国家和低收入国家经济现代化的一个共同内容是，耕地的经济重要性在下降，而人力资本的经济重要性在上升。”②

2. 人力资本的特点

在舒尔茨看来，人力资本是相对于物力资本或非物质资本而言的，是指体现在劳动者身上的知识、技能、经验以及所表现出来的劳动能力，同物质资本相比，人力资本具有自身的特点。首先，从生产时间及过程来看，人力资本需要劳动者经过长期的学习和培训，并且随着社会生产力的提高，对劳动者的技能要求更高，因此，人力资本的生产时间有逐渐延长的趋势。其次，从产权归属来看，与物质资本不同，在流通过程中，人力资本转让的只是使用权，而不是所有权。再次，在生产过程中，随着使用次数的增多，物质资本的使用价值、功效会逐渐减小，但是，人力资本不仅可以重复利用，而且这种重复不会影响它的使用价值和功效；相反，人力资本在重复使用过程中，补充和增加了新的效能。最后，与物质资本相比，人力资本具有创造性和能动性。

3. 人力资本投资范围和内容归纳为五个方面

一是在各级正规学校所接受的教育，如正规的初等、中等和高等教育，学校教育乃是人力资本的最大投资；二是健康与保健服

① 舒尔茨在分析美国1929—1957年国民收入时，发现国民经济收入由1929年的1500亿美元增长到1957年的3020亿美元，总增长值为1520亿美元，但其中有710亿美元不能由物质资本投入和劳动力数量增长加以说明，为了寻找这710亿美元的余额，就创立这种“经济增长余数分析法”，通过具体运用此种方法，求得教育投资对经济增长的贡献，所以也称为“教育投资收益率计算法”。

② ［美］舒尔茨：《对人进行投资——人口质量经济学》，首都经济贸易大学出版社2002年版，第20页。

务，大致内容包括影响人的寿命、精力和生命力、力量强度等的全部支出，是生产能力与消费能力的基础；三是在职人员的培训，个人、企业提高技能方面的投资；四是非公司的成人教育，由非商社组织的成人学习项目，尤其是农业方面的校外学习计划；五是劳动力适应于就业机会的迁移。

这些投资是将货币资本转化为人的知识和能力，其所形成的劳动者素质的提高将在很长的时期内对经济增长做出贡献。舒尔茨利用1929—1957年的数据，对美国教育投资与经济增长的关系做了定量研究："各层教育投资的平均收益率为17%；教育投资增长的效益占劳动收入增长比例的70%；教育投资增长的效益占国民收入增长比例的33%。即同样的投资，用在教育上要比用在其他方面的收益率更高。"①

4. 八项政策主张

舒尔茨认为："人力投资的增长已经非常明显地提高了投入经济增长过程中的工作质量，这种质量上的改进已经成为经济增长的一个重要来源。有能力的人们是现代经济丰裕的关键。"② 在现代社会，人力资本的投资不仅是必要的，而且越来越成为经济增长的主要因素。对人力资本的投资与建设，舒尔茨提出了八项政策主张：

（1）教育和保健投资同样具有经济意义，需要扭转投资在这方面的不平衡，以此减少收入的不平等。

（2）防止人力资本的老化与闲置。

（3）避免人为地干扰人力资本投资，改善人力资本市场。

（4）银行应积极主动地提供人力资本投资所需要的费用，以鼓励和完善私人和公共的投资。

（5）政府应当承担人力资本投资大部分费用，尤其是资助农业劳动力向城市的转移。

---

① ［美］舒尔茨：《人力资本投资》，商务印书馆1990年版，第123页。

② 同上书，第210页。

（6）高度重视低收入者的人力资本投资。

（7）在税收政策上对人力资本领域的投资给予优惠，鼓励能提高劳动者素质的教育领域以及与此相关的培训方面的投资。

（8）对于发展中国家来说，离开大量的人力资本，要取得现代化农业和现代化工业的发展是完全不可能的。所以，发展中国家更应该重视人力资本的投资。

虽然，舒尔茨第一次提出了人力资本的概念，但其概念还有一定的缺陷，如没有将人力资本全面引入经济学分析框架，没有从产权角度讨论人力资本的权利配置问题（李宝元，2000）。舒尔茨在分析人力资本构成中，建议把教育当作一种对人力资本的投资，他认为，教育是使隐藏在人体内的能力增长的一种生产性活动。

（二）贝克尔：人力资本意味着知识、健康、技能、时间、寿命

对人力资本理论做了奠基性贡献的另一位学者就是1992年诺贝尔经济学奖获得者贝克尔，其最具代表性的著作有《生育率的经济分析》(1960)、《人力资本：特别是关于教育的理论与经验分析》(1964)、《人力资本》(1964)和《家庭经济分析》(1981)。其中，1964年出版的《人力资本》被西方学术界誉为“经济思想中的人力资本投资革命的起点”。贝克尔发表的这一系列著作集中反映了人力资本理论研究成果，他对人力资本的微观经济分析是对人力资本理论的主要贡献，他从个人和家庭角度出发，对教育和培训的支出和收入、年龄—收入曲线、收益率的计量以及企业、职工、学生为代表的人力资本投资决策行为进行了微观经济分析，以及对家庭生育行为的经济决策和成本—效用进行分析。

关于人力资本的概念，贝克尔（1987）认为“其意味着知识、健康、技能、时间、寿命”。从微观角度（家庭）进行分析，分配家庭生产角度系统地论述了个人资源（尤其是知识）和人力资本与个人分配的关系。人力资本的投资是指维护人力资本再生产所必要花费的一切费用，由人力资本的各项开支所决定的，主要是通过教育、保健、培训、迁移等方面的投资形成的。在进行人力资本投资

时，既要考虑短期收益，又要考虑长期收益，在计量人力资本投资成本时，在实际费用支出的基础上，还需要包括“影子成本”，即所谓的“放弃收入”。他认为：“唯一决定人力资本投资量的最主要因素可能是这种投资的有利性或收益率。因此，人们是否进行人力资本投资，是由这些投资的边际收益等于边际成本的均衡点所决定的，只有投资的预期收益的现值至少等于支出的现值时，人们才愿意进行教育和培训投资。”① 贝克尔和舒尔茨一样，虽然都提出了人力资本的概念，但都不够确切，依然缺乏对人力资本本质的全面的研究。②

（三）国内学者：教育、健康等因素对人力资本产生效用

国内学者对人力资本的概念也有着不同的见解。

李建民（1999）认为，人力资本指存在于人体之中的后天获得的具有经济价值的知识、技术、能力和健康等质量因素之和。他从四个方面解释了人的知识、技能、健康等质量因素为什么能当作资本，是因为人的这些质量因素的形成和维持需要花费成本，存在机会成本且具有稀缺性、生产性。

姚树荣、张耀奇（2001）认为，人力资本是指特定行为主体为增加未来效用和实现价值增值，通过有意投资活动而获得的、具有异质性和边际收益递增型、依附于人身上的知识、技术、信息、健康、道德、信誉和社会关系的总和。

何承金（2000）认为，人力资本的全部要素概括为教育投资、科学研究费用、卫生保健费用、劳动力国内流动支出、国际移民费用。

王金营（2001）从个体、总体两个方面给出了人力资本的定义，他的定义既考虑了人力资本的构成要素，又考虑了人力资本的功效。他对个体人力资本加以界定：“由通过投资形成凝结在人身

---

① ［美］贝克尔：《人力资本》，北京大学出版社 1987 年版，第 42 页。

② 郑兴山、唐元虎：《企业人力资本产权理论研究》，上海社会科学出版社 2003 年版，第 32 页。

体内的知识、能力、健康等因素构成，可以物化于商品和服务，且增加商品和服务的效用，并由此获得收益的价值。”① 他从范畴、形成途径、构成成分、特性、功效、收益手段等方面说明了它的含义。对于总体的界定，只是把对象由“个体”改为“一个国家或地区”，内容不变，从范畴、形成途径、整合效应、生产要素、产出效应五个方面说明了它的含义。

姚宝刚（2004）认为，人力资本是存在于人的身体内的，后天获得的具有经济价值的知识、技术、能力以及健康的质量因素之和。

（四）本书关于人力资本的界定及特征

1. 人力资本的概念

（1）人力资本。人力资本的概念不但要涵盖它的构成内容、影响因素、投资效果，还要突出说明与物质资本的差别。由于本书着重研究教育、健康人力资本对连片特困地区经济增长的影响，综合以上学者的观点，结合本书研究目的，将人力资本定义为：通过具有价值的教育、健康等要素投资，形成并蕴含于人体之内的智力、知识、技能及体能的质量总和。

（2）教育人力资本。教育人力资本是指对人进行教育、职业培训、技术培训等投入的资本加上其在接受教育时的机会成本的总和，其实质表现为蕴含于人身上的各种知识、劳动技能与管理技能的存量总和。

（3）健康人力资本。有关健康人力资本的概念，至今国内外尚无一个统一的界定标准。莫什金在《健康作为一种投资》（1962）一书中正式提出：“将健康并入人力资本的框架体系，将健康人力资本作为人力资本的重要组成部分。”欧文·费希尔指出，健康不仅是个人，还是国家的一种重要财富，他估计了美国在20世纪初期

① 王金营：《人力资本与经济增长——理论与实证》，中国财政经济出版社2001年版，第13页。

这种财富的存量。格罗斯曼（1972）根据健康性质的特征，指出了“健康资本”的内涵，构建了个人健康需求模型。舒尔茨在《人力资本投资》一书中认为：“人力资本理论把每个人的健康状况都当作是一种资本的储备，也就是健康资本，它要通过健康服务来发挥影响。”饶勋乾、成艾华等（2007）指出，健康人力资本投资就其实体形态来说，是活的人体所拥有的体力、能力、精力的总称，它是其他类型人力资本的承载体。[①] 世界卫生组织（WHO）将健康定义为：“人在身体上、精神上、社会适应上的一种完好状态，而不仅仅是没有疾病和虚弱。”张凤林认为，这实际上是从人与自然、社会完美和谐的综合角度给出的健康的新概念。[②] 于了东认为，健康其实是一种状态，是基于心理、身体和社会的完美状态，这种状态是确保人们有能力完成个人日常活动（如学习、工作和休闲）的基础。

本书认为，健康人力资本是指对人进行医疗、保健、增加营养时的支出，其实质表现为蕴含在人身上的健康素质的存量总和。健康和健康人力资本是从不同的角度对健康的不同称呼，在本书中不区分健康和健康人力资本。健康人力资本既是一种人力资本投资，也是一种个人生活中必不可少的消费。为了提高健康水平，人们用于预防和治疗疾病而消费了食品、衣物、健身时间、医疗服务等资源，而闲暇及工作时间的增多、生病天数的减少、生产及收入能力的提高又体现了健康投资的回报。所以，健康既是一种消费，也是一种投资。

2. 人力资本的特征

第一，人力资本是一个存量概念，它凝结于劳动者体内，表现为人的智能、体能。

第二，人力资本具有增值性，它在使用或消耗后具有再生性，

---

① 饶勋乾、成艾华：《健康人力资本的区域差异比较》，《重庆工学院学报》（社会科学版）2007 年第 9 期，第 64—68 页。

② 张凤林：《人力资本理论及其应用研究》，商务印书馆 2006 年版。

与物质资源要素相结合，通过转移价值、创造价值并产生新的价值增值，人力资本收益呈递增状态。

第三，人力资本需要投资，没有费用投入于劳动者，就没有人力资本的形成，这种投资的货币形态可以用医疗保健支出、教育费用支出和迁移费用支出等形式体现。

第四，人力资本蕴含着一定的经济关系。人力资本是一种资本，是劳动者素质的反映，由实际的投资行为而形成，具有经济价值，由于任何资本都有其所有者，故不可避免地存在产权归属关系，也就是说存在人力资本产权关系，它包含着人力资本投资、营运及收益分配等过程中的一系列经济关系。

第五，人力资本投资可以缓解贫困。知识存量、健康存量低的劳动者就业困难，有效劳动时间减少，获得收入报酬随之减少，由于健康和贫困相互作用，这些劳动者陷入贫困的概率较大，严重影响其生活水平。教育投资可以转化为知识存量，良好的健康状态能够刺激人们接受更多的教育，从而提高人的智力、知识、技能，增加收入，对生产水平、经济增长产生直接或间接的影响，缓解贫困。

总之，人力资本体现人的综合素质，是理性的"经济人"进行成本收益分析以后，做出的理性投资行为，能带来经济价值，并且这种投资的增值性能为人们带来未来的收入与满足，使人摆脱贫困，创造更多的社会财富。

二　人力资本理论的形成与发展

在经济学产生之初，人力资本的思想零散地见诸经济学家的著作之中，之后的很多经济学家对人力资本理论进行了不断的探讨，直到形成了具有特色的理论体系。

（一）人力资本理论的起步阶段：特别看重教育

古希腊时期，人力资本理论开始萌芽。柏拉图是著名的思想家，他在《理想国》一文中曾经对训练和教育的经济价值进行了阐述，认为人要成为治国者就必须经过严格的训练及教育。重农主义的代表人物经济学家魁克（Quaker），最早着手研究人的素质，认为人是构成财富的第一因素。亚里士多德也论述了知识、技能对生产和个人经济收入的影响，意识到教育具备一定的经济作用。对一个国家或地区来讲，维持教育对保证公共福利有着非常重要的影响。这一段时期被认为是人力资本思想萌芽的时期。

我国对教育产生经济作用的论述也较早，战国时期的墨子和孟子也认识到了教育对生产的促进作用，墨子认为"提高生产必须施之教育"，孟子曾经对教育经济意义进行过这样的描写，"后翟教民稼穑，树艺五谷，五谷熟而民人育"。

威廉·配第（W. Petty）是较早具有人力资本思想萌芽的经济学家之一。他认为："人的素质不一样，造成劳动者劳动能力的不一样。"[①] 虽然他并没有直接提出"人力资本"这一名词，但他在其著作《赋税论》（1664）中给出了著名论断——"土地是财富之母，劳动是财富之父"，认为人口的素质与数量对于社会财富的创造有非常重要的影响，对劳动者投入劳动所带来的经济价值予以肯定。威廉·配第（W. Petty，1676）在《政治算术》一书中认为，"掌握一定'技艺'的人，能够做许多没有本领的人所不能做的许多工作"。而这种"技艺"需要投入一定的人力、物力及财力，通过培训才能获得，这些投入就是早期的教育投资。

亚当·斯密（1776）在其著作《国富论》中体现了人力资本思想："学习是一种才能，必须做学徒或者进学校，却要付出不少的费用，而这笔费用是可以得到偿还并赚取利润的，结果对他个人或他所属社会来说都是财产的一部分。"[②] 这段话强调了通过教育、培训等获得学习的能力，认为学习所花费的费用是一种投资，可以通过赚取利润得到回报。不难看出，已有人力资本概念的雏形和人力资本投资的思想萌芽。

---

① 胡德龙：《人力资本与经济发展》，江西人民出版社2008年版，第9页。

② ［英］亚当·斯密：《国民财富的性质和原因研究》，商务印书馆1972年版，第257—258页。

19 世纪末，英国古典经济学家马歇尔在《经济学原理》一书中指出："在所有的投资中，最有价值的是对人本身的投资，能够创造财富。"① 马歇尔针对人的教育和能力进行了分类，特别看重教育，指出教育人力资本对经济增长起重要作用。美国经济学家欧文·费雪（I. Fisher）在《资本和收入的性质》（1906）一书中论述了人力资本的概念。这段时期全球性经济危机爆发，加上生产力发展水平的限制，知识和技能对国民经济的增长没有明显而直观的影响，占主导地位的经济学流派仍然强调生产的物质条件，为此，这种"非资本的"理论没有继续深入研究下去。

上述人力资本思想的萌芽为人力资本理论的正式形成奠定了扎实的基础。虽然早期的这些经济学家意识到了人力资本对经济增长有一定的促进作用，但却没有深刻、系统地认识到人力资本对经济增长的巨大意义。这些处于萌芽中的人力资本思想现在看来还有很多存在争议的地方，甚至不够成熟，但却为后来的人力资本理论形成奠定了坚实的基础，推动了人力资本理论的向前发展。

（二）人力资本理论形成阶段：偏重教育，论及健康

美国经济学家明塞尔在《人力资本投资与个人收入分配》（1958）一文中，系统分析了教育水平、培训水平与个人收入水平及经济增长的关系，得出的结论是人力资本投资带来人们受教育水平的不断提高，工人的收入水平也提高，并且还缩小了个人之间的收入分配差距。之后，明塞尔又出版了《教育、经验与收入》《在职培训：成本、收益及意义》《人力资本研究》等著作，通过建立函数关系，考察在职培训投资对终生收入的影响程度，以及人力资本投资与个人收益率及其变化之间的关系。明塞尔的研究虽然不及后来的舒尔茨和贝克尔等的成果，但他建立的人力资本收益率模型——明塞尔收益率分析法却在理论界广泛运用，在计算个人教育收益率和收入分配时成为一个重要的工具，对现代人力资本理论研

① ［英］马歇尔：《经济学原理》，北京出版社 2012 年版。

究产生了重要的促进作用。

“人力资本理论之父”舒尔茨在1960年“人力资本投资”的演讲中，第一次明确提出人力资本的概念，并界定了人力资本投资的范围，深入阐述了人力资本、人力资本投资、人力资本投资收益等相关理论。在经济增长领域逐步构建起了人力资本理论的基本框架，标志着人力资本理论的正式形成。他对人力资本的定位是社会进步的决定性因素、影响经济增长的主要因素和经济增长的主要源泉，人们可以通过教育、健康、培训和迁移等方面进行人力资本投资。通过人力资本理论，他很好地解释了之前的很多经济问题，人力资本理论从此成为经济学研究上的一个新门类，成为主流经济学。舒尔茨在《教育的经济分析》（1963）一书中，系统而全面地展开研究了教育费用、教育的经济成分以及教育的经济价值等问题，对于人力资本形成的途径及方式进行了理论探讨，并测算了教育投资收益率，研究了教育对经济增长的贡献。舒尔茨还从人口质量经济学的角度专门研究人力资本投资。“人口质量提高是因为接受了教育，应重视教育投资”。[①] 舒尔茨人力资本理论体系的构建为现代人力资本理论的可持续发展奠定了坚实的基础，对解决存在的经济问题和促进社会经济持续增长提供了理论基础。

另一位人力资本理论形成时期的主要人物是美国经济学家贝克尔。他的一个重要贡献便是从家庭生产和个人资源分配这种微观角度，去关注人力资本投资和收入分配问题[②]，弥补了舒尔茨看重宏观忽略微观的不足。贝克尔在《人力资本：特别是关于教育的理论与经验分析》（1964）一书中，系统性地对人力资本理论进行了论述，探讨学校教育和在职培训对人力资本投资、人力资本收益率以及个人收入分配的影响等，使用人力资本投资理论来解释一些经济现象。后来，贝克尔在其《家庭论》《生育率经济分析》中，涉及

---

① ［美］舒尔茨：《对人进行投资——人口质量经济学》，吴珠华译，首都经济贸易大学出版社2002年版，第17—18页。

② 高素英：《人力资本与经济可持续发展》，中国经济出版社2010年版，第8页。

健康因素，从家庭生育行为的经济决策这个视觉进行了细致的探讨，探讨范围延伸到人口学、社会学等学科，研究视觉不断更新，基于婚姻、家庭和生育等视角来研究人力资本投资。在书中，第一次提出了养育孩子的直接成本、间接成本以及家庭时间价值等观念，并对人力资本投资的收益率计算方法进行了探讨，特别是为计算教育和培训的投入与收益提供了有价值的计量方法。这些研究为人力资本理论发展提供了微观理论基础。

爱德华·F. 丹尼森（Denison Edward F.）对人力资本理论与经济增长的分析具有不可低估的作用，对人力资本理论的贡献在于他使用了计量分析的方法。他在一系列著作如《美国经济增长因素和我们面临的选择》《余额与经济增长》中，从人力资本要素计量角度对经济增长进行了分析，他把经济增长因素归为两大类：一是生产要素投入量的增加；二是生产要素生产率的提高。生产要素具体表现为五种要素，即人力资本、非人力资本、资源配置改善、规模经济、知识进步。他认为教育水平和质量的提高是影响经济增长最重要的人力资本因素。舒尔茨算出 1929—1957 年教育对经济增长的贡献占 33%，丹尼森在《美国经济增长核算：1929—1967 年》一文中将其修正为 23%。并且，丹尼森运用计量模型对日本 1961—1971 年教育对经济增长的影响进行计量，结果发现教育促使日本人均 GDP 增长率年均提高 0.35 个百分点，证明了教育人力资本对经济增长有巨大的促进作用。

（三）人力资本理论成熟阶段：健康与教育并重

20 世纪 60 年代初，现代人力资本理论逐渐形成，引起了人们的关注和众多经济学家的研究兴趣。经过半个多世纪的发展，人力资本理论研究不断深入与完善，形成多门经济学的分支学科，主要有教育经济学、卫生经济学、发展经济学、人力资源会计学等。人力资本成为现代经济增长理论不可或缺的内容，在人力资本投资与收益方面推动了人力资本理论的发展，它在经济增长过程中起到的作用已超越其他生产要素。

这一时期，经济学家将健康摆到了重要的位置，并将教育人力资本投资与健康人力资本投资付诸反贫困和经济发展实践之中，把健康与教育共同作为经济发展的基本因素，并在实践中收获了重要成果。

莫什金（1962）在《健康作为一种投资》一文中，正式将健康作为人力资本构成部分，提出教育与健康是人力资本的孪生产物，并计算出美国在1900—1960年由于人口死亡率的下降带来的经济损失约为8200亿美元。据世界卫生组织研究，教育受健康的影响，较高的小学辍学率与儿童健康状况不良相关。[①] 拉姆与舒尔茨（1979）运用战后印度的实例来说明健康影响教育，良好的健康状态（如死亡率下降）是引致教育投资的基础。舒尔茨（1999）指出，众多的研究都证实了教育和健康是影响经济增长的主要因素，还论证了非洲国家之所以贫穷落后、经济增长过缓是因为较低的教育和健康投入水平。此外，还发现教育和健康投入之间的比例差异较大，尤其是高中教育投资比例偏高，健康投资却受到了忽视。Ehrlich和Lui（1991）在其构建的模型中，考虑“人口平均预期寿命”这个变量，结论是人口平均预期寿命延长会带来一系列良好的社会经济效应，比如加大了教育投资额度、死亡率下降、经济增长率持续上升等。Bhargava（2001）研究表明，如果儿童的健康状况良好，缺勤率就会降低，加上接受事物、认识事物的能力较强的话，这为他们以后接受高等教育和增加收入打下了坚实的基础。Gan和Gong（2004）用受教育程度来解释死亡风险，在白人和黑人男性中，教育投资的差异会带来死亡风险的不同，受教育程度低者的死亡率是受教育程度高者的约3倍。Maitra（2004）发现，夫妻双方的受教育程度都对孕期医疗服务及保健需求存在影响，受教育程度越高，对医疗服务和孕期保健的需求就越强，这会显著降低婴儿死亡率。

---

① 世界卫生组织：《1995年世界卫生报告——缩小差距》，人民卫生出版社1997年版，第13页。

近年来，学者们扩大了人力资本理论应用的空间，聚焦在人力资本产权、贫困问题、人力资本与就业关联、人口迁移与流动研究。人力资本理论得到了广泛的传播和充分的肯定，这些研究确定了人力资本在经济增长和发展中的关键作用。

三　人力资本理论面临的挑战：重新审视教育的经济作用

关于健康因素对人力资本和经济增长的影响和作用，国内外没有不同的声音，但是关于教育因素，则存在争议。

1960 年由舒尔茨首先提出的人力资本理论，很快成为很多国家制定教育发展政策的理论基础。20 世纪六七十年代，对这些国家的教育事业发展影响非常大，教育不断扩张。人力资本积累在经济起飞时期对经济增长的作用相当显著，甚至超越了物质资本的作用，而且这种显著的作用确实就发生在舒尔茨所说的“现代经济”的环境之中。[①] 于是，发展中国家纷纷效仿，期望能够在短期内实现经济的快速赶超。[②] 但到了 20 世纪 70 年代末，很多国家发现，大量的教育投资并未给它们带来预期的收益，还存在“过度教育”与“文凭膨胀”及非常高的青少年失学率、劳动生产率下降等问题。这些国家把大量的资金投入到教育事业，特别是高等教育，但却并没有带来预期的经济高速增长。在这种情况下，一些学者开始质疑人力资本理论的有效性，试图完善人力资本理论。新的理论如“筛选假设理论”“社会化理论”“劳动力市场划分理论”等应运而生，成为人力资本理论的有益补充。

（一）筛选假设理论：教育的作用在于它的筛选性

伯格（Berg）在《教育与职业：训练大盗》（1970）一书中并不看好人力资本的作用，把人力资本理论斥为“训练大盗”，认为：教育只是一种被用作区别个人能力的手段，却导致各种职业对教育

---

① 彭朝晖：《人力资本与中国区域经济差异》，新华出版社 2005 年版，第 116 页。

② 罗良针、张莹：《经济增长中人力资本驱动作用辨析》，《江西社会科学》2005 年第 1 期，第 145—148 页。

程度的要求随时间推移而上升，其实教育未必能提高劳动生产率。[1]随后，索洛（Solow）、斯宾斯（Spence）、阿罗和斯蒂格利茨（Stiglitz）等提出了一系列更加新颖和成熟的观点，重新审视教育的经济作用。因为，他们都对人力资本理论主张的教育提高生产率的观念持怀疑态度，且一致认为教育的作用在于它的筛选性，所以这些主张被归于同一理论派别，即筛选假设理论（Screening Hypothesis）。

与人力资本理论相比，筛选假设理论在三个方面持不同的观点：一是关于教育与生产率之间的关系。筛选假设理论认为，它们之间存在一种间接关系，而非人力资本理论认为存在直接关系。教育是信号模型，具有信号性质和信息作用，反映了劳动力生产效率，为社会提供了一种根据个人既定能力来对其进行分类的筛选机制，将教育制度看成是发现哪些人具有较高生产率的一种手段，而不是一种强化劳动者生产率的手段，即教育的“信号系统”观点。二是有关教育与收入的关系。两种理论均承认它们之间有正向关系，却对这种关系的解释不一样。人力资本理论的前提是，他们自身人力投资的多少决定了个人收入的差别，若要缩小收入差别就要缩小教育、培训等人力资本投资方面的差别。筛选假设理论认为，教育只是用来筛选的手段，对较高教育文凭的报偿就是较高的收入。三是关于教育人力资本是否有益于经济增长。人力资本理论主张大量进行教育人力资本投资，指出教育能够提高生产率，且促进经济增长与社会平等，所以教育人力资本投资促进经济增长。筛选假设理论则认为，教育只通过文凭反映个人先天能力，对社会仅具有信号价值，并不提高生产率，即使扩张教育也无助于经济增长，反而耗费了大量的资源，所以主张一种消极的教育政策。

筛选假设理论得到了一些学者的赞同和认可，如布劳格（M. Blaug）称筛选假设理论像“一剂强酸侵蚀了我对人力资本理论的信念”。他指出，筛选假设理论使人力资本理论“在很多方面都

---

① 睢国余、麻勇爱：《中国教育经费合理配置研究》，北京大学出版社2009年版。

失去安全”。他还进一步指出，如果筛选假设理论是正确的，那“我们从人力资本理论那里得到的结论都是错的”。

但是，筛选假设理论也遭到了人力资本论者的反驳、贬斥。比如伍德豪（Woodhall）说，“筛选不可能发生，因为理性的雇主不可能长期为超过实际价值的文凭支付工资”；罗森（Rosen）干脆断言“即使筛选存在，它对社会产出或政策也无关紧要”。

也有学者试图把筛选假设理论和人力资本理论结合起来，比如瑞利（Riley）构建了检验模型，指出有许多证据能够证明筛选假设理论，学校教育的功能被他解释为既能提供信息又能增加额外的技能，主张教育具有提高生产率和提供筛选信息的双重作用。

（二）劳动力市场划分理论：反对教育投资与收益呈正相关的论断

20 世纪 60 年代后期，由皮奥雷（M. J. Piore）与多林格（P. Doeringer）提出的劳动力市场划分理论（Labor Markets Segmentation），对人力资本理论提出批评与挑战。该理论采用制度经济学的观点，认为劳动力市场被分割为不同的部分是制度因素和各种规章与习惯造成的，不一样的分工在不一样市场受到不一样待遇的现象，强调劳动力市场不是统一的市场，而是二元或多元的劳动力市场，为此又称为“双重劳动力市场理论”。随后，艾沃茨（Edwards）、戈登（Gordon）、卡诺伊（Carnoy）对这一理论进行了完善，他们的分析角度和方法各有不同，对于劳动力市场有三种划分方法：第一种，主要劳动力市场和次要劳动力市场。前者提供条件好且工资不菲的大企业工作，待遇是通过出资方及工会谈判定下的，雇员还有工作保险，有明确的晋升程序且就业稳定。后者提供小企业的工作，没有工会，工资较低。第二种，内部劳动力市场和外部劳动力市场。前者由较完善的管理程序和制度控制，确定、分配该市场劳动力的价格，主要存在于大企业当中，是一个相对封闭的等级制市场。后者由外部经济变量直接控制该市场劳动力的培训方案、价格确定，主要存在于小企业当中，是一个条件差且不稳定的市场。第三种，存在三类劳动力市场，即“具有高等教育的劳动力市场”“有工会组织的劳动力市场”“竞争的劳动力市场”。第一类市场工资待遇较好，由具备高等教育水平的职位所组成；第二类市场有工会组织、内部等级制度，雇员享有相对职业保障，又称垄断的劳动力市场；第三类市场包括不具备高级专门技能或不具备专业教育要求的职位，基本上没有控制雇员进入该市场并控制他们的竞争结构，就业不稳定、工作条件差、工资待遇低。

劳动力市场划分理论反对教育投资与收益呈正相关的论断。劳动力市场划分理论认为，只有在内部市场或主要市场中，教育与工资存在显著正相关关系，在外部市场或次要市场中，这种关系极不明显，指出人力资本理论未曾考虑劳动力市场内部结构。为此，一个人的年龄、性别、种族、教育水平往往与他们在哪一个市场关系密切，其薪金收入取决于在什么样的市场工作，所以，进入主要劳动力市场或内部劳动力市场获得高回报的途径就要接受高层次教育。

这种理论可很好地解释，在很多发达国家为一些低层失业者举办培训课程明显增加了他们的技能，但却没有改善他们严重失业的困境，原因就是他们被困在了次要劳动力市场或外部劳动力市场。在不景气的经济环境下，在这种市场内，训练增加技能的多少与就业机会和工资没有多大关系，结果表明“过量”的教育反倒使雇员之间的就业机会竞争变得更加激烈，额外的训练课程难以产生显著的效果，失业问题更趋严重。

（三）社会化理论：否定认知技能影响生产率的观点

金蒂斯（Ginitis）与鲍尔斯（Bowles）在合著《资本主义美国的学校教育：教育改革与经济生活的矛盾》（1976）中，试图论证教育与社会的对应关系，以及教育改革必须依靠社会制度改革的施行。指出美国资本主义经济制度的稳定发展归功于美国学校教育生产、再生产的不平等，认为在资本主义经济当中，传统的教育经济学家严重扭曲了教育的经济价值，书中的基本主张被称为社会化理论（Socialization Theory Education），也称为“对应论”。

“由于看到了教育改革的大量矛盾，所以感到有责任对教育在经济生活中的作用进行全面的再思考。”① 他们认为，人力资本理论关于通过认知技能影响生产率的这一观点是错误的。在现代的生产中，雇主之所以运用教育水平作为筛选的主要指标，只是将其作为鉴别个人所具备的个性品质是否“适当”的标尺。雇主更看重的是劳动者是否具备“合适”的个性品质，比如能不能遵守规则，能不能服从命令，能不能将企业准则内化，从而变为个人“自觉”的行动。

他们对美国教育和经济的分析，重点研究两者的关系，以便能寻求其中的客观规律。他们指出，经济是教育服务的基础，教育是被动的、不能自主的，经济完全支配了教育，教育部分的改变随经济部分的改变而动，从教育内部的组织和特点来看，反映了经济内部的相应情况，学校教育是通过社会化为资本主义经济服务的。社会化理论可以解释20世纪60年代以来美国的平等教育政策不能改变美国社会不平等的现象。20世纪60年代中期，为低层社会的学生进行双语教育、特殊教育等活动，结果却没有改善低下层背景毕业生的就业机会，美国政府尽管支出了大笔经费，也未能改变原有的国民收入分配。他们认为，因为经济不平等造成社会不平等，经济不平等的结构仅靠教育改革是改变不了的，学校只是作为再生产社会不平等的工具，认为学校不仅是学习的场所，也是学生社会化的地方，教育的过程就是使学生进入高度社会化、等级化、世俗化的社会过程。

第三节　以人力资本为视角的贫困理论

贫困是世界各国经济社会发展过程中不得不面临和亟待解决的

---

① ［美］S. 鲍尔斯、H. 金蒂斯：《美国：经济生活与教育改革》，王佩雄等译，上海教育出版社1990年版，第11页。

重大社会问题。对于贫困的研究由来已久，国内外学者从环境学、经济学、社会学等方面对贫困的认识不断深化，基于不同的角度，从贫困的内涵及产生的原因、扶贫的必要性及政策的选择等方面进行了研究，构建起不同的理论体系。

贫困不仅是物资匮乏，更是智力贫困、身体不健康、文化贫困。增加教育与健康人力资本的投入，能够提高人口的身体、文化素质，经济增长、脱贫致富才有可能。经济的发展和增长能够提高人们的收入水平并增加政府的财政收入，能够有效减少贫困人口，能在一定程度上缓解贫困。

一　相关概念界定

（一）贫困的概念、标准及分类

1. 贫困的概念

贫困是当今世界普遍存在的一种社会经济现象。贫困的界定非常重要，关乎一个国家或地区采取的反贫、减贫、脱贫措施及政策是否行之有效，关乎能否从根本上消除贫困。贫困是一个不断演化的概念，具有动态性、历史性、地域性、多维性等特征，它随着时间和空间以及社会的进步而不断变化，至今没有一个统一的定论。其中国内外最具影响力和代表性的主要有：

较早研究贫困问题的学者之一英国学者西博姆·朗特里开创了贫困研究的先河，在其著作《贫困：城镇生活研究》（B. S. Rowntree，1902）一书中提出了贫困的概念，即一定的物质和服务是家庭成员的必需品，假如一个家庭总是缺乏这些物品将导致无法生存，那便是贫困。[①] 但这个概念具有一定的局限性，是一种绝对贫困的概念，贫困依然是侧重于物品的使用价值。

亚当·斯密也是从收入的缺乏来定义贫困，他认为“人是贫是

---

① 参见世界银行《2000/2001 年世界发展报告——与贫困作斗争》，中国财政经济出版社 2001 年版，第 17 页。

富，要看他在何种程度上享有人生的必需品、便利品及娱乐品”。[①]

提出相对贫困概念的是英国社会学家汤森德（Townsend，1979）。他通过研究发现，穷人尽管可以满足基本的生存需求，但因缺乏资源而被剥夺了享有正常社会生活水平和参与常规社会生活的权利。[②] 汤森德的贫困理论比前人更深刻地认识到，贫困不仅包含可以消除的收入不足、缺乏食物等绝对贫困，还包含缺乏社会交往的条件这种只能减缓却无法消除的相对贫困。汤森德这样界定贫困：“那些缺乏获取最基本的各种生活食物资源和缺乏参加社会活动和社交条件的所有个人、家庭和群体就是所谓的贫困。”[③]

奥本海默（Carey Oppenheim，1990）指出：“贫困是指物质上的、社会上的、情感上的匮乏。贫困意味着在食物、保暖和穿着方面的支出要少于平均水平。”[④]

印度籍经济学家阿马蒂亚·森（Amartya Sen）一改前人对贫困的认识，他提出“能力贫困”的概念，开创能力贫困研究先河。他认为，贫困的原因是人们的可行能力不足，由于贫困人口机会的缺失和能力的被剥夺，这些机会的不足多是由社会环境的限制所导致的，所以贫困并不局限于收入低下这种表象，更是基本可行能力的被剥夺。[⑤] 在阿马蒂亚·森看来，贫困不仅是穷人处于物质匮乏境地中，贫困的关键原因在于能力的缺乏，包括机会的不足，这里的能力包括了免于饥饿、营养不良及疾病的能力，获得教育和医疗服务的能力以及获得政治参与的能力。这些能力的不足多是由社会环境的限制所带来的基本能力剥夺，可以导致过早死亡、知识储备不

---

① ［英］亚当·斯密：《国民财富的性质和原因研究》（上卷），商务印书馆 1972 年版，第 26 页。

② ［英］汤森德：《英国的贫困：关于家庭经济来源和生活标准的调查》，阿伦莱斯和培根图书公司 1979 年版，第 42 页。

③ Townsend Peter, *Poverty in the United Kingdom: A Survey of Liousehold Resources and Standards of Living*, California: Penguin Books, 1979.

④ Carey Oppenheim et al., “Poverty: The Facts”, *Child Poverty Action Group*, 1990.

⑤ ［印］阿马蒂亚·森：《以自由看待发展》，中国人民大学出版社 2002 年版，第 85 页。

够、明显的营养不良、持久的发病率，他们无法选择其他较好的生活方式和机会。阿马蒂亚·森的能力贫困思想研究影响深远，世界银行在《1990年世界发展报告——贫困问题》中将贫困定义为："当某些人、某些国家或群体没有足够的资源去获取他们在那个社会中所公认的一般都能享受到的饮食、生活条件、舒适和参加某些活动的机会，就处于贫困状态。"①

国内学者对贫困的理解大都是基于对国际上贫困一般理论的介绍和引进，并且结合我国当时的一些实际情况而进行界定。1991年，国家统计局"中国城镇居民贫困问题研究"课题组对贫困做出如下阐述："贫困一般情况下是指物质生活困难，缺乏某些必需的生活资料和服务，即一个人或一个家庭的生活水平达不到社会可接受的最低要求标准。"② 童星、林闽钢（2011）在《中国农村社会保障》中对贫困进行定义："贫困是经济、社会、文化落后的总称，缺乏生活必需的基本物质和服务加上没有发展的机会和手段，是由低收入导致的这样一种生活状态。"

本书界定的贫困倾向于阿马蒂亚·森关于贫困的思想和理论。基于本书的研究视角，贫困应该是一个综合性的概念，笔者将贫困界定为：在社会、经济、健康、文化、政治等诸多因素的综合作用下，个人或家庭无法公平地获取社会资源、平等地参与经济生产，致使人力资本匮乏，缺乏平台、机会、手段、能力而收入低下，造成生活低于当地平均水平或状态，人们不能够从外部环境中持续地获取维持起码生存状态的收入，且不能轻易摆脱这一状况的状态。

2. 贫困的标准

关于贫困的标准，国际、国内都在不断地调整，中国贫困线以

---

① 世界银行：《1990年世界发展报告——贫困问题》，中国财政经济出版社1990年版。

② 国家统计局"中国城镇居民贫困问题研究"课题组：《中国城镇居民贫困问题研究》，《统计研究》1991年第6期。

2011 年 2300 元（农村居民家庭人均纯收入 2300 元/年）为基准，换算后约等于每天 1 美元，低于世界银行的日收入 1.25 美元的国际标准。2015 年贫困标准为 2800 元（农村居民家庭人均纯收入 2800 元/年），按购买力平价计算，约相当于每天 2.2 美元，略高于世界银行制定的国际贫困标准 1.9 美元，这表明中国政府将对贫困地区以及贫困人口给予更大的支持。

3. 贫困的分类

根据影响贫困的相关因素，可将贫困划分为教育贫困、健康贫困和收入贫困。所谓教育贫困，主要是指生活贫困的人（通常指穷人）由于受教育程度低，欠缺必要的技能和知识，获取就业机会的途径狭窄，缺乏与外界沟通的能力，在获取、交流、应用知识和信息方面不及受教育程度高的人，收入、就业和发展机会、社会地位等都处于劣势导致的贫困。所谓健康贫困，是指由于经济发展水平不高、支付能力欠缺而丧失健康投资的机会，带来的结果是健康水平下降，参与经济活动的能力被剥夺，贫困不可避免地发生或加剧。所谓收入贫困，是指劳动者已经充分利用了其所拥有的智力和体力资本后，净年收入仍然在贫困线以下。

（二）扶贫、精准扶贫

"扶贫"是中国特有的称呼，国际上普遍称为"反贫困"。中国习惯于用"扶贫"来表示反贫困的具体行为过程。反贫困概念最早由瑞典学者缪尔达尔（Karl Gunnar Myrdal）提出，在国内外学术研究中，从反贫困的过程来看，其概念有三种表述：减少贫困（Poverty Reduction），强调减少贫困人口的数量；缓和贫困（Poverty Alleviation），强调反贫困的重点在于减缓贫困的程度；根除贫困（Poverty Eradication），强调反贫困的目的是最终消除贫困。在我国，反贫困主要是基于政策的角度，采用的是"扶贫"这种称谓，即帮助贫困地区和贫困群体开发经济、发展生产、摆脱贫困的活动。我国扶贫对象分为集中连片特困地区、贫困县和贫困户。

精准扶贫是与粗放扶贫相对应的称呼，重在"精准"，是指针对不同贫困地区、不同贫困居民，运用科学高效的程序对扶贫对象实行精确识别、精确扶持、精确管理的治贫方式。贫困问题，是中国全面建成小康社会的“拦路虎”。习近平同志于2013年提出了“精准扶贫”的重要思想。针对贫困地区“久扶不减贫”“减贫又返贫”的现象，习近平同志提出“扶贫先扶志”“扶贫先扶智”的重要扶贫方略，扶贫的重要任务之一就是让贫困地区的孩子接受良好的教育，以此阻断贫困代际传承，不让任何一个少数民族、一个地区掉队。

（三）连片特困地区

“连片贫困地区”是一种开展扶贫工作时进行区域划分的标准，“连片特困地区”这一概念具有复杂性、抽象性、独特性的特点，很难准确地对此做出一个概括性的界定。无论是政府，还是学术界均未对“连片特困地区”这一概念做出明晰的界定。

“连片贫困地区”的提出可以追溯到20世纪80年代，它是伴随着我国扶贫开发工作的展开而产生的。1988年，我国曾划分出18个集中连片贫困地区。21世纪初，在实际的扶贫开发工作中，这种划分方法并没有发挥多大作用，逐渐被“特殊类型贫困地区”所代替。2010年3月22日，央视《新闻联播》提到“从重点帮扶贫困群体，到对连片特困地区加大扶持力度，国家对贫困地区的帮扶思路在不断调整和变化中”，首次使用了“连片特困地区”这个概念。2010年10月18日，国务院西部地区开发领导小组召开第二次全体会议时提出“开展集中连片特殊困难地区开发攻坚的前期研究”。此后，中央文件和中央领导同志讲话，普遍使用“集中连片特殊困难地区”这一概念。称谓上从以前的“特殊类型”变成现在的“特殊困难”，特殊“困难”比“类型”更准确、更具有针对性，更能凸显扶贫效果，与全面建设小康社会奋斗目标联系更为密切。2012年6月，国务院扶贫办根据《中国农村扶贫开发纲要（2011—2020年）》精神，秉承“集中连片、突出重点、全国统筹、区划完整”的原则，在全国范围内一共划分出14个连片特困地区作为新阶段扶贫攻坚的主战场。目前，对“连片特殊困难地区”（以下简称连片特困地区）的概念已形成共识，被开展扶贫理论研究的学者和实践工作者广泛运用。

从贫困形成的原因来看，“连片特困地区”是指，由于自然、历史、文化、民族、政治、信仰、社会等一系列因素，经济增长缓慢、常规扶贫手段无法奏效、扶贫开发时间较长的集中连片特殊贫困地区。[①] 这个概念也可以从中国 14 个集中连片特困地区的农村居民家庭人均纯收入中体现，这些连片特困地区的农民人均纯收入为 2676 元，仅相当于全国平均水平的一半。另外，在全国综合排名最低的 600 个县里面，有 521 个贫困县在片区内，占 86.83%。[②] 我国贫困人口大多集中居住在西部地区和老少边穷地区。

二　以人力资本为视角的贫困理论发展演进

自贫困问题首次提出以来，越来越多的学者开始从人力资本视角来研究贫困问题。贫困理论经历了一个漫长的演变过程。学者们从多个角度考察贫困产生的原因，基于贫困主体自身的视角来研究贫困问题，认为贫困的根源在于人力资本存量低下且人力资本投资不足，并探索有效的反贫困措施。以下对一些具有代表性的以人力资本为视角的贫困理论的发展演进进行梳理。这些理论为研究贫困问题提供了坚实的理论基础。

（一）积累因果理论

积累因果理论又称为循环积累因果理论，该理论认为，一个国家和地区的贫困与经济、教育、健康等因素的相互作用及流动息息相关。瑞典著名经济学家缪尔达尔提出，在一个动态的社会过程中，各种社会经济因素相互作用，彼此存在循环积累且互为因果的关系。缪尔达尔指出，这种累积效应会带来两种不同效应，即回流

① 王思铁：《连片特困地区的概念及其特征》，http://blog.sina.com.cn/s/blog_63c2c9600101dzh4.html。

② 顾仲阳：《集中连片特困地区成为主攻区》，http://Theory People. com. cn/GB/16519903.html，2011 年 12 月 7 日。

效应和扩散效应。回流效应是指落后贫困地区的资金、劳动力向发达地区流动，结果是贫困地区生活水平下降，营养不良，卫生健康状况进一步恶化，教育文化差距拉大，人口质量无法保障，劳动力素质整体不高，就业更加困难，人均收入水平更低，进而导致落后地区要素不足，发展更加缓慢，贫困进一步恶化。扩散效应是指发达地区的资金和劳动力向落后贫困地区流动，结果是劳动力素质、劳动生产率提高，产出增加，促进贫困落后地区的发展。缪尔达尔认为，要加快欠发达地区的经济发展，除了要增加经济产出，有必要关注政治、经济、教育、社会等多个因素的发展，以此提高穷人的收入。他认为，发展中国家和地区经济难以协调发展和贫困的原因，在于回流效应大于扩散效应，如果要促进区域经济的增长、协调发展，措施之一是加强政府的强有力干预。这个理论对于欠发达国家和地区消除贫困、协调区域经济发展具有非常重要的指导作用。缪尔达尔指出，对权力制度、土地关系以及教育体制等方面进行改革，可以增加贫困人口的消费，以此实现由“低收入的循环累积”向“良性循环累积因果运动”转变。①

（二）贫困文化理论

美国人类学家奥斯卡·刘易斯在《五个家庭：墨西哥贫穷文化案例研究》一书中，首次提出贫困文化的概念，认为贫困人口已经形成了一种贫困文化。贫困文化具有自身的模式，是一种生活结构，一旦形成代际传递，就会趋向于永恒。②刘易斯指出，由于经济资本缺乏，绝大多数贫困人口的受教育程度和文化程度极低，贫困家庭中出生的孩子受父母有限且低劣文化资本的影响，受教育的机会就会受到很大的限制，不享受医疗保健、母婴保健和老年福利，只能传承父母、亲戚的卑微和贫穷。刘易斯在其著作《桑切斯的孩

---

① Gunnar Myrdal, *Economic Theory and Underdeveloped Regions*, New York: Harper and Row, 1957.

② Oscar Lewis, *Five Families: Mexican Case Studies in the Culture of Poverty*, New York, Basic Books, 1959.

子们》中指出，贫困文化既是贫困代际传递的原因，也是贫困代际传递的结果，贫穷文化会带来明显的社会和心理后果。[①]

贫困文化理论认为，教育是改变社会阶层分化状况的有效措施，只是效果需要较长时间方能体现。贫困家庭的父母辈将从祖辈那里继承的生活方式、行为模式会传递给下一代，并影响子女价值观和态度，比如有些贫困家庭不信任政府和社会机构的工作人员，对待生活产生屈从和宿命论的态度，漠视学校教育等，子女长大后难以融入社会主流。有些父母对于子女接受教育持消极态度：一是出于家庭经济拮据方面的考虑；二是出于对主流文化的敌视，认为接受主流文化的教育无用，倾向于忽视教育和文化对个人的社会流动的作用；三是出于教育投资的短期行为，基于父母、亲戚本身文化资本的匮乏，缺乏长期投资的战略发展眼光，容易出现“短视”“隧道视野”现象。随着人力资本市场价值的提高，一些贫困家庭已经意识到这种贫困文化的代际传承特点，逐渐认识到教育是使子女脱离贫困的重要途径，贫困家庭出身的孩子可以通过勤奋努力，不断接受教育，进行文化资本的累积来实现社会地位的提升，成为教育的受益者。显然，穷人减贫、脱贫的时间较长。另外，家庭支持也是非常重要的脱贫条件，甚至是利用家庭、家族的所有资源，为脱离贫困寻求出路，防止陷入恶性贫困循环的境地。但必须打破贫困文化封闭性、狭隘性的特点，与社会、外界、社群建立广泛的联系，才能帮助家庭摆脱困境。

（三）贫困经济理论

贫困经济理论由舒尔茨提出。1960 年，在其著作《教育的经济价值》中创立了人力资本理论，他将资本分为常规资本和人力资本。1965 年在《贫困经济学》一文中首次提出贫困问题，认为摆脱贫困的关键在于提高人力资本。舒尔茨认为，贫穷国家贫穷落后的

---

① ［美］奥斯卡・刘易斯：《桑切斯的孩子们》，李雪顺译，上海译文出版社 2014 年版。

根本原因在于不重视人力资本的投资，贫困是人力资本存量的严重短缺，而不是物质资本的匮乏导致的。他把人力资本理论纳入经济学的研究范畴，指出教育投资是人力资本形成的关键途径。他提出，“经济发展主要取决于人的质量，而不是自然资源的丰瘠或资本存量的多寡”[①]。贫困经济学对于贫困的概念、贫困的划分标准、贫困的原因、改变贫困的举措等问题进行了有益的探索。发展中国家和地区减缓、消除贫困最重要的战略就是人力资本发展战略，重点是发展教育、增加健康投资。

（四）功能贫困理论

功能贫困理论是由美国社会学家赫伯特·J. 甘斯（Herbert J. Gans，1979）提出。他认为，贫困是一种客观存在的社会现象，是社会存在的一种不可或缺的功能和需要，在实现社会价值中起到了积极的作用。他认为，人们从事不同的职位与个人的天赋才能、努力程度和家庭背景等多方面因素密切相关。天赋较高的人扮演较为重要的角色，是因为他们具有较强的适应能力，比别人更强、更优秀，能获得丰厚的报酬；天赋较低而又不愿意努力的人，从事重要性程度相对不高的职位，获得的报酬就较低，低收入决定他们处于贫困状态。甘斯认为，没有这些穷人在这里工作，这些行业就不可能持续发展下去，为此贫困在一定程序上能产生积极功能，对整个社会能够起到激励作用。贫困之所以存在，一方面是自身天赋较低的人或许不愿意付出成本和代价去接受较高的教育和技能培训，也有可能是他们自身努力程度不够，所以只能从事一些无关紧要的“卑贱”职位，而这些“不体面”职位的工资水平较低。另一方面是贫困能给富有者或有权势者带来积极功效，对社会的正常运转发挥有利的作用，贫困为此会持续存在，有助于保持甚至提高社会效率。如果要消除贫困，除非这种社会现象对权势者变得有害无利，或者是无权势者获得足够的权利来改变这个社会。

① ［美］舒尔茨：《人力资本投资》，商务印书馆1984年版，第38页。

功能贫困理论拓展了人力资本理论的内涵，首先是确定贫困的主体，即穷人，然后从内因去寻找贫困的根源，这样就突破了以往的理论研究仅仅局限于贫困的外因而忽略了事物发展的本质。功能贫困理论蕴含着这样的逻辑：贫困主体即穷人由于自身人力资本投资不足导致其能力欠缺，在社会上只能从事一些重要程度不高、临时的、没有前途的职位，低职位决定低工资，从而获得较低的报酬。甘斯认为，为了避免贫困，需要通过对穷人的教育文化、医疗保健、职业技术培训等方面增加投资，以此来提高他们的人力资本水平，大幅度提高他们的收入水平，让处于底层的贫困人群有获得重要的社会角色的能力和机会，让穷人获得更多机会，帮助他们摆脱贫困，促使社会不平等现象逐渐消除，改善生活质量，促进人的自由和全面发展。

（五）能力贫困理论

诺贝尔经济学奖获得者、印度著名经济学家阿马蒂亚·森被世人称为“穷人的经济学家”。他在《以自由看待发展》一书中构建了能力贫困理论。阿马蒂亚·森认为，贫困者之所以贫困，是因为其最基本可行能力的剥夺和机会的丧失，即可行能力不足，而不仅仅局限于收入的低下。没有接受良好的教育、健康水平低下、人力资本匮乏导致其创造收入的可行能力或摆脱贫困的机会被剥夺。阿马蒂亚·森认为，可行能力是指“此人有可能实现的、各种可能的功能性活动组合”[①]。他认为，贫困的实质是可行能力被剥夺（Sen，2002），收入水平低下只是产生贫困的工具性因素之一，但收入和可行能力关系密切、相互作用。收入是获得可行能力的重要物质基础和基本手段，贫困人口可行能力的提高又能够获得更高水平的收入。可行能力被剥夺或丧失，具体表现为过早死亡、频繁的饥饿或饥荒、明显的营养不良、持久疾病的折磨、普遍文盲、不能识字算

---

① ［印］阿马蒂亚·森：《以自由看待发展》，中国人民大学出版社 2002 年版，第 62 页。

数以及其他不足，这些能力的丧失或被剥夺导致贫困人口无法达到最低生活水平。[①] 阿马蒂亚·森认为，贫困可以从多个维度来进行测量，不仅包含传统的收入维度，还包括健康、教育等。

能力贫困理论改变了以往的贫困视角，将焦点转移到贫困个体本身，从“可行能力”的角度去研究贫困问题，从现象到本质，最终揭示出能力贫困是贫困人群贫困的根源所在，强调避免和消除贫困的根本手段就是重构和提高个人的可行能力，而不是单纯地发放失业救济资金及物资。受阿马蒂亚·森的贫困思想影响，世界银行发布的《1990年世界发展报告——贫困问题》将贫困界定为“缺少达到最低生活水准的能力”。该报告还指出，一些发展中国家注重对穷人在教育文化、医疗卫生和营养健康方面的投资，反贫困的绩效是明显的。《中国发展报告2007：在发展中消除贫困》也指出：“现在所说的贫困已经不仅是收入的不足，而更多地表现为贫困人口自身潜在能力的低下。”[②] 人力资本投资既是减缓贫困、反贫困、消除贫困战略的重要举措，也是世界银行极力推崇的重要减贫手段。改变贫困的方法并非单一地提高人均收入，而要关注隐藏在它背后的各种因素，如从教育、健康等出发关注贫困的成因，改善并提高生活质量，切实地保障贫困者的根本利益，为减少贫困而努力。

能力贫困理论的重大贡献在于，它将贫困的内涵从物质贫困延伸到能力贫困，从对“某种商品的缺乏”扩展到“某种能力的缺乏”，即考察个人参与社会生产、创造收入、实现自我价值功能方面的实际可行能力，指出摆脱贫困的能力在于获得平等的机会，“真正的机会平等必须通过能力的平等”才能实现。[③]减贫是一项综

① ［印］阿马蒂亚·森：《不平等之再考察》，社会科学文献出版社2006年版，第98页。

② 中国发展研究基金会：《中国发展报告2007：在发展中消除贫困》，中国发展出版社2007年版。

③ Amartya Sen, *Inequality Reexamined*, Cambridge, Harvard University Press, 1992, p. 7.

合系统工程，阿马蒂亚·森在其著作《贫困与饥荒：论权利与剥夺》中指出，培养一个公平、公正的社会环境很重要，其中教育公平直接关系到贫困者能力的培养以及生活质量的提高。阿马蒂亚·森提倡社会、政府应该给每一位试图改变贫困、追求梦想、脚踏实地的人提供平等的教育机会，为其创造一个享受良好教育、医疗健康服务的环境，提高他们的人力资本水平，让贫困者有权利通过获得教育、健康等来使个人获得更多收入及提高摆脱贫困的能力。

本章小结

关于健康因素对人力资本、经济增长的影响作用，国内外没有不同的声音，教育因素则存在争议。本书认为，教育必须有识别的功能，在一定程度上确实有提供信息的作用，但不可否认的是，在一个重视才干与能力而不是“文凭至上”的社会，教育不仅提供信号，对于个体而言，更是人力资本投资的机会。劳动力市场划分的现象在我国现阶段确实存在，目前高校扩大招生规模，有的大学生一毕业就失业，和农民工竞争工作岗位的事情时有发生，反映了大众对劳动力市场划分现象的认识与规避的需求。但是，现实的就业市场不仅是二重或三重的，每一重市场的内部还存在差异，而这种差异很大程度上体现的是个人人力资本积累的差异。社会化理论的缺陷是只强调教育与经济存在对应关系，没有重视它们之间矛盾且具有相对独立的一面，为此，有关对应关系分析是简单化的、单向的，没有深刻探讨整个社会系统中教育与经济复杂的矛盾关系。

本章之所以将经济增长与人力资本、贫困有关的理论作为本书的研究基础，主要原因有四方面：一是连片特困地区的经济增长是本书研究的重点内容；二是影响经济增长的因素众多，为了了解经济增长模型中要素变量之间的关系，将经济增长模型进行梳理与修正；三是教育、健康人力资本是本书模型设计和研究的主要对象；四是人力资本是长期反贫困战略的重要举措，实施更有效的减贫扶贫计划需要更加注重贫困人口人力资本积累。

第三章 教育、健康与经济增长：作用机理分析

在导论和理论基础的阐述之后，本章将重点论述人力资本两大主要构成要素——教育与健康对经济增长的作用机理，即分析教育和健康两种要素是通过何种关系来影响经济增长过程的。在影响人力资本形成的诸多因素中，决定劳动者人力资本拥有量的两个关键因素是受教育程度与健康状况，两者之间相互影响、相互促进，有很大的相关性，却不能相互替代，各自对经济增长的影响有不同的作用机理。

相关文献研究对人力资本构成要素的侧重点不大一样。大多数的研究集中在教育方面，强调教育的作用，采用了教育指标来测度人力资本，而且发现教育与经济增长正相关，形成了以教育为中心的人力资本理论。有的研究甚至认为，人力资本等同于教育人力资本，对健康人力资本的研究却鲜有涉及，忽视了健康是构成人力资本的关键因素之一，很有可能把其他构成要素对经济增长的作用都归功于教育人力资本，结果可能会低估人力资本对经济增长的影响。20 世纪 80 年代，国外很多学者开始关注经济增长驱动因素之一——健康（Ram and Schultz，1979）。他们利用区域内群体的三种特征来代表健康及其水平状况：一是“个体或群体预期寿命”（Knowles S. and Owen P. D.，1995），二是“成年人生存比率”（Mayer D.，2001），三是“婴儿的死亡率和某种疾病发生概率”（Kalemi - Ozcan S. and Weil D. N.，2007）。随着国外研究的深入，国内学者也渐渐将健康作为经济增长源泉的主要变量。其中，以王

弟海（2008）的研究为代表，他的研究沿用了国外学者阿罗—罗默生产函数和格罗斯曼效用函数，对地区的健康水平及其投资积累的程度与区域经济增长率之间的关系进行了研究。伴随着统计制度的完善和测度方法的改进，健康人力资本的相关数据逐渐丰富，不少的实证研究在测度人力资本的时候，使用了教育与健康两个指标。教育和健康逐渐成为学者们研究人力资本的新方向。相关研究发现健康对经济增长率存在显著的正向影响，如 Canning、Bloom 和 Malaney（2000）等。

Ahluwalia 等（1979）研究发现，几乎所有国家的经济增长均能减少贫困，而经济衰退会加剧贫困。Ravallion 和 Chen（1997）对人均收入和经济增长及贫困之间的关系进行了研究，认为经济增长能够增加人均收入，人均收入提高后发生贫困的可能性减少。Dollar 和 Kraay（2002）的研究也表明，经济增长是减少贫困的一个关键性的决定因素，经济增长能给整个社会发展带来好处。一个国家或地区经济持续增长，那么该国家或地区的贫困水平下降的可能性就更大。余明江（2010）指出：无论是对贫困原因的深度思考，还是扶贫政策的精确制定，反贫困战略都不能忽略人的因素，即人力资本是生产力的决定性因素，经济发展、经济增长、反贫困主要取决于人力资本质量的提高。在贫困地区，“久扶不减贫”“减贫又返贫”是一种常见现象。学者们发现，人力资本存量低是贫困地区的共同特征，因此提倡通过教育、培训、医疗等手段来克服“因教致贫”“因病致贫、返贫”的现象，增强其自身的“造血”功能。

综上所述，以教育、健康为切入点，就人力资本对经济增长的作用机理进行深入探讨与研究，通过经济增长推动减贫。

第一节　教育人力资本与健康人力资本的异同性分析

人力资本形成的途径包括教育、培训、医疗保健和劳动力迁移，其中最主要的是教育和医疗保健。人力资本一方面具有资本的一般性质，另一方面具有自身的独特性质。李建民（1999）认为，人力资本具有生产性、稀缺性、可变性、功利性。王金营（2001）把李建民（1999）的功利性改成了可获利性，其他特性一样。李忠民（2009）认为，人力资本具有物质、价值、制度特征。丁栋虹（2003）认为，人力资本具有七大属性[①]，如人力资本具有风险收益性，人力资本的所有权与管理权无法分开，人力资本无法售出或转移等。教育人力资本与健康作为人力资本的两种关键形式，既有共同性也有异质性。

一　教育人力资本与健康人力资本的关系

（一）健康是教育的基础，教育影响健康

受教育程度的提高可以增加劳动者的知识，提高劳动者的素质；劳动者正常工作的前提是拥有健康，健康人力资本投资不仅能提高劳动者素质，还能提高劳动者的工作效率。为此，受教育程度越高，健康状况越好，劳动者的能力就越强，人力资本拥有量便越高。

格罗斯曼（1997）认为，教育直接影响健康水平。受教育程度高的人是更有效的健康的生产者，因为随着教育水平的提高，他们会获取更多的健康知识，知道如何保持健康，如何提高个人健康投入品的生产率，并且懂得采取什么样的方式来投入消费、锻炼、保健等行为，以此来生产健康。

健康与教育之间是相互作用的。比如，关于个人卫生以及卫生设施的项目通常依赖于个人的教育水平；对健康服务人员的培养也必须依赖于教育。由疾病等健康因素所损失的教育时间会影响教育投资的效率。由健康人力资本投资所导致的预期寿命的延长无疑会降低教育人力资本的折旧率，而反过来，教育人力资本

① 丁栋虹：《中国企业家的兴起理论与制度研究》，东方出版中心2003年版，第5页。

投资也会提高生产效率，从而提高健康人力资本投资的回报率。

健康和教育的相互影响对于处于学习、成长阶段的孩子来说，相辅相成的关系更加明显。孩子进入学校学习的前提条件是必须具有良好的身体素质，健康人力资本投资将会减少疾病的发生，减少因为疾病而导致缺课、退学的情况发生，如果出现这种情况，会使教育人力资本投资的效率降低并增加平均教育成本。另外，通过健康人力资本投资会提高孩子学习的能力，会促进少年儿童身体智力的发育，也会提高教育人力资本投资的回报率，降低教育人力资本的折旧率，从长远看，还可延长预期寿命和职业生涯，不断增长未来的收益。拉姆等（LaRue A. et al.，1979）提出，健康状况的改善会让人们收获更多的人力资本。父母会让子女在健康已经受益的基础上接受更多教育，获取更多技能，作为未来收益的投资。充沛的精力、寿命的延长，使人们愿意更多地投资于自身的教育培训和技能训练，这样不仅带来工作数量和质量的提高，还会增加收入。沃尔夫等（Wolfe B. et al.，1997）检测出身体健康状况不良带来的各种后果，如限制教育成效、就业机会的减少、原有技能无法更新、收入水平下降等。

（二）健康人力资本与教育人力资本在劳动力市场中的关系紧密

作为人力资本的两种最重要形式，健康与教育对劳动力市场产生影响。健康与劳动力市场之间的关系比较敏感，健康水平越高的人获得的就业机会就比较多，会带来劳动生产率提高，工资收入水平提高，收入的增加又会提高用于营养健康的投资，劳动时间会延长，从而使劳动生产率与收入的进一步提高成为可能。接受教育程度越高的人对劳动生产率的贡献会更大，收入水平也就越高。健康人力资本与教育人力资本在劳动力市场中关系紧密，互为依托，在劳动力市场中如果缺失任何一方，必将带来投资收益率的直线下降。人的智力作为健康的一个组成部分，除了与人类身体拥有的先天健康因素有关，还与人们的健康投入，特别是孩子成长阶段的营养健康投资关系密切。另外，当社会经济发展到一定的程度，人们进行成本效益分析后，高等教育会成为人们的一项选择。

二　教育人力资本与健康人力资本的共同特征

教育与健康作为人力资本重要的组成部分，有其共同特点。

（一）教育支出与健康支出一样，既是一种消费行为，也是一种投资行为

健康支出和教育支出一样，既是消费行为也是投资行为。我们无法计算出一个人对其健康的花费有多少是消费支出，也无法计算出有多大比例是投资支出。个体在教育与健康上的支出，既满足当前消费的目的，在将来还有可能获益。以对健康的支出为例，它有纯消费的一面，如一日三餐和生病就医，直接满足了人们当前的欲望和生活需要；它也有投资的一面，如增加营养和卫生保健，可以提高人的健康水平，使人能有更多的时间工作、学习和生活，为将来长期受益及获利打下基础。这样一来，健康人力资本投资可以获得两种收益：一种是生理、心理和精神上得到满足的“消费性收益”，一种是劳动能力和经济收入得到增加的“投资性收益”。作为一种消费品，健康与教育都是非常重要的，它们不仅是为了满足人的需求，而且关乎人们的福利，都是人类生活质量的重要组成部分。如果一个人不能正常的活动，那么其他的消费也就无足轻重了；同样地，没有教育则生活的品质便会下降。

（二）教育人力资本与健康人力资本都会产生正的外部效应

人力资本是一种经济资源，可以带来经济效益，不仅可以让人力资本拥有者受益，即内部效应；人力资本也是一种社会资源，既对社会经济有贡献，又对社会文明有好处，能够提高所有生产要素的生产效率，带来社会效应的外溢，这就是人力资本所产生的正外部效应。

教育人力资本投资和健康人力资本投资的投资主体涉及个人、家庭、企业、社会及政府。从教育人力资本投资角度看，它会给相应的投资主体带来正外部效应：受教育者个人的知识水平得以提升，人力资本存量增加，增加受教育者就业机会，提高其收入水

平，同时，增强个体消费能力、理财能力、健康保健等能力，可以通过提高人的教育水平、素质修养来提高人的社会经济地位。从健康人力资本投资角度看，带来的正外部效应有：可以减少疾病对人类的危害，卫生环境得到改善，还可以提高整个国民收入和提升社会整体健康水平。

（三）健康人力资本与教育人力资本投资都具有风险性

不管是教育人力资本投资还是健康人力资本投资，个体的投资回报率具有不确定性，即风险性。人的知识、技能、健康、能力的形成，需要消耗资源，通过教育培训、医疗保健、劳动力迁移等途径实现。但即使形成了人力资本，也并非全部带来效益，它与物质投资一样，具备风险性。教育人力资本与健康人力资本投资受政治及经济环境、投资者（政府、企业、个人、家庭）、文化、战争、自然灾害等各种人为或非人为因素的影响，会导致投资结果与目标相偏离，存在很大的风险性。经济环境的变化，如经济萧条阶段，人力资本收益总体会下降。在市场经济体制下，物质资本的投资风险可以通过资本转让行为进行规避，实现物质资本的保值、增值。但教育人力资本与健康人力资本因其所有权无法与所有者进行分割和分离，人力资本的风险定价问题无法解决，结果人力资本投资一旦发生就成为“沉没成本”，风险无法补偿。

（四）教育人力资本与健康人力资本的生产性、长期性

教育人力资本与健康人力资本投资是一种生产性的投资，物质、时间和精力等投入的产出是使人的智力水平、健康状况得以提升，使劳动者获得一种包括在人体内的生产性人力资本存量，能为家庭、企业和社会提供相应的服务，创造新的收益。因此，教育与健康人力资本作为生产要素投入生产之后，必须有产出（效益），实现价值增值，才能保证人力资本投资的持续。

同其他投资形式一样，教育人力资本与健康人力资本也是投入成本在先，获得收益在后，不同的是人力资本投资和收益回报之间有很长的时间跨度，具有持久性和长期性。既包括就业前的教育

（从幼儿园开始）和医疗保健的费用（甚至包括未出生的婴儿），也包括就业后的“干中学”（职业培训）和医疗保健的投入，不能因处于生命历程中的某个阶段而中断人力资本投资，它是一个不断发展、不断升华的动态过程，中断投资会导致人力资本的贬值。教育与健康人力资本投资要贯穿于人的一生，这就是人力资本投资的长期性。教育与健康人力资本投资会带来预期收益，不可能“短、平、快”地得到回报。

（五）教育人力资本与健康人力资本的稀缺性和耐用性

教育人力资本与健康人力资本具有稀缺性，拥有知识、技术和健康的人才是最稀缺的生产要素。人力资本存量水平高的各类人才，成为世界各国和企业争夺的焦点，其稀缺性更大。按人力资本存量的分布来看，人口分布呈金字塔形状。由于人类个体发展的不平衡性，人力资本水平具有差异性，大多数人的人力资本水平一般，只有少部分人拥有的人力资本水平较高，他们创造的社会财富高于人力资本水平一般的人，社会需求量大，供不应求，是非常稀缺的。

教育人力资本与健康人力资本具有耐用性，比大多数物质资本耐用。劳动者通过培训、教育而获得知识、能力和技术，可以使人受益终身，而大多数物质资本的经济寿命较短。当然，如果个人中断教育与健康投资，没有更新知识，不再进行卫生保健，教育人力资本与健康人力资本将不再耐用和增值，很有可能贬值。

三　教育人力资本与健康人力资本的差异

从上面的分析可以看出，教育与健康之间具有各种联系，有一些共同特点，但有关这两个领域的研究却被高度分开。教育一般在教育专家和劳动经济学家的研究之列，而健康服务和健康经济学研究则多由医学家、公共保健医生、社会学家和经济学家进行；关于这两个领域的相关期刊和专业组织是不同的，甚至连方法论的差异也是很大。这是因为两者特点各异，教育人力资本的产权关系复杂，健康人力资本具有信息不对称、风险性、难以测度等特点。

（一）健康人力资本产权明晰，教育人力资本产权关系复杂

健康状况天然属于个人，健康人力资本承载者具有不可剥夺的所有权，其产权是独一无二的，健康人力资本承载者以外的其他投资者是无法享有与健康人力资本承载者智力与健康等有关的一切产权，但知识、技能等的产权关系比较复杂。

一些学者提出，无论是教育，还是健康，一切知识和能力都依附于有生命的个人，主体无法转让，客体也无法遗传继承，人力资本产权只能属于其载体个人。巴泽尔（1997）论证了人力资本的私有性，他在《产权的经济分析》一文中分析了奴隶人力资本产权的归属，奴隶是奴隶主的私有财产，在奴隶制社会下奴隶是一种“主动的财产”，奴隶主可以完全地支配奴隶的任何行动，但却无法强制调度奴隶的体力和努力程度，尽管奴隶主可以付出异常昂贵的监控和管理代价，也不能改变人力资本天然的私有性质。张五常（1988）进一步论证了巴泽尔的这一思想，他认为：“知识是私有资产。”①

人力资本产权的归属从理论上讲是明晰的，按照“谁投资、谁受益”的原则，产权即归人力资本投资者所有，但教育人力资本的投资者多元化，到底是属于国家、社会组织、他人、家庭还是人力本身？这种资产关系及其实现变得非常复杂和特殊，这就决定了“形成和存在于某人身上的教育人力资本可能属于多个所有者”的资产归属关系。但是，无论由谁进行这类投资，至少还需要教育人力资本的承载者付出其体力、时间及精力，抑或放弃某些收入和机会。为此，教育人力资本承载者的这种特殊地位，使其与教育人力资本其他所有者之间必然存在矛盾，其产权也会不同程度地遭到损害，从而使教育人力资本产权关系复杂化。

对于部分教育人力资本，比如知识、技能、专利、经验等，是可以转移或者转让的，教育人力资本承载者以外的其他人力资本投

---

① 张五常：《卖桔者言》，四川人民出版社1988年版，第165页。

资者可拥有产权，当然是在考虑教育人力资本承载者意愿的前提下协商确定，体现了教育人力资本的价值，虽说这份产权可能不完整，但却能对教育人力资本投资者起到激励作用，确保教育投资的多元化，保证各方的相关权益。当然，教育人力资本承载者也不能独立享受与知识、技能及经验等有关的一切产权。为此，教育人力资本各产权的实现必须保证各方的利益，有利于最大限度地发挥教育人力资本的效能。

（二）健康市场具有比教育市场更大的信息不对称性

在健康市场中，由于病情的复杂性、疾病的难以预见性，医患双方关于病情和诊疗方案等存在严重的信息不对称问题。在患者进行检查之前，患者处于信息优势地位，了解自己的身体健康状况，但进行检查之后，医生处于信息优势地位，更了解患者的身体状况，因为医生利用先进的医疗设备和自身的专业知识比患者更加了解相关病情，医疗服务市场有需方被动而供方垄断的特殊性，利用彼此信息不对称的情况，医生能左右患者的医疗消费，可以引导患者对医疗服务和保健药品方面的投资，利益导向严重，不排除发生供给引致需求。

（三）健康人力资本相比教育人力资本具有更大的不确定性

阿罗（1963）的著作《不确定性与卫生保健的福利经济学》标志着健康经济学的真正建立，书中指出健康人力资本具有不确定性，具体表现在人的健康状况、医疗市场产出与需求不确定性等。阿罗基于不确定性的假设前提条件，建立了最优保险政策的理论模型，剖析了道德风险、第三方支付、逆向选择等对医疗市场的冲击。[①]当人们的身体状况不良，经过检查需要治疗，而且在健康保健投资不影响正常生活开支时，人们往往会毫不犹豫地选择医疗保健投资，以提高自身健康水平。当然，如果患者缺乏一定的医疗支付

① Arrow, K. J., "Uncertainty and the Welfare Economics of Medical Care", *American Economic Review*, No. 5, 1963, pp. 941 –973.

能力，则不会进行健康人力资本投资；当人们的基本生活得到保障后，会自然而然地考虑自身的休闲投资等行为。

（四）健康人力资本测度难

对于教育收益，一般采用受教育水平年限来衡量。而健康水平的测度，人们往往采用婴儿死亡率、人口预期寿命、发病率等指标，这些指标的优点是清晰、简单，但却不能全面反映健康状况。近年来，学者们试图采用一系列新的健康水平评价指标体系，比如“精神状态”指标，但这种指标太过主观、随意，不便量化，评价结论可靠性不强。比如以“精神状态”指标为例，选项有“精神状态很好”“精神状态较好”“精神状态一般”“精神状态偏差”“精神状态糟糕”，但人们的选择结果偏向“精神状态一般”和“精神状态偏差”，其结果与医疗服务的使用一致，对健康水平的衡量不够科学。当然，也有新的指标不断被提出：Dolan（2000）提出了“健康有关的生命质量”指标；1993 年由世界银行和世界卫生组织设计了一项指标，即“伤残调整的生命年”，测量 1990 年因早亡、疾病等带来健康生命损失情况。“卫生经济学、制度经济学、生态经济学等学科均对健康的测量有过研究，从整体上来讲，仍未形成系统的理论，依然没有多少正面的健康评价指标。”①

第二节　正规教育对经济增长的作用机理

教育有广义和狭义之分。广义的教育包括全日制正规教育、在职教育（又称在职培训）和继续教育，以及各种培训等。狭义的教育是指全日制在校的正规教育，本节所指的受教育程度仅限于狭义的教育。

罗斯托（W. W. Rostow）的经济发展理论认为，在不同的社会

① 王亮：《人生命的经济价值思想评述》，《经济学动态》2003 年第 4 期，第 27 页。

发展阶段，教育对经济的贡献程度有所不同。在传统的农业社会中，教育对经济的贡献排在最后，资本和劳动力投入成为经济增长最主要来源。在工业化阶段，工业在国民经济中所占比例不断增大，这就要求提高劳动力的素质，教育对经济增长的贡献也逐步显现。在后工业化阶段，在国民经济中所占比例最大的是服务业，这对劳动力的素质要求更高，教育对经济增长的贡献也达到最大。从发展历程来看，人力资本理论非常重视教育对经济增长的影响。教育具有促进经济、文化、组织等发展的功能，但其中最重要的是教育的经济促进功能，它反映出通过教育促使人的劳动能力形成并提高，从而创造出更多的社会财富与经济效益。教育作为人力资本积累的主要途径在经济增长过程中发挥着重要的作用，教育投资能提高人力资本的积累水平，进而提高一个国家（地区）的稳态收入水平。

发展教育是我国的基本国策之一，改革开放的实践经验已经证明，教育已经成为我国民族复兴的一个基础性事业，也是根本性保障。在现代化建设的进程中，我国已将教育人力资本投资及其管理置于一个战略性高度。之所以成为一个战略性事业，是因为教育人力资本投资具有“正外部性”，即个体或群体接受了高水平的教育，则可以提升整个社会的知识储备，带来双重效益：一是提升个体自身的收益能力，创造更多的个人财富；二是为社会做出更多、更高水平的贡献。从性质上看，教育属于公共品，需政府的公共投资(从大部分资金来源看)。随着我国市场经济的不断深化与规范，政府的职能从“全能”转变成“定向”，其中教育是政府公共服务质量提升的关键措施。对于贫困地区而言，财政收入水平低而导致对教育关注不足，由此造成的教育对经济增长的贡献不大，因此，贫困地区政府应该更加重视教育人力资本的投资。本章旨在了解贫困地区的教育与经济增长之间的关系，分析不足、差距和驱动因素。

一个国家或地区的经济竞争力，有赖于资源禀赋、物质资本等要素，其中教育人力资本是重要的要素。“提升教育人力资本投资价值，是经济发展的引擎，是经济发展方式转变的决定性因素。”① 联合国教科文组织研究表明，不同层次的受教育者在提高劳动生产率水平上存在差异：本科学历者提高300%，初、高中学历者提高108%，小学学历者提高43%（与文盲相比）。还有，人均受教育年限与人均GDP的相关系数为0.562。教育对经济增长的作用机制主要体现在以下几点：

一　通过教育的内部效应和外部效应推动经济增长

教育的内部效应是指“个人的人力资本对其生产力的作用”，即通过教育直接提高劳动者的素质，激发其技术水平的提高和知识创新能力，提高其收入。收入与教育呈正相关，教育能使受教育者提高技术文化水平，受过教育的人工作条件更为优越，容易得到上级的信任，这样的劳动力市场的非工资性酬劳可以增加能测量的额外收入。教育可以帮助个人避免高成本的行为，提高他们做出普通决策的技巧，如果教育可以使工人接受培训，那么工人就会更有创新精神，对技术变革或社会变化做出更好的反应。教育可以让人们的行为更加健康，教育对减少犯罪、风险管理、家庭结构的影响也相当大，桑德（Sandra J.，2002）报道过教育对降低吸烟和毒品吸食的作用。现代社会中，通过教育使劳动者文化素质、专业技能素质、精神素质等得以提高，有效促进其智能、素质发挥至最佳水平，从而提高劳动生产率，促进经济增长。

教育的外部效应体现在教育通过提高劳动者适应新技术的能力，促进技术创新，从而增加社会效益。1984年，哈夫曼（Haveman R. H.）与沃尔夫（Wolfe B. L.）指出，教育的外部效应具体体现在“可以提高社会的和谐程度；促进技术的进步与传播速度；提升消费者的选择效率；减少生育率；增强劳动力市场双向选择的效率；对于婚姻的选择效率更高；提高储蓄的收益；提高家庭内部劳务生

---

① 何菊莲：《人力资本价值提升如何促进经济发展方式转变》，《光明日报》2012年2月17日。

产的效率；完善教育者本人及其配偶和家庭成员的健康状况；提升子女的认知能力和受教育的程度等。”①

同时，教育结构对经济结构也产生着作用，教育结构不仅关系到人才的种类和适应工作的能力，而且关系到教育为经济建设和社会发展服务的质量和水平。在知识经济时代，生产技术水平越先进，对劳动者的知识结构和能力素质要求也就越高，这也对教育的人才培养模式提出了严峻挑战。教育结构与经济结构应该在相对的、动态性的调整过程中达到最佳匹配，使教育所提供的人力资本能够适应经济结构的调整，促进经济的不断发展。

二　教育投资与消费的互动关系引致经济增长

个人、社会和政府是教育投资的主体，通过教育经费的支出以及固定资产投资的增加从而对经济增长产生影响。从长远看，教育事业的发展离不开教育基础设施的不断完善、教育科研活动的正常开展，而这些都需要投入大量的劳动，需要不断地注入资金。如高校扩招使校园建设规模随之扩大，配套的硬件设施快速增长，以及学生的各种需求形成了巨大的消费需求，带动了社会多层面的物质投资。从短期看，由于“投资乘数”的作用，教育的相关投资必定会产出数倍的经济效益。总而言之，教育投资和消费促进了社会多个层面的物质投资，对经济增长具有明显的短期“拉动”与长远“推动”的双重效应。

三　教育人力资本促进经济结构优化

教育人力资本是提高生产效率的重要因素，是生产过程中不可或缺的投入要素，科技创新与技术进步无不依赖于教育人力资本的支撑。教育人力资本存量越高的国家和地区，越能提供良好的平台和优厚的待遇，吸引高级技能人才加入该国或地区的发展，当然，自主创新能力也就得到加强。高质量的教育人力资本，会使生产要

---

① Haveman R. H. and Wolfe B. L.，“Schooling and Economic Wellbeing：The Role of Nonmarket Effects”，*Journal of Human Resources*，No. 3，1984，pp. 337 –407.

素发生本质的变化，能够促进技术进步，是实现科技创新、产业升级、结构优化的深层基础。

经济增长和经济结构优化都是经济发展方式转变的表现。衡量经济发展方式转变与否的首要因素就是经济结构是否优化，经济结构是否优化与一国的自然资源禀赋息息相关，更受到教育人力资本结构是否优化的限制。调整从国家经济结构教育人力资本结构的优化着手。

四　教育人力资本可提高劳动生产率

联合国教科文组织提供的研究结果表明，劳动者文化程度与劳动生产率成正比：与文盲相比，小学毕业可以使劳动生产率提高43%，初中毕业可以提高108%，大学毕业可以提高300%。美国经济学家丹尼森和舒尔茨曾分别使用经济增长因素分析法和教育投资收益率法进行计算，发现美国1909—1929年物质资本对经济增长贡献是学校教育的两倍，而1929—1957年学校教育对经济增长的贡献超过了物质资本，教育对经济的增长达到20%—21%。[①] 显然，受教育程度的提高对经济增长、生产率和劳动力素质的提高起着越来越重要的作用。通过学习和培训劳动者素质得以提升，能够掌握知识和技能，有效提高劳动生产率。

五　教育人力资本能够缓解贫困

从人们常说的“治贫先治愚”可见，教育是缓解贫困的一个至关重要的因素。教育人力资本水平低下是导致多重贫困的最深层原因，文化程度低的劳动者更容易陷入贫困的境地。而教育作为人力资本最重要、最基本的组成部分，以“授人以鱼，不如授人以渔”的思想作为扶贫理念，将教育投资转化为人力资本存量，提高贫困人口的知识素质和技术水平，提高其就业与生产能力，进而增加贫困人口的收入。因此，教育人力资本在解决贫困问题上发挥着非常重要的作用。

---

① 周天勇：《劳动与经济增长》，上海人民出版社1994年版，第154页。

第一，贫困地区教育水平的提高能促进地区经济增长。教育水平低下致使人力资本积累水平偏低，从而造成贫困地区陷入“贫困陷阱”，“只有发展教育并提升贫困地区的教育水平、加速人力资本积累才能跳出这一‘陷阱’，中国政府的扶贫开发过程可以证明教育是脱贫的必要条件”。①

第二，贫困地区教育水平的提高促进贫困地区的人文发展。贫困地区人口接受教育获得文化知识，是人文发展的主要体现，同时，教育水平提高会对其他人文指标产生积极影响。根据2000年的一项研究结果可以发现：“如果提高贫困地区父母的受教育水平，受教育程度较高的父母更倾向于少生、优生、优育，改善整个家庭的营养状况，进而提高他们教育孩子的水平。”②

第三，教育水平的提高给处于贫困状态的人们更平等的发展机会。在城市化和工业化的背景下，非农部门的扩展为贫困地区的人们参与劳动力市场并摆脱贫困提供了新的机会。研究表明，通过完成正规教育的方式让农村人口获得平等发展机会，是提高贫困地区劳动力素质的基本条件。世界银行的一份研究报告预测：“今后较长的一段时间内，中国贫困地区的人们脱贫的最主要手段就是通过劳动力流动方式来参与非农业部门的经济活动。”③ 在贫困地区，受过较好教育的人们更容易把握劳动力市场的信息和捕捉到非农就业的机会，迁移的可能性也就更大。

第三节　在职教育对经济增长的作用机理

在职教育（又称在职培训）是企业为了实现利润最大化，有意

---

① 蔡昉、都阳、陈凡：《论中国西部开发战略的投资导向——国家扶贫资金使用效果的启示》，《世界经济》2000年第11期。

② Zhang Linxiu and Xin Xian, “Parental Education and Child Health in China’s Poor Areas”, Working Paper, Institute of Development Studies, University of Sussex, 2000.

③ The World Bank and UNDP, *China*: *Overcoming Rural Poverty*, 2000.

识、有针对性地对在职员工开展培训教育，目的在于保持和提高员工自身的职业技能和知识，充分调动员工的积极性和创造性，以提高人力资本质量，调整和改进员工的思想观念、工作态度及能力的一种继续教育方式，是人力资本形成的主要途径。与正规教育侧重于知识的普及不同，在职教育侧重的是员工的职业技能水平的提高及知识的补充与更新。劳动力通过职前教育所获得的知识和技能多半是理论知识，上岗后的大部分知识和技能还需通过“干中学”或在职培训来完成现代的在职培训是一个持续性和累积性的过程，是职前的学校教育不能替代的。① 同时，“干中学”和在职教育都是一种再教育形式，可以避免因知识结构老化所带来的人力资本贬值，不断加大、累积、更新现有的人力资本存量及质量。诺克斯（Knox，1980）的能力匹配理论也指出：“随着知识和技术更新速度的不断加快，员工通过学校教育获得的知识、观点、技术变得过时和陈旧，所以劳动力必须不断更新已有的知识储备，因为劳动力当前的工作能力与工作要求的能力之间的差距在不断加大。”②

按照培训的不同目的和要求，在职教育主要有以下几种形式：①新进员工的岗前培训，主要是进行企业文化、规章制度及业务流程方面的培训；②全员培训，主要目的在于提升员工的整体素质；③岗位培训，这种培训针对性较强，主要分为管理人员培训、技术人员培训、操作人员的培训；④新产品、新技术开发培训，主要针对技术研发人员进行；⑤特殊工种的培训，是国家人力资源和社会保障部规定的，必须持相关证件上岗的工种，比如电工、车工。这类培训多半由政府相应部门组织。

一 在职教育促进劳动生产率的提高

通过在职教育，首先是可以提高员工的技能水平；其次是增加

---

① 萧今：《发展经济中的人力资本——企业的策略与三元教育体系》，北京师范大学出版社2004年版，第182页。

② Knox A. B.，“Proficiency Theory of Adult Learning”，*Contemporary Educational Psychology*，No.5，1980，pp.378－404.

人力资本存量，提高劳动生产率，进而推动经济更加快速地增长。据国内一项调查显示："经过培训的职工与未经过培训的职工相比，差距较大，数据显示完成产量高出10.8个百分点，产品合格率高出6个百分点，而工具损耗率却降低40个百分点，创造净产值高出了90个百分点。"[①] 由此可见，在职培训对劳动生产率的提高是非常明显的。培训后员工的技能水平、劳动生产率都得以提高，在单位时间内可生产出更多的产品，使经济增长得到进一步加速。

二 在职教育增强员工的管理意识，塑造良好的企业文化

培训不仅能提高技术操作人员的技能水平，针对管理层和决策层的培训也可提高企业的管理效率，促进良好企业文化氛围的形成，增加企业的凝聚力和核心竞争力，达到一种使企业经济效益增长的整合效应。日本的一项研究发现："员工文化水平每提高一个等级，技术革新人数的比例就增加6个百分点，通过一定训练的技术人员，一般能降低成本的10—15个百分点，如果由受过良好教育的管理人员来创造和推广现代管理科学技术，则会降低成本的30个百分点以上。"[②]

三 在职教育增加人力资本存量，缓解贫困

与教育相似，技能的高低也是劳动者在劳动力市场上竞争的关键筹码，是企业制定报酬并决定其薪酬高低的参考依据之一。随着生产现代化程度的提高，社会对劳动者技能的要求越来越高，容易操作、简单劳动岗位一般不需要专业训练和技术培训，终将被机器取代而逐步被淘汰，岗位替代性强，低技能劳动者被劳动力市场淘汰的风险性增加，也就意味着人力资本水平低的劳动者陷入贫困的可能性增加。而专业训练、职业教育和技术培训通过向低技能的贫困人群传授技术、知识和技能，有助于提升其劳动效率、技能水

---

① 朱巧珍：《我国企业人力资本的现状分析》，《经济管理》2002年第5期，第30页。

② 参见陈佳贵《努力提高我国制造业国际化经营的质量和水平》，http：//theory.people.com.cn/GB/49154/49155/6878030.html。

平，提高其熟练程度，使其成为技术人才，增强其人力资本存量及参与社会复杂劳动的能力，从而增加其收入水平。

第四节　健康对经济增长的作用机理

健康是人力资本主要构成要素之一，是实现人力资本保值和增值的重要保障。换句话说，人力资本的收益取决于人的健康状况。个人未来生存与发展能力的拓展基础是健康，社会卫生保健水平的重要保证是健康，生产力持续发展的必要前提是健康。2014 年 12 月 13 日，国家主席习近平同志在江苏调研时指出“没有全民健康，就没有全面小康”，在 2016 年 8 月 19 日至 20 日召开的全国卫生与健康大会上，再次强调“没有全民健康，就没有全面小康”，全民健康托起了全面小康的中国梦，健康中国上升为国家战略，意义重大。我国的健康经济学专家就曾对健康的重要性有过这样的论述：“在经济学中，产品是指能增加人们效用水平的东西。而健康显然能够增加人们的效用水平，能够给人带来幸福，正所谓健康乃人生最大财富是也。”[①] 健康人力资本投资主要包括医疗卫生费用和劳动者的卫生安全保护两大方面。世界银行曾做出相关研究，如果缺乏钙、碘、铁、磷和维生素 A，将导致残废、死亡率的上升和劳动生产率的下降，对发展中国家造成的损失相当于国民生产总值的 5%。诺贝尔经济学奖得主福格尔（Fogel，1994）在研究健康状况对经济增长的作用时指出：“健康的饮食结构、衣着和住所的变化，能够明显影响到吸收的能量转换成劳动产出效率。”[②] 张车伟（2003）研

① 王彤：《体育，提高人力资本的重要途径——一个小康社会的体育经济学话题》，《中国体育科技》2004 年第 1 期，第 6—8 页。

② Robert W. Fogel, “Economic Growth, Population, Theory and Physiology: The Bearing of Long - Term Processes on the Making of Economic Policy”, *The American Economic Review*, Vol. 84, No. 3, 1994, pp. 369 - 389.

究结果表明，“人口预期寿命、人均获得热量等健康指标与国内生产总值增长有明显的正相关关系，而死亡率和婴儿死亡率则与国内生产总值增长有明显的负相关关系。”①

健康是一种最为基本的可行能力，由于人的一切活动都必须建立在健康的基础之上，假如一个人失去了健康，将在很大程度上限制其获取其他的能力，比如受教育的机会、参与社区活动的能力、心理愉悦的程度，等等。而且，这种限制是无法通过其他途径来获得替代性来满足的，因为它往往是从最底部摧毁了扩展其他自由或选择的基础。健康除了具有这种重要的内在价值之外，还具有对人类发展的其他各个维度不同程度的外在价值，主要表现在对社会各个领域的促进作用，包括促进经济增长、提升劳动生产率、增加个人收入、扩大经济参与性、增加接受教育机会和取得教育成就，甚至还包括影响生育率等各个方面。健康是维系人类社会生存、发展的重要基础，在对经济增长的作用机制方面与教育、在职培训相同，一样也体现为内部和外部、微观和宏观、直接和间接等效应方面。

一　健康人力资本投资可提高经济效益

从健康投资的内部效应来看，在对个体人力资本质量的提高与改善的效应方面，健康具有决定性的作用。良好的卫生健康状况能够为个人带来效用和经济利益，在工作中减少生病请假的时间，使他们有良好的状态去工作和学习，增加其劳动收入。疾病预防能够带来很高的经济效益，可以降低死亡率。同时，健康人力资本水平的提升，可减少医疗费用的支出，减轻个人的经济负担，间接增加了个人收入，能使用更多的资金用于其他方面的投资；反过来，这些状况的改善使人们对健康的要求更高，促使其增加健康投入，促进健康人力资本水平的提高，从而健康投资与福利之间形成了良好

① 张车伟：《营养、健康与效率——来自中国贫困农村的证据》，《经济研究》2003年第1期。

的循环关系。

二 健康人力资本有助于脱离贫困

从健康的外部效应来看，具体表现为：健康提高了人力资本的整体素质和整个社会的健康水平，经济欠发达地区可以反贫、脱贫，对社会的稳定和国家的安全起到了很好的维护作用，确保了经济的良性有序发展。疾病，特别是大规模暴发的流行性疾病（如2009年的甲型H1N1流感）给社会造成了巨大的经济损失，直接减少了社会财富。历史的经验告诉我们，有了疾病将严重阻碍社会经济的发展，而且会造成社会的不稳定。对于经济欠发达地区低收入的家庭来说，疾病的困扰会让他们陷入困苦的境地，形成一个恶性循环：一般情况下，健康水平低下的贫困人口往往不能从事简单的体力劳动，基本丧失人力资本投资的能力和改善自身境遇的机会，直接导致收入的减少，贫困不可避免地发生，倾家荡产或负债累累的情况经常发生，没有闲置的资金改善生活质量，营养不良更易加重疾病。同时，经济欠发达的贫困地区医疗卫生设备不齐，且大多数设备是早该淘汰的产品；医务人员的服务水平整体较差，故救治能力不强。贫困家庭在面临重大疾病时，庞大的医疗费用支出无疑会使整个家庭甚至整个家族陷入赤贫状态，或是长期的贫困，最终导致“因贫致病、因病致贫”的恶性循环。为此，在经济欠发达地区推行健康计划，对改善经济欠发达地区的健康状况十分有利，有助于降低医疗费用支出，可以将个人有限的资产和收入用于脱离贫困的各种项目或活动上，不会因病返贫、致贫，缩小整个社会的收入差距，促进经济增长。

三 健康人力资本与经济增长存在互动效应

从宏观和微观角度来看，健康与经济增长之间是互为因果关系的。从宏观角度看，一个国家或地区经济增长会提高公共卫生保障的支出能力。从微观角度看，高收入的家庭更有能力获得良好的卫生保障条件。但是，这不意味着经济增长和收入的提高会自然而然地带来卫生保健状况的改善。世界银行的大量研究也证实了这一点："在影响健康的诸因素中，收入居次要地位，在不考虑技术进步的前提下，健康结果的改善45%归因于新知识的普及和应用，38%归因于成年女性受教育程度的提高，仅有17%归因于纯粹的收入效应。如果加入技术进步的因素，收入增加对健康改善的作用会进一步弱化。"①

人力资本理论一般认为，高教育水平是高收入的前提。教育投资的作用非常显著，能够提高人口的智力和知识水平，增加人力资本存量，成为推动经济发展的一种潜在的生产能力。但健康人力资本投资是教育人力资本投资的基础。健康状况不良使人力资本存量和质量下降，降低劳动生产率。反之，良好的健康状况增加人力资本存量，对经济增长起到良好的推动作用。

本章小结

教育与健康是人力资本两个最重要的组成部分，教育和健康也是社会财富的重要组成部分，是当前社会关注的主要民生问题。无论教育还是健康对经济增长的影响都会引起持续的关注，两者的意义不可小觑。

目前，大多数的研究集中在教育方面，强调教育的作用，甚至认为人力资本就等同于教育人力资本，对健康人力资本的研究却鲜有涉及，忽视了健康人力资本是人力资本的另一关键因素，结果可能会低估人力资本对经济增长的影响。本章通过深入分析教育与健康人力资本对经济增长的作用机理，为下文的进一步研究做了铺垫。

---

① 参见张芬、邹薇《健康、经济增长与收入不平等研究新进展》，《经济学动态》2010年第3期。

第四章　武陵山片区人力资本现状分析

第一节　武陵山片区贫困概况

一　武陵山片区范围的界定

武陵山是横亘在中国中部的一条极其重要的山脉，属于中国自然区划从第二级阶梯向第三级阶梯过渡的地带。按《中国古今地名大辞典》的表述："在湘鄂渝黔边区的武陵山脉有两条支脉，南部支脉从贵州苗岭向东北方穿过湘西北至常德西；北部支脉从贵州的北部经川鄂交界处延至鄂西南。"《辞海》里解释更简明："武陵山在湖南西北部及湖北、贵州两省的边境，东北—西南走向，乌江与沅江，澧水'分水岭'，海拔 1000 米左右，其主峰梵净山（2494 米）处在贵州江口县北"。武陵山区历史上一直是"南蛮""武陵蛮""五溪蛮"之聚居地，是很多民族流动迁徙的走廊。

武陵山区主要有土家族、苗族、白族、彝族、侗族、回族、蒙古族和仡佬族等 9 个世居的少数民族。此外，还有 30 多个少数民族广泛散居在境内。该片区内以土家族、苗族、侗族为主的少数民族人口占总人口的 50% 以上，甚至个别地方的少数民族人口比例在 70% 以上，比如湘西州所属的 8 县市、张家界市所属的 4 区县、铜仁市所属的 10 县市及黔江区和酉阳县。因为山同脉、水同源，资源禀赋相似，发展水平相近，各民族人民长期在这一片区共同生活，彼此间经常相互交流，并相互影响，已经构成了团结的、和谐的民族关系，该片区的民族服饰、民族语言、农业生产、消费理念也都基本相通，民族文化、民族民俗和民族习惯有诸多相似之处。该片区所跨地域基本上是同一民族文化或相似民族文化背景下的少数民族地区，这种文化我们可以称为“武陵文化”。武陵山区在历史上形成的政治、文化、经济观念积淀了下来，对未来的社会发展进程起着重要作用。

1934 年，贺龙、任弼时等以武陵山区为中心，创建了湘鄂西和湘鄂川黔革命根据地。在抗日战争期间，国民政府把武陵山区所属的 10 区 81 县建成第六战区，成为抵挡日寇的铜墙铁壁。20 世纪 80 年代，国家在扶贫开发过程中，把武陵山区划为全国十八大连片贫困区。在 2009 年国务院的 3 号文件里把武陵山区称为“武陵山经济协作区”，俗称“武陵山少数民族地区”。2010 年，国家实施新一轮西部大开发战略中，武陵山区被确定为 6 个重点区域之一。根据 2011 年发布的《中国农村扶贫开发纲要（2011—2020 年）》，未来 10 年，中国有 14 个扶贫攻坚主战场，具体包括 11 个连片特困地区（六盘山区、秦巴山区、武陵山区、乌蒙山区、滇桂黔石漠化区、滇西边境山区、大兴安岭南麓山区、燕山—太行山区、吕梁山区、大别山区、罗霄山区）、西藏、四省（四川、云南、甘肃、青海）藏区和新疆南疆三地州。

武陵山连片特困地区（以下简称武陵山片区）是集民族地区、革命老区、边远地区、贫困地区（即老、少、边、穷）于一体的我国人口最多且内陆跨省交界地区面积最大的少数民族聚居区，以武陵山脉为中心的湘鄂渝黔边境临近地区，是国家西部大开发战略和中部崛起战略的交汇地带，也是国家西部大开发重点扶持的 6 个连片特困地区之一。温家宝在 2011 年 11 月 29 日中央扶贫开发工作会议上指出：“在武陵山片区率先开展区域发展与扶贫攻坚试点。”紧随其后，《武陵山片区区域发展与扶贫攻坚规划（2011—2020 年）》便正式出台，这代表着武陵山片区已经成为新阶段扶贫开发试点，而且试点相关工作已经全面展开。国家发展战略试点的推行，突破了传统的武陵山区的地理位置，扩充了片区边界，使武陵山片区区域协作具有了规范、明确、清晰的环境基础。截至2010年年末，国家规划确定的武陵山片区，总人口为3645万，约占全国总人口的2.6%；总面积达到17.18万平方公里，地域范围非常广泛，包括湖南、湖北、贵州、重庆三省一市交界地区的11个地（市、州）的71个县（市、区）。

二 武陵山片区贫困特征

武陵山片区贫困特征主要表现为：贫困人口规模大、贫困程度深、基础设施薄弱、教育和医疗等社会事业发展滞后、收入水平不均衡等。

（一）生态资源丰厚，返贫率高

严重贫困是连片特困地区的一个共同现象，只是不同区域贫困的侧重点和特殊性不同。武陵山片区属喀斯特地貌，峰峦叠嶂，山高谷深，是全国重要的生态功能区和资源富集区。片区内森林覆盖率达到53%，是长江流域重要的水源涵养区，空气清新、四季分明、气候宜人；其境内有乌江、清江、澧水、贡水、沅江及酉水等主要河流，水能资源蕴藏量非常大；其土地资源丰富，矿产资源品种多种多样，锰、硒、锑、汞、石膏等矿产储量排在全国前列；生物物种多种多样，享有“华中动植物基因库”之美誉。旅游资源丰富，喀斯特地貌形成的溶洞、天坑、暗河、地缝独特，极具开发潜力。但由于受自然灾害、气候等系列因素的影响，境内水土流失、石漠化现象严重，生态环境较为脆弱，土地贫瘠，“十年九灾”“一年多灾”，属于地质灾害高发区。湖北武陵山片区所含恩施州8个县市和宜昌市的秭归、五峰、长阳3个县共11个县市，2014年因灾致贫的为21573户，占湖北武陵山片区11个县市总户数的5.2%。[①] 中国扶贫基金会的数据显示，2010年

① 湖北省人民政府扶贫开发办公室：《武陵山片区：破解“四无”难题》，2015年7月20日，http：//www.hbfp.gov.cn/jpyfzxj/2015ndej/19015.htm。

西南地区因严重的旱灾导致当年超过200万的脱贫人口返贫，因灾返贫率较高。同时，由于历史、地处于省际交界区与民族聚集地位置的原因，社会环境较为复杂，总体发展较为落后，武陵山片区属于“富饶”的贫困区，因灾返贫率高，“穷根”难断。

（二）贫困人口规模大、分布集中

通过各级政府扶贫、减贫等措施，我国贫困人口大幅度减少，但武陵山片区从数量上看贫困人口规模依然庞大。71个县中有42个属于国家扶贫开发工作重点县，13个属于省级重点县。2014年，14个集中连片特困地区贫困人口总数为3545万人，武陵山片区贫困人口475万人，占13.4%。武陵山片区贫困发生率为（贫困发生率是指贫困人口与全部人口之比，又称为绝对贫困指数）16.9%，全国贫困发生率为7.2%，高出全国9.7个百分点。[①] 根据湖北省扶贫办建档立卡数据分析课题组的数据得知，2014年湖北武陵山片区所含11个县市贫困人口为131.45万人，占湖北省贫困人口总量的22.6%；湖北省贫困发生率为14.07%，武陵山片区11个县市贫困发生率为30.6%，高出湖北省15.93个百分点。[②]

贫困人口分布比较集中，呈现出山区化、民族化、边疆化、贫穷化，即贫困人口主要集中在自然条件恶劣的山区和老少边穷欠发达地区，并且这一趋势有增无减。71个县市区中有34个自治地方县、18个自治县，共有1376个乡镇，其中民族乡有122个，占8.9%；有23032个行政村，其中国家贫困村有11303个。[③] 湖北武陵山片区所含11个县市中有10个少数民族自治县。2014年，少数民族人口有247.08万人，新认定的贫困村有839个，占这11个县市行政村总数的28%，比全省平均占比（20.46%）高出7.54个百

① 《打赢武陵山片区脱贫攻坚“五大战役”》，《经济日报》2016年1月28日。

② 湖北省人民政府扶贫开发办公室：《武陵山片区：破解“四无”难题》，2015年7月20日，http://www.hbfp.gov.cn/jpyfzxj/2015ndej/19015.htm。

③ 国家民委政府网，《武陵山片区基本情况》，http://www.seac.gov.cn/art/2012/3/16/art_5461_150691.html，2012年3月16日。

分点。①

（三）经济发展水平低，贫困程度偏深

近年来，国家及渝鄂湘黔四个省市都十分重视武陵山片区的发展问题，先后给予该片区很多重要的优惠政策，比如民族区域自治、西部大开发、经济落后地区扶持、民族地区经济社会发展等政策，这些都是片区发展的重要制度保障。武陵山少数民族地区人民群众励精图治、务实奋进，发展步伐明显加快，经济总量大幅增长，基础设施不断完善，人民生活逐年改善，区域影响日益扩大，正由过去的蛮夷之地、贫穷之乡成长为中国极具发展潜力的希望之地。但由于各种因素的限制，武陵山片区与发达地区的差距仍在不断拉大，陷入了“在发展中落后”的困境，面临诸多自身难以解决的困难，经济社会发展一直处于低位运行阶段。

《武陵山片区区域发展与扶贫攻坚规划（2011—2020年）》中对该片区的贫困状况与特殊困难有这样一些陈述：“在10年的《中国农村扶贫开发纲要（2001—2010年）》实行期间，该片区内有11303个贫困村，占了全国总数的7.64%；试点划定的71个县市区当中有42个国家级扶贫开发工作重点县，加上13个省级扶贫开发工作重点县，到了2010年，该片区人均地区生产总值只有9163元，全国平均水平为30567.5元，差距非常明显，农民人均收入仅3499元，国家贫困线为4695元，是全国水平的59.1%，农民达301.8万人，贫困发生率高达11.21%，高出全国水平的7.41%。”② 根据联合国粮农组织的界定，恩格尔系数表明一个国家或地区的经济发展状态，划分标准是：在30%以下的为最富裕；在30%—40%的为富裕；在40%—50%的为小康；在50%—59%的为温饱；在59%以上的为贫困。这里引用由湖北、湖南、贵州、重庆民族宗教事务

① 国家民委政府网，《武陵山片区基本情况》，http://www.seac.gov.cn/art/2012/3/16/art_5461_150691.html，2012年3月16日。

② 《武陵山片区区域发展与扶贫攻坚规划（2011—2020年）》，http://wenku.baidu.com/view/151cc88471fe910ef12df87e.html。

委员会组织调研发布的《武陵山少数民族调研现状报告2009》中的结果："2007年，湖北恩施州、湖南的湘西州与张家界市、贵州的铜仁地区、重庆的黔江区农村居民恩格尔系数分别是51.9、48.3、51.9、49.2和51.5。"① 以人类贫困指标来衡量，2003—2011年，铜仁市、邵阳市、怀化市、湘西自治州、恩施自治州三级贫困率分别高达75%、54.5%、23.1%、12.5%、9.1%，贫困程度偏深。由此可以看出，该片区的整体社会经济发展水平尚处于温饱的边缘，其中一小部分还处于赤贫状态，距离"建成小康社会"的标准差得太远。

（四）基础设施条件差，产业结构不合理，脱贫困难

近年来，尽管国务院及渝鄂湘黔四个省市各级政府均加大了对武陵山片区的投入，使该片区的生产生活条件得以极大的改善，"但由于历史遗留问题太多、欠账不少，致使公共投入需求与供给之间严重失衡，社会事业发展严重滞后，基本公共服务不足"。②

1. 武陵山片区基础设施落后

截至目前片区内依然还有47个乡镇9271个行政村不通水泥路。如湖北省西部的恩施土家族苗族自治州，尽管沪渝高速公路于2009年、宜万铁路于2011年相继通车，但主干道交通网络尚未形成，交通"瓶颈"问题依然存在。特别是农村交通条件不容乐观，依然十分落后。全州尚有1794个行政村未通水泥路，占行政村总数的70.74%；两万多个自然村落中尚有78%的未通公路。根据湖北省扶贫办建档立卡数据分析课题组的数据得知，2014年湖北武陵山片区11个县市因交通条件跟不上致贫的为41093户，占片区总户数的9.9%。片区内农业水利设施建设薄弱，存在严重老化现象；电力和通信设施严重滞后，仓储、包装、物流、运

---

① 《武陵山少数民族调研现状报告2009》，http：//wenku.baidu.com/view/e-9f4557ea26925c52cc5bf4a.html。

② 《武陵山片区区域发展与扶贫攻坚规划（2011—2020年）》，http：//wenku.baidu.com/view/151cc88471fe910ef12df87e.html。

输等基础条件薄弱；金融、技术、信息、房地产等市场体系不健全。由于基础设施薄弱，片区内的产品和要素交换困难，优势资源无法转换成生产资源，以及对外开放程度较低，物流成本太高，不仅影响了民众的正常生产生活，还妨碍了当地经济社会发展的步伐。

2. 该片区产业结构单一

2010 年的武陵山片区，其第一、第二、第三产业结构比例分别为22∶37∶41，产业结构不尽合理，而全国的第一、第二、第三产业结构比例分别为10∶47∶43。相比较而言，武陵山片区第一产业比例显然偏高，第二产业比例偏低，第三产业稍显不足，出现“腿短”现象。根据湖北省扶贫办建档立卡数据分析课题组的数据得知，2014 年湖北武陵山片区所含 11 个县市三次产业比例分别为26∶34∶40，第一产业比例太高，第二、第三产业比例应该提高。产业结构不合理的主要原因有：受生态环境制约较大；对资源缺乏有效整合；区域内富有特色的大规模企业、基地太少，无法产生规模效应，无法形成具有核心竞争力的产业或产业集群。即使政府制定了各种各样的扶贫政策，投入了大量人力、物力、财力，发挥了一定的作用，但实现贫困人口脱贫还存在相当大的困难。

（五）教育、医疗等社会事业发展滞后，对经济增长的贡献率低，难以彻底摆脱贫困

改革开放以后，在教育和科技文化方面，武陵山片区取得了很大的成就。得益于不断加大的教育人力资本投资力度，片区内各年龄阶段人口受教育水平有了明显的提高，尤其是义务教育的快速普及和高层次人才培养的规模不断扩大，带动了该片区全民文化素质的提高，为经济发展奠定了一定的人口素质基础。片区内的各省市加大了在科技创新方面的投入，逐步形成了恩施州、湘西州、张家界市、怀化市、铜仁市、黔江区等一些区域性的科技文化中心。

但片区内教育、就业、文化、健康、体育、科技等各个方面软

件和硬件投资及建设均严重滞后，尤其是教育方面，文盲率、半文盲率偏高导致该片区总体人口素质偏低。根据湖北省扶贫办建档立卡数据分析课题组的数据得知，2014 年湖北武陵山片区所含 11 个县市有 14.15 万人属于文盲、半文盲，占该 11 个县市人口总数的 10.76%；小学文化程度有 53.52 万人，占该 11 个县市人口总数的 40.7%；高中阶段教育毛入学率为 85%，总体受教育程度很低，人口素质不高，自我发展受阻。武陵山片区仅有地处吉首的吉首大学、恩施的湖北民族学院、铜仁的铜仁学院、娄底的湖南人文科技学院四所省属二本学校，及地处恩施的恩施职业技术学院、黔江的重庆旅游职业学院、铜仁的铜仁职业技术学院三所专科院校，还达不到全国高校总数的 1%，人均教育、健康、社保和就业支出仅相当于全国平均水平的 51%，投入配套严重不足，中高级专业技术人才极其缺乏，区域长期发展能力不足，科学技术对经济增长的贡献率偏低，贫困程度深，贫困群体难以彻底摆脱贫困。

武陵山片区的医疗水平严重滞后，卫生保障条件较差。根据湖北省扶贫办建档立卡数据分析课题组的数据得知，2014 年湖北武陵山片区所含 11 个县市每千人拥有医疗卫生机构床位数仅为 43 张；每千人拥有卫生计生技术员只有 39 人；每千人拥有执业医师人数更低，仅为 14 人，均远远低于湖北省和全国平均水平。另外，湖北武陵山片区 11 个县市目前还有 391 个行政村无卫生室。贫困人口因病所困、因病致贫的现象突出。2014 年，湖北武陵山片区所含 11 个县市长期患慢性病的有 30.75 万人，患大病的有 10.19 万人，分别占该 11 个县市总人口的 23.4% 和 7.7%。

教育和健康人力资本匮乏是导致贫困的主要原因。近年来，随着医疗改革和教育改革的推进，教育成本和医疗成本在不断上升，成为贫困人口陷入贫困的主要因素。据学者赵卫华（2005）调查显示，贫困家庭债务的 50% 以上是由疾病和子女教育两项引起的。

（六）区域经济发展不同步，收入水平差距大

第一是片区内部经济发展有差距。武陵山片区 71 个县（市、

区）分属三省一市，区域之间发展不平衡。其中，铜仁地区、湘西州和邵阳市的综合贫困程度最为严重，其次是恩施州和怀化市，综合贫困程度较轻的是黔江区和张家界市。2015 年，黔江区人均 GDP 达到 43841.99 元，湘西州的人均 GDP 仅为 18973.10 元，仅为黔江区的 43.28%（2015 年黔江、湘西州的 GDP 数据分别来自《重庆统计年鉴 2016》、《湖南统计年鉴 2016》）。

第二是片区内各州、市与省会城市及全国比较，差距很大。由于片区各县（市、区）大都处于跨省交界的偏远地区，远离中心城市，交通不便，距本省和周边省会城市一般都在五六百公里，很难受到大城市经济发展的辐射，与所在省会城市的差距明显加大。据统计，2015 年武陵山所属铜仁地区、恩施州、湘西州、黔江区的人均 GDP 分别为 24735.76 元、20194.71 元、18973.10 元和 43841.99 元，各自所属省会城市或直辖市贵阳、武汉、长沙、重庆的人均 GDP 分别为 63458.30 元、105973.98 元、116393.76 元和 147524.75 元，两者差距太大，最高相差 10 万元之多（2015 年各地区 GDP 数据分别来自所属省份 2016 年的统计年鉴）。与全国平均水平（49228.73 元）相比，人均 GDP 较高的黔江区（43841.99 元）也没有超过全国平均水平。根据湖北省扶贫办建档立卡数据分析课题组的数据得知，2014 年湖北武陵山片区所含 11 个县市的农民人均收入为 5254 元，与湖北省水平（10849 元）相比，不到全省的一半；与省会城市武汉水平（16160 元）相比，不足武汉的 1/3。可见，这种差距很大。

第二节　武陵山片区教育人力资本现状

2013 年 11 月，习近平总书记在湖南湘西考察扶贫工作时首次提出“精准扶贫”的理念，让下一代接受教育。连片特困地区是我国现阶段扶贫攻坚的主战场，贫困人口大多集中居住在西部地区和老、少、边、穷地区。多种因素的共同作用致使其减贫难度大，减贫进展缓慢，其中教育人力资本匮乏严重制约着连片特困地区的减贫进程。教育人力资本被视为贫困的一个重要解释变量。国内外许多学者围绕教育人力资本与反贫困做了各种有益探索，研究结果均表明，教育人力资本与贫困之间关系紧密，教育人力资本投资对反贫困具有重要的意义。本节内容以武陵山片区为例，对教育人力资本现状进行分析。

一 武陵山片区教育人力资本形成途径分析

舒尔茨在《教育的经济价值》一书中有个结论："在美国，国民收入的五分之一来自教育人力资本。"[①] 焦斌龙（2011）认为，教育人力资本存量占总人力资本存量的45%。可见，教育是人力资本非常重要的构成要素之一，教育人力资本的形成途径对经济增长的作用功不可没。教育有广义和狭义之分。广义的教育包括全日制正规教育、在职教育和继续教育，以及各种培训等；狭义的教育是指全日制在校的正规教育。本节把教育分为正规教育和在职教育两种情况。

（一）正规教育

正规教育是人力资本的主要投资方式，提高了人们的技能，使其在劳动市场上更有竞争力和生产效率。

1. 教育规模

教育规模的大小直接反映了人力资本形成的规模。武陵山片区的教育规模随着经济的发展也呈逐年增加的趋势。

（1）各类学校招生人数。2014 年全国、广东、武陵山片区学校招收各类学生人数见表 4－1。

在表 4－1 中，从武陵山片区各类招生人数看，武陵山片区 2014 年招生总人数为 109.89 万人，占全国的 2.10%。2014 年武陵山片区总人数约为 3929 万人（根据 2014 年武陵山片区相关区、州、

---

① 舒尔茨：《教育的经济价值》，曹延亭译，吉林人民出版社 1982 年版，第 129 页。

表 4－1 2014 年全国、广东、武陵山片区学校招收各类学生人数

单位：万人、%

地区	普通本专科	普通高中	普通初中	中等职业教育	普通小学	总数	占全国的比例
全国	721.40	796.60	1447.80	619.80	1658.40	5244.00	100
广东	54.51	69.68	119.56	41.70	153.67	439.12	8.37
广东占全国的比例	7.56	8.75	8.26	6.73	9.27	8.37	—
恩施州	1.04	2.09	3.72	1.06	4.31	12.22	0.23
湘西州	1.63	1.62	3.55	0.84	3.40	11.04	0.21
怀化市	1.75	3.89	5.83	1.38	5.60	18.45	0.35
张家界市	0.49	0.85	1.75	0.31	1.81	5.21	0.10
重庆黔江区	0.48	0.71	1.73	0.19	2.12	5.23	0.10
铜仁市	0.91	3.45	6.74	1.43	4.73	17.26	0.33
武陵山片区其他县市	0.00	5.24	16.42	3.08	15.74	40.48	0.77
武陵山片区	6.30	17.85	39.74	8.29	37.71	109.89	2.10
武陵山片区占全国的比例	0.87	2.24	2.74	1.34	2.27	2.10	—

注：武陵山片区其他县市指的是除湖北恩施州（8 县市）、湖南湘西州（8 县市）、怀化市（12 县市）、张家界市（4 县市）、重庆黔江区、贵州铜仁市（10 县市）六个地级州（市、区）外，武陵山片区所辖的其他 28 个县市（下同）。

资料来源：根据 2014 年全国及相关省、区、州、市、县的国民经济和社会发展统计公报及 2015 年统计年鉴主要数据计算整理。

市、县的国民经济和社会发展统计公报计算整理所得），占全国的（2014 年全国总人口为 136782 万人）2.87%。这说明武陵山片区招生人数占全国的比例低于人口占比。在武陵山片区的地级各州、市、区中，2014 年各类招生数最高的为湖南省怀化市，人口总数为 525.50 万人，占武陵山片区的 13.37%，招生总人数占片区招生总人数比例为 16.79%，高于武陵山片区平均水平。与全国比较，怀化市人口占全国的 0.38%，招生总人数占全国的 0.35%，也低于全国水平，这主要与怀化市年龄结构相对全国呈现“年轻型”有关。发达地区广东省跟全国比较，2014 年招生总人数为 439.12 万人，占全国的 8.37%，而广东的常住人口为 10724 万人，占全国的 7.80%，招生比例高于人口比例，更远远领先于武陵山片区。

从武陵山片区受教育的层次来看，2014 年武陵山片区各类学校招生人数：大学为 6.30 万人，高中为 17.85 万人，初中为 39.74 万人，各类职业中学（含中专）为 8.29 万人，小学为 37.71 万人，占全国相应招生总数的比例分别为 0.87%、2.24%、2.74%、1.34% 和 2.27%。占比最高的是初中，其次是小学。与武陵山片区人口占全国总人口的比例 2.87% 相比，武陵山片区的人口受教育程度主要集中在小学和初中阶段，而高中、大学教育的普及率较低，尤其是大学的受教育程度很低，大学招生比例仅占全国的 0.87%（见表 4－1），大大低于其总人口占全国总人口比例的（2.87%）。

（2）2005—2014 年历年毕业人数。2005—2014 年武陵山片区各种教育层次毕业人数见表 4－2。

表 4－2　2005—2014 年武陵山片区各种教育层次毕业人数

单位：万人、%

年份	小学	初中	普通高中	中等职业学校	普通本科和专科
2005	72.10	60.30	9.60	2.50	6.10
2006	69.40	66.60	12.40	3.30	5.90
2007	66.30	67.80	13.50	6.20	6.40
2008	63.20	63.90	14.40	6.60	5.80
2009	60.90	58.90	14.80	8.10	6.80
2010	58.50	55.50	15.00	8.50	9.90
2011	55.70	55.20	14.70	5.70	9.10
2012	53.60	53.40	14.60	5.90	9.30
2013	51.10	50.70	14.80	6.10	9.50
2014	49.90	49.40	15.10	5.80	9.60
增长率	－30.79	－18.08	57.29	132.00	57.38

资料来源：根据武陵山片区各州、区、市、县 2005—2014 年国民经济和社会发展统计公报和 2006—2015 年统计年鉴数据计算整理得到。

从表4－2来看，武陵山片区各层次学校历年毕业人数中，2005年的小学毕业人数为72.10万人，2014年下降到49.90万人，下降了30.79%，年均下降4.00%。这是因为受适龄人口大幅度下降趋势的影响。初中毕业生下降18.08%，普通本专科毕业生增长了57.38%，高中毕业生增长了57.29%，增长最快的是中等职业学校毕业生，增长了132%。这表明武陵山片区初等教育、高等教育呈现稳定态势，中等职业教育得到了发展，满足了人们对职业教育的需求。

与全国比较（见表4－3），武陵山片区小学毕业生人数降幅高于全国3.91个百分点，初中毕业生人数降幅低于全国15.35个百分点，高中毕业生人数增幅高于全国36.43个百分点，中等职业毕业生人数增幅高于全国83.53个百分点。武陵山片区高等学校毕业生人数与全国比较差别很大，武陵山片区2014年的高等学校毕业生为9.6万人，全国的高等学校毕业生为659.4万人，低于全国57.55个百分点，相当于全国的1.5%，低于其总人口占全国总人口的比例（2.87%）。

表4－3　全国历年毕业人数　单位：万人、%

年份	小学	初中	普通高中	中等职业教育	普通本科和专科
2005	2019.5	2123.4	661.6	418.2	306.8
2006	1928.5	2071.6	727.1	479.1	377.5
2007	1870.2	1963.7	788.3	530.9	447.8
2008	1865.0	1868.0	836.1	580.7	512.0
2009	1805.2	1797.7	823.7	625.2	531.1
2010	1739.6	1750.4	794.4	665.3	575.4
2011	1662.8	1736.7	787.7	660.3	608.2
2012	1641.6	1660.8	791.5	674.9	624.7
2013	1581.1	1561.5	799.0	674.4	638.7
2014	1476.6	1413.5	799.6	622.9	659.4
增长率	-26.88	-33.43	20.86	48.47	114.93

资料来源：根据《中国统计年鉴》（2006—2015年）和2005—2014年国民经济和社会发展统计公报数据整理得到。

从上面的分析可以看出，武陵山片区小学毕业生人数降幅高于全国水平，初中、高中、中等职业教育毕业生增长速度均快于全国，而高校普通本科和专科毕业生增幅低于全国水平，这表明尽管武陵山片区在巩固九年义务教育、中等职业教育方面取得了一定的成绩，但在高层次人才培养方面却明显落后于全国。

2. 教育结构

教育结构能够反映受教育层次人口的分布状况。可用每十万人拥有的各种受教育程度人口（见表4－4）来反映武陵山片区的教育结构，进而考察武陵山片区人力资本的形成途径。

表4－4 全国、广东和武陵山片区每十万人拥有的各种受教育程度人口

单位：人

地区	大专及以上		高中		初中		小学	
	2000年	2010年	2000年	2010年	2000年	2010年	2000年	2010年
全国	3611	8930	11146	14032	33961	38788	35701	26779
广东	3560	8214	12880	17072	36690	42913	33145	22956
恩施州	1691	5122	5792	12352	29008	35493	45104	33158
湘西州	2071	5761	9724	10456	27521	36233	47766	33258
怀化市	1815	5462	9934	11859	33301	40831	42261	29619
张家界市	1933	6472	9677	12748	32383	36147	40941	31890
重庆黔江区	—	4764	—	10363	—	35575	—	36749
铜仁市	1914	5292	5665	7282	20639	29789	43557	39373
武陵山片区其他县市	1625	4402	5259	7478	25066	34438	44592	37022
武陵山片区	1842	5325	7675	10363	27986	35501	44037	34438

注：因2000年6月经国务院批准撤销原重庆市黔江开发区、黔江土家苗族自治县，设立“重庆市黔江区”，故没有2000年相关数据。

资料来源：根据全国及相关州、区、市、县2010年第六次人口普查主要数据公报计算整理。

从表4－4中可看出，武陵山片区的教育层次呈现出以下三个特征：

一是武陵山片区每十万人所拥有的受教育程度人口随着受教育程度的提高而呈现出逐渐降低的趋势。即受教育程度与受教育人口是反向变化的。武陵山片区受教育人口主要集中在小学和初中阶段。2010 年，武陵山片区每十万人拥有的小学和初中教育程度分别为 34438 人、35501 人，分别占受教育人口的 40.22% 和 41.46%，占很大一部分比例。高中及以上的受教育人口偏低，尤其是大专及以上的人口比例更低。2010 年，整个武陵山片区受过高中教育的人口占所有受教育人口的 12.10%，受大专及以上教育的人口占武陵山片区所有受教育人口的 6.22%。

二是武陵山片区除小学受教育人口下降外其他各种受教育人口均有不同程度的增加。每十万人中拥有的各种受中高等教育程度人口大幅增加。2010 年武陵山片区每十万人中，拥有各种受教育程度人口为 85627 人，比 2000 年（81537 人）增加 4090 人，增长 5.02%。其中，具有大专及以上受教育程度人口由 2000 年的 1842 人增加到 2010 年的 5325 人，增长了 189.09%；高中受教育程度人口由 2000 年的 7675 人增加到 2010 年的 10363 人，增长 35.02%；初中受教育程度人口由 2000 年的 27986 人增加到 2010 年的 35501 人，增长 26.85%；小学受教育程度人口由 2000 年的 44037 人下降到 2010 年的 34438 人，下降 21.80%。小学受教育程度人口减少，中高等受教育人数不断增加，尤其是大专及以上人口比例增长最快，充分说明了武陵山片区在普及九年制义务教育、优化教育资源配置、扩大高等教育规模等方面所取得的成效显著。

三是与全国及东部沿海经济发达的广东省相比，2000—2010 年，武陵山片区每十万人拥有的各种受教育程度人口中，只有小学教育人数高于全国和广东的平均水平，其余各种受教育人数均低于全国和广东的平均水平。2000 年和 2010 年，武陵山片区每十万人受小学教育程度的人数分别为 44037 人和 34438 人，高于同期的全国水平（35701 人和 26779 人），更高于同期的广东水平（33145 人和 22956 人）；武陵山片区每十万人中受初中教育人数在 2000 年和

2010 年分别为 27986 人和 35501 人，低于同期的全国水平（33961 人和 38788 人），更低于同期的广东水平（36690 人和 42913 人）；高中受教育程度人数也有同样的特点（见表 4 – 4）；大专及以上受教育程度的差距更大，2000 年和 2010 年武陵山片区每十万人受大专及以上教育程度的人数分别为 1842 人、5325 人，而同期的广东水平为 3560 人、8214 人，全国同期水平为 3611 人、8930 人。这表明武陵山片区相对于全国和发达地区而言，受教育的人口主要集中在小学教育水平上。

3. 教育存量

教育存量是从人力资本储备角度来反映人力资本的状况，主要通过各个受教育阶段的在校生人数来反映（见表 4 – 5）。

表 4 – 5　2014 年全国、广东和武陵山片区各阶段学生在校人数

单位：万人、%

地区	普通高校本科和专科	中等职业教育	高中	初中	小学
全国	2547.70	1755.30	2400.50	4384.60	9451.10
广东	179.42	128.22	214.02	376.75	831.91
广东占全国的比例	7.04	7.30	8.92	8.59	8.80
恩施州	3.83	2.96	5.89	11.36	24.72
湘西州	4.35	2.39	4.56	10.04	19.81
怀化市	3.66	5.23	5.45	15.35	32.35
张家界市	1.67	1.12	2.41	5.05	10.72
重庆黔江区	1.13	0.68	1.39	2.85	5.62
铜仁市	2.38	3.85	10.49	21.38	34.41
武陵山片区其他县市	0.00	7.16	14.81	45.77	92.34
武陵山片区	14.64	23.39	45.00	111.80	219.97
武陵山片区占全国的比例	0.57	1.33	1.87	2.55	2.33

资料来源：根据全国及相关省、区、州、市、县 2014 年的国民经济和社会发展统计公报及 2015 年的统计年鉴主要数据计算整理。

从表4－5中可以看出，武陵山片区各个阶段学生在校人数反映的教育存量有以下两个特点：

一是武陵山片区的教育存量偏低。从武陵山片区各个阶段学生数占全国的比例可以看出，武陵山片区各个阶段的在校学生人数偏低。2014年，武陵山片区各个阶段在校人数占全国的比例，大学（普通本专科）、中等职业教育、高中、初中、小学依次为0.57%、1.33%、1.87%、2.55%和2.33%，这些数据均低于武陵山片区2014年人口数占全国总人口数的比例2.87%（3929万人/136782万人），比例稍高的是初中和小学，分别占全国的2.55%和2.33%，比例最低的是大学，仅占全国的0.57%。这说明武陵山片区的教育存量偏低，是以初等教育为主，而高等教育尤其是大学及以上的教育占比很低。与广东省比较，差距很大。2014年，广东省在校生人数占全国的比例，大学（普通本科和专科）、中等职业教育、高中、初中、小学依次为7.04%、7.30%、8.92%、8.59%和8.80%，广东省常住人口数占全国总人口数的比例为7.84%（10724万人/136782万人），除了本专科、中职人数稍低于这个比例，其他各种层次的教育比例均高于7.84%。武陵山片区中大学生在校人数最多的湘西土家族苗族自治州，大学在校生为4.35万人，占全国的比例为0.17%，湘西州户籍人口数占全国总人口数的比例为0.21%（293.99万人/136782万人），在校生比例还是低于全国水平，更低于广东水平。这说明广东省教育存量偏高，尤其是高等教育存量，远远高于武陵山片区。

二是随着教育程度的不断提高，在校学生人数越来越少。2014年，武陵山片区小学在校生要远远高于大学在校人数，其在校人数之比为15.03∶1。武陵山片区有高等教育的各个州、市中，小学在校人数与大学在校人数比最高的是贵州铜仁市，为14.46∶1，最低的是湖南张家界市，为4.55∶1。而同期的广东的小学在校人数与大学在校人数比为4.64∶1，全国为3.71∶1，整个武陵山片区的比值高于都这两个指标。这说明除了随着教育程度的不断提高在校学生人数越来越少之外，也表明武陵山片区的高等教育发展水平偏低。

（二）在职教育

在职教育（即在职培训）主要是指通过正规教育外的学习和训练，使劳动者掌握一门专门的技能，从而更加适应以后的工作，更快地提高劳动生产率，是增加人力资本的一条十分重要的途径，具有很强的目的性和针对性，受到很多人力资本研究者的关注和重视。武陵山片区的在职培训，尽管在设施和规模等方面还远远落后于全国其他地区，但是在职培训的作用不容忽视，基于数据可得性，采用《中国劳动统计年鉴 2014》相关数据进行分析（见表 4－6）。

表 4－6　　2013 年全国、广东及武陵山片区所跨四省市培训机构和人员数

地区	民办职业培训机构			就业培训中心		
	机构数（个）	培训人数（人）	结业人数（人）	机构数（个）	就业培训人数（人）	结业人数（人）
全国	19008	12443451	10513223	3001	6450222	5840449
湖北	577	250382	216546	117	462022	375913
湖南	744	489468	416092	281	422495	396114
重庆	650	1266738	1172072	39	46144	45997
贵州	181	110588	89911	46	54881	53158
广东	1280	1182034	941081	135	499548	376811
地区	职业技能鉴定			技工学校		
	机构数（个）	鉴定考核人数（人）	获取证书人数（人）	机构数（个）	培训社会人员（人次）	培训社会人员结业人数（人）
全国	9865	18385729	15366664	2882	5253073	3970809
湖北	755	474656	460458	131	153658	126523
湖南	298	614397	512476	129	274923	243286
重庆	87	456222	373606	80	186825	124839
贵州	159	132206	123818	66	72377	40812
广东	48	1583755	1212342	243	400694	286824

注：以武陵山片区所跨的四个省市在职培训的机构和人员来反映武陵山片区的在职培训情况。

资料来源：《中国劳动统计年鉴 2014》《2013 年度全国人力资源和社会保障事业发展统计公报》。

从表 4－6 中可以看出，武陵山片区所跨四省市之间的在职培训的规模发展不平衡，与广东的在职培训差距也较大。

从民办职业培训机构的个数和培训人数及结业人数来看，武陵山片区所跨的四省市之间存在较大差距，职业培训机构最多的是湖南（744 个），而培训人数和结业人数最多的是重庆，分别为 1266738 人、1172072 人，培训机构和人数最少的是贵州省，机构只有 181 个，培训人数和结业人数分别只有 110588 人、89911 人。湖北、湖南、贵州跟广东的培训机构 1280 个和培训人数 1182034 人及结业人数 941081 人比较，差距很大。

从就业培训中心的个数和培训人数及结业人数来看，武陵山片区所跨四省市的差距也是十分明显的，就业培训中心最多的是湖南省（281 个），培训人数最多的是湖北省（462022 人），结业人数最多的是湖南省（396114 人），就业培训中心最少的是重庆（39 个），培训人数和结业人数最少的也是重庆，分别为 46144 人、45997 人。跟广东的就业培训中心从数字上比较，武陵山片区所跨四省市的相应数字均低于广东省。

从职业技能鉴定的个数和鉴定考核人数及获取证书人数来看，武陵山片区所跨四省市的差距也是十分明显的，职业技能鉴定机构最多的是湖北省 755 个，鉴定考核人数及获取证书人数最多的是湖南省，分别为 614397 人、512476 人，职业技能鉴定机构最少的是重庆（87 个），鉴定考核人数及获取证书人数最少的是贵州，分别为 132206 人、123818 人。武陵山片区所跨四省市跟广东的职业技能鉴定机构比较，均高于广东的 48 个，但鉴定考核人数及获取证书人数广东省却远远高于武陵山片区所跨四省市，分别为 1583755 人、1212342 人，差距太大。

从技工学校的个数和培训社会人员人次及结业人数来看，武陵山片区所跨四省市也存在差距较大的情况，技工学校个数最多的是湖北省（131 个），培训的社会人员人次及结业人数最多的是湖南省，分别为 274923 人次、243286 人，技工学校个数、培训的社会人次及结业人数最少的是贵州省，分别为 66 个、72377 人次、40812 人。跟广东的技工学校个数（243 个）、培训社会人员（400694 人次）、培训社会人员结业人数（286824 人）比较，差距十分显著。

以上武陵山片区的在职培训情况均是通过所跨的四省市情况来反映的，相比广东省，这四省市的整体在职培训情况还是比较落后的，武陵山片区所辖的 71 个“老、少、边、穷”州、县、市的实际情况比它们所属的省市的平均水平更加落后，相比广东省差距更大。不仅如此，在职培训的开展在武陵山片区所跨的四省市内部之间还十分不均衡，贵州、重庆的在职培训情况平均水平较差。因此，武陵山片区应该大力发展在职培训，不断扩大在职培训的数量和提高在职培训的质量。

二　武陵山片区教育人力资本存量测算

（一）教育人力资本存量规模

由于历史原因，武陵山片区与沿海发达地区之间的社会、经济、文化差异很大。改革开放以来国家实行不平衡发展战略，加上原有的经济基础差异较大和教育资源在各地区的不均衡分布，造成该片区与发达地区的人力资本积累更大的差异。根据目前人力资本存量的估算方法，我们通过选取多个指标对人力资本丰裕系数进行系统和详细的衡量，以达到尽可能准确估算人力资本存量的效果。

1. 武陵山片区教育发展状况及特点

新中国成立以来，特别是改革开放三十余年来，武陵山片区受教育人口不断增加，成人识字率不断得到提高，教育获得了非常快速的发展，但是武陵山片区是少数民族集聚地，教育发展水平依然很低，与沿海发达地区广东省相比，武陵山片区的教育水平还相当落后，具体体现在各州、市、区 6 岁及 6 岁以上人口文化程度的分布情况（见表 4－7）。

表 4－7　　各州、市、区 6 岁及 6 岁以上人口文化程度的分布情况　　单位：%

地区	大专及以上	高中和中专	初中	小学	文盲
全国	8.93	14.03	38.79	26.78	4.08
广东	8.21	17.07	42.91	22.96	1.96
恩施州	5.12	12.35	35.49	33.16	5.56
湘西州	5.76	10.47	36.23	33.26	5.76
怀化市	5.46	11.86	40.83	29.62	4.33
张家界市	6.47	12.75	36.15	31.89	4.74
重庆黔江区	4.76	10.36	35.58	36.75	4.25
铜仁市	5.27	7.28	29.79	39.37	8.74
武陵山片区	5.47	10.85	35.68	34.01	5.56

注：①文盲率是指 15 岁及以上不识字人口占总人口的比例，即文盲率＝15 岁以上文盲半文盲人口数/15 岁以上总人口数×100%。

②武陵山片区相关数据是片区所辖的地级市、州、区（即恩施州、湘西州、怀化市、张家界市、重庆黔江区、铜仁市）文化程度人口的加权平均数，权数为人口比例。

资料来源：根据全国及各省、区、州、市第六次全国人口普查主要数据计算整理。

与物质资本一样，人力资本也有一个测量的问题。不同形式的人力资本构成因素，具有各自不同的数量标准、计量方法和单位，教育人力资本可以用小学、初中、高中、大学等不同的受教育程度来衡量。为了衡量不同劳动力的教育人力资本，经常使用的方法是：按照受教育程度来对劳动力进行分类，同时以各层劳动力的人数作为权数进行求和，即可得到教育人力资本存量。公式如下：

$$W = \sum_{i} (N_i \cdot Y_i) \quad (4.1)$$

其中，W 为教育人力资本存量，N_i为第 i 层次劳动力的人数，Y_i 为第 i 层次劳动力的受教育年限，小学、初中、高中（含中专）、大专及以上的受教育年限分别按照 6 年、9 年、12 年、15 年来计算。那么用一个国家或地区的教育人力资本存量除以该国家或地区的总人数，即可求得该国家或地区人口的平均受教育年限（见表 4－8）。

表4-8　　全国及各州、市、区人口平均受教育年限　　单位：年

地区	人口平均受教育年限
全国	8.16
广东	8.54
恩施州	7.49
湘西州	7.43
怀化市	7.74
张家界市	7.71
黔江区	7.41
铜仁市	6.79
武陵山片区	7.43

注：①平均受教育年限=教育人力资本存量/总人数，即平均受教育年限=（大专以上人数×15+高中及中专人数×12+初中人数×9+小学人数×6+文盲人数）/总人数。

②武陵山片区数据是片区所辖的地级市、州、区（即恩施州、湘西州、怀化市、张家界市、重庆黔江区、铜仁市）人口平均受教育年限的平均数。

资料来源：根据全国及各省、区、州第六次全国人口普查主要数据计算整理。

从表4-7和表4-8中的数据可以看出，武陵山片区教育发展状况与广东省相比，还很落后，主要表现在以下两个方面：

第一，武陵山片区教育发展水平落后于东部发达省市，最突出的表现是武陵山片区中高等教育文化程度的比例明显低于东部发达省市。例如，武陵山片区大专及以上、高中（含中专）以及初中文化程度人口的比率分别为5.47%、10.85%和35.68%，全国的分别为8.93%、14.03%和38.79%，武陵山片区各指标均低于全国平均水平，经济水平较高的广东省的这三个指标分别为8.21%、17.07%和42.91%，均高于武陵山片区的水平。这说明武陵山片区教育层次较高的人口比例处于全国较低水平，与东部发达省市的差距很大。相反，在教育层次较低的小学及文盲的人口分布中，武陵山片区则高于全国及东部发达省市的水平。根据全国及各省第六次人口普查主要数据公报，武陵山片区所辖湖北恩施州、湖南湘西州、重庆黔江区、贵州铜仁市、怀化市、张家界市文盲率分别为5.56%、5.76%、4.25%、8.74%、4.33%和4.74%，以这些地区的人口比例为权重计算出的武陵山片区的平均文盲率为5.56%，全国为4.08%，上海为2.74%，广东省为1.96%。小学教育层次的人口比例数据也足以说明，武陵山片区相对于全国和东部发达省市而言，教育层次较低的人口的分布更为集中。

第二，武陵山片区人口平均受教育年限仍处于较低水平。根据第六次人口普查数据计算得出，武陵山片区的人口平均受教育年限为7.43年。虽然比第五次人口普查时武陵山片区人口平均受教育年限（6.27年）增加了1.16年。但仍然低于全国平均受教育年限（8.16年），广东省的平均受教育年限为8.54年，比武陵山片区多1.11年。所以，武陵山片区的教育在全国处于很低的水平，与东部发达省市的差距明显。

总之，武陵山片区的教育水平还远远落后于全国以及东部发达省市，主要表现为中高教育人口较少，人口平均受教育年限也远远落后于东部发达省市。武陵山片区教育发展落后的原因多种多样，主要是武陵山片区经济基础薄弱，经济发展速度缓慢，教育投资严重不足。这导致武陵山片区人力资本存量相对较少，积累速度也很缓慢。

2. 武陵山片区教育投资状况

（1）教育投资现状分析。所谓教育投资，是一种人力和物力的货币表现，具体指一个国家或地区用于教育后备劳动力、提高现有劳动力智力水平、培训专门人才的投入和支出，即根据教育事业发展的需要投入教育领域中的人、财、物的总和。教育投资包括两部分内容：各级各类学校的投资，用于提高后备劳动力的人力资本水平；在职培训的投资，用于提高在职员工的人力资本水平。我国教育投资的主体是政府，主要来源和渠道是国家教育财政拨款，途径当然还有教育经费，比如社会捐赠、民办办学经费、集资办学经费等，武陵山片区所跨四省市教育经费来源见表4－9。

表 4－9　　2013 年武陵山片区所跨四省市教育经费来源

单位：亿元、%

地区	教育总经费	国家财政性教育经费		民办学校办学经费		社会捐赠经费		事业收入（含学杂费）		其他教育经费	
		数量	比例	数量	比例	数量	比例	数量	比例	数量	比例
湖北	897.2	669.8	74.7	9.7	1.1	1.6	0.2	181.1	20.2	35.1	3.9
湖南	1078.5	844.9	78.3	6.3	0.6	1.4	0.1	197.8	18.3	28.0	2.6
重庆	656.6	522.8	79.6	3.2	0.5	1.8	0.3	108.8	16.6	20.0	3.0
贵州	679.9	595.4	87.6	2.5	0.4	1.1	0.2	67.9	10.0	13.1	1.9
武陵山片区	3312.2	2632.9	79.5	21.7	0.6	5.9	0.2	555.6	16.8	96.2	2.9

注：①民办学校办学经费是指民办学校中举办者投入。

②以武陵山片区所跨的四省市教育经费来源来反映武陵山片区的教育经费投入情况。

资料来源：根据《中国统计年鉴 2015》数据整理计算。

从表 4－9 中可以看出，2013 年武陵山片区所跨四省市教育总经费为 3312.2 亿元，其中 79.5% 的经费为国家财政性教育经费，其余教育经费仅占 20.5%。在武陵山片区的四省市中，贵州省有 87.6% 的教育经费来自国家财政性教育经费，湖北、湖南、重庆均在 70% 以上。

另外，从非国家财政性教育经费的分析可以看出，事业收入所占比例最高，武陵山片区事业收入占比为 16.8%，是教育经费的另一个重要来源。我国目前对接受义务教育阶段的学生免收学费，但收取一些杂费，而非义务教育的学生则要收取学费和杂费，高等院校中除了国家规定的特殊院校，都要收取学杂费。1999 年，我国开始了大规模的高校扩招，普通本专科从 1998 年的 108 万人扩张到 1999 年的 160 万人，增幅达 48.15%，再到 2014 年的 721.4 万人，与 1998 年相比增幅高达 568%，随着扩招的大幅度提高，收费标准也在不断地上涨，学杂费占教育经费的比例也在不断地提高。在武陵山片区所跨四省市中，贵州的学杂费占教育总经费的比例最低，为10%，湖北的学杂费占教育总经费的比例最高，为20.2%（见表4－9），这与贵州拥有高校较少而湖北拥有众多的高等院校有关。

目前，武陵山片区教育经费来源主要依赖于国家财政性教育经费和事业收入（含学杂费）两项，这两项的总和占了武陵山片区教育经费来源的96.3%。换句话说，对国家财政性教育经费的过度依赖，弱化了其他来源教育经费的投入。武陵山片区社会捐赠经费、民办学校办学经费、其他经费占教育总经费的比例仅有3.7%，比例过低，社会性教育投资严重不足。这说明武陵山片区教育投资渠道非常单一，主要是教育由政府长期统一包办的体制造成的结果。

（2）与广东省的教育投资比较。为了分析武陵山片区教育投资的大小，对广东省的教育投资及全国教育投资水平进行了对比分析。首先，我们以2013年全国、广东、武陵山片区所跨四省市的教育经费来源进行比较（见表4－10）。

表4－10　　2013年全国、广东、武陵山片区所跨四省市教育经费来源

单位：亿元、%

地区	教育总经费	国家财政性教育经费		民办学校办学经费		社会捐赠经费		事业收入（含学杂费）		其他教育经费	
		数量	比例	数量	比例	数量	比例	数量	比例	数量	比例
武陵山片区所跨四省市	3312.2	2632.9	79.5	21.7	0.7	5.9	0.2	555.6	16.8	96.2	2.9
广东	2477.6	1850.6	74.7	31.9	1.3	10.9	0.4	549.2	22.2	34.9	1.4
全国	30364.7	24488.8	80.6	147.4	0.5	85.5	0.3	4926.2	16.2	717.3	2.4

注：民办学校办学经费是指民办学校中举办者投入。

资料来源：根据《中国统计年鉴2015》数据整理计算。

从教育投资的来源来看，武陵山片区所跨四省市的国家财政性教育经费占教育总经费的79.5%，广东为74.7%，全国为80.6%，武陵山片区所跨四省市的比例高于广东，低于全国水平。该比例越高，说明渠道越单一，对政府的依赖性越强，这些数据说明我国整体社会力量办学薄弱。武陵山片区所跨四省市民办学校办学经费、社会捐赠经费仅占教育总经费的0.9%，广东为1.7%，全国为0.8%，广东高于武陵山片区，说明目前武陵山片区教育经费主要依靠国家财政性教育经费和事业收入（含学杂费）两项来源。

其次，分析2014年全国、广东、武陵山片区所跨四省市教育支出占一般公共预算支出及GDP的比例（见表4－11），结果发现武陵山片区的教育投资与广东、全国的教育投资比较呈现出不同的特征。

表4－11　2014年全国、广东、武陵山片区所跨四省市教育支出占一般公共预算支出及GDP的比例　单位：亿元、%

地区	GDP	一般公共预算支出	教育支出	教育支出占一般公共预算支出比例	教育支出占GDP比例
全国	636138.70	151785.56	23041.71	15.18	3.62
广东	67809.85	9152.64	1808.97	19.76	2.67
湖北	27379.22	4934.15	773.36	15.67	2.82
湖南	27037.32	5017.38	833.27	16.61	3.08
重庆	14262.60	3304.39	469.98	14.22	3.30
贵州	9266.39	3542.80	637.03	17.98	6.87
武陵山片区所跨四省市	77945.53	16798.72	2713.64	16.15	3.48

注：以武陵山片区所跨四省市的相关数据来反映武陵山片区的教育支出占一般公共预算支出的比例情况。

资料来源：根据《中国统计年鉴2015》相关资料计算整理得出。

从教育支出占一般公共预算支出的比例来看，2014年武陵山片区所跨四省市为16.15%，广东为19.76%，全国水平为15.18%，武陵山片区所跨四省市高于全国水平，低于广东，说明武陵山片区所跨四省市教育支出的比例居中，但与广东相比，仍有一定的差距。从教育支出占 GDP 的比例来看，2014 年武陵山片区所跨四省市为3.48%，广东为2.67%，全国水平为3.62%，武陵山片区所跨四省市低于全国水平，高于广东，说明武陵山片区所跨四省市教育支出的比例居中，但与全国水平相比，仍有一定的差距。

最后，从各级教育生均公共财政预算教育事业费情况来进行比较（见表4－12）。

表4－12　2014 年全国、广东及武陵山片区所跨四省市各级教育生均公共财政预算教育事业费　　单位：元

地区	普通小学	普通初中	普通高中	中等职业学校	普通高等学校
全国	7681.02	10359.33	9024.96	9128.83	16102.72
广东	7738.55	9264.05	8979.99	7996.61	14361.68
湖北	7020.68	11347.73	7835.42	8586.94	11086.72
湖南	6363.41	10068.21	6799.98	7466.64	12337.59
重庆	7259.92	9224.77	7792.64	7387.96	13119.07
贵州	6789.79	6924.70	6820.40	7135.92	13093.56
武陵山片区所跨四省市	6858.45	9391.35	7312.11	7644.37	12409.24

注：以武陵山片区所跨四省市的平均数来反映武陵山片区的各级教育生均公共财政预算教育事业费情况。

资料来源：《教育部、国家统计局、财政部关于2014 年全国教育经费执行情况统计公告》。

武陵山片区所跨四省市普通小学生均公共财政预算教育事业费为6858.45 元，低于全国平均水平7681.02 元，相差822.57 元，更低于广东7738.55 元，相差880.10 元，说明武陵山片区所跨四省市普通小学生均公共财政预算教育事业费较低，尤其是湖南，生均费用为6363.41 元，与广东比较，差距非常明显。武陵山片区所跨四省市普通初中生均公共财政预算教育事业费为9391.35 元，低于全

国平均水平 10359.33 元，相差 967.98 元，高于广东 9264.05 元，相差 127.3 元，说明武陵山片区所跨四省市普通初中生均公共财政预算教育事业费居于中间水平，但所跨四省市之间差距明显，最高的是湖北，为 11347.73 元，最低的是贵州，为 6924.7 元，前者是后者的 1.64 倍。武陵山片区所跨四省市普通高中生均公共财政预算教育事业费为 7312.11 元，低于全国平均水平 9024.96 元，相差 1712.85 元，低于广东 8979.99 元，相差 1667.88 元，说明武陵山片区所跨四省市普通高中生均公共财政预算教育事业费较低，尤其是湖南，生均费用为 6799.98 元，与广东相比，差距非常明显。武陵山片区所跨四省市中等职业学校生均公共财政预算教育事业费为 7644.37 元，低于全国平均水平 9128.83 元，相差 1484.46 元，低于广东 7996.61 元，相差 351.24 元，说明武陵山片区所跨四省市中等职业学校生均公共财政预算教育事业费较低，最低的贵州，生均费用为 7135.92 元，与广东比较有一定差距。武陵山片区所跨四省市普通高等学校生均公共财政预算教育事业费为 12409.24 元，低于全国平均水平 16102.72 元，相差 3693.48 元，低于广东 14361.68 元，相差 1952.44 元，说明武陵山片区所跨四省市普通高等学校生均公共财政预算教育事业费较低，最低的是湖北，生均费用为 11086.72 元，与广东比较，相差 3274.96 元，差距明显。

以上武陵山片区的教育投资均是通过所跨四省市情况来反映的，相比广东省，这四省市的整体教育投资情况还是比较落后的，武陵山所辖的 71 个“老、少、边、穷”州、县、市的实际情况远远低于它们所属的省市的平均水平，相比广东省差距更大。

（二）教育人力资本存量的测算

对于教育人力资本存量的测算，本书以平均受教育年限作为衡量指标，构建人力资本丰裕系数模型。由于反映人力资本的要素具有不同的特征，无法用统一的单位直接进行计量，所以用人力资本丰裕系数模型，将各种数值转换成指数，用以表示人力资本的丰裕程度。

1. 人力资本丰裕系数模型

为了对研究区域人力资本存量现状有一个较为直观和客观的了解，本书运用人力资本丰裕系数模型对武陵山片区的教育人力资本存量进行度量。本书的人力资本丰裕系数由正规教育丰裕系数和在职培训丰裕系数两部分组成。

（1）正规教育丰裕系数。正规教育划分为五个层次：文盲半文盲、小学、初中、高中（含中专）、大专及以上。文盲半文盲层次是基本上没有接受任何形式的正式教育，所以本书假设这种层次的平均受教育年限为0年；小学文化层次主要包括正规普通小学、成人小学，根据目前的正规小学学制，本书假设这种层次的平均受教育年限为6年；初中文化层次主要包括普通初中、职业初中、成人初中、工读学校，根据目前的普通初中学制，本书假设这种层次的平均受教育年限为9年；高中文化层次主要包括普通高中、普通中专、职业高中、技工学校、成人高中、成人中专，根据目前的普通高中学制，本书假设这种层次的平均受教育年限为12年；大专及以上文化层次主要包括博士研究生、硕士研究生、普通本专科、成人本专科、在职人员攻读博（硕）士学位、自考本专科、网络本专科生等，由于这类原始数据在各类年鉴中没有详细细分，本书只能忽略这类层次间的差异，假设这种层次的平均受教育年限为15年。

（2）在职培训丰裕系数。反映教育人力资本存量的另一个重要指标就是在职培训，本书选取了在职培训的两个指标，即职工技术培训系数和农民技术培训系数。根据以上分析，本书设计了教育人力资本丰裕系数模型（见图4－1）。

2. 教育人力资本丰裕系数的计算方法

教育人力资本丰裕系数由正规教育丰裕系数和在职培训丰裕系数两部分构成，根据人力资本丰裕系数模型，计算方法如下：

$$H = H_1 + H_2 \tag{4.2}$$

其中，H为教育人力资本丰裕系数，H_1为正规教育丰裕系数，H_2为在职培训丰裕系数。

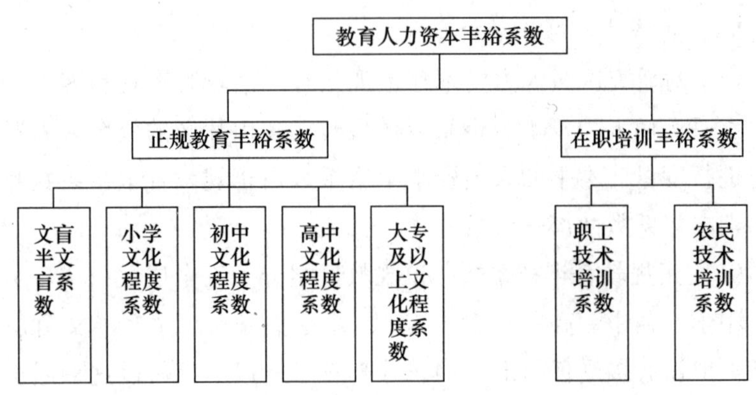

图 4-1 教育人力资本丰裕系数模型

受正规教育的程度不同，人力资本丰裕程度也就不一样，为此，需要确定出不同教育程度的系数。根据目前人力资本理论界的研究，我们选取教育年限折合系数法，这是因为劳动者所从事劳动的复杂程度与受教育年限时间长短一致。我们以受过小学教育的年限为基准，折算结果见表 4-13。

表 4-13　　各级教育年限折合系数　　单位：年

受教育程度	文盲半文盲	小学	初中	高中	大专及以上
受教育年限	0	6	9	12	15
折合系数	0.5	1	1.5	2.0	2.5

根据以上各级教育年限折合系数，有：

文盲半文盲系数 h_1 = 文盲半文盲人员比例 ×0.5

小学文化程度系数 h_2 = 小学文化程度人员比例 ×1.0

初中文化程度系数 h_3 = 初中文化程度人员比例 ×1.5

高中文化程度系数 h_4 = 高中文化程度人员比例 ×2.0

大专及以上文化程度系数 h_5 = 大专及以上文化程度人员比例 ×2.5

那么，反映正规教育系数的人力资本系数 $H_1 = h_1 + h_2 + h_3 + h_4 + h_5$。

在职培训人力资本的两个反映指标是职工技术培训系数和农民技术培训系数，其中：

职工技术培训系数 s_1 = 职工技术培训学校毕业生数/城镇从业人员数

农民技术培训系数 s_2 = 农民技术培训学校毕业生数/乡村从业人员数

在职培训的人力资本丰裕系数 $H_2 = s_1 + s_2$

3. 武陵山片区所跨四省市教育人力资本丰裕系数测算结果

根据所选取的指标和收集的资料，利用教育人力资本丰裕系数模型对武陵山片区所跨四省市教育人力资本存量进行了测算，2014年全国、广东、武陵山片区所跨四省市教育人力资本丰裕系数见表4－14，全国、广东、武陵山片区所跨四省市正规教育丰裕系数和在职培训丰裕系数见表4－15。

表4－14　　2014年全国、广东、武陵山片区所跨四省市教育人力资本丰裕系数

项目	湖北	湖南	重庆	贵州	广东	全国
6岁及以上人口（人）	44681	51363	23263	26616	82029	1047090
文盲半文盲人员（人）	2666	1837	1362	2841	3088	56255
h_1	0.06	0.036	0.059	0.107	0.038	0.053
小学文化程度人员（人）	11160	14146	7385	8758	18495	274858
h_2	0.25	0.275	0.317	0.329	0.225	0.262
初中文化程度人员（人）	16854	21688	7386	9483	35212	420432
h_3	0.377	0.422	0.317	0.356	0.429	0.402
高中文化程度人员（人）	8894	8969	4141	2773	17540	174847
h_4	0.199	0.175	0.178	0.104	0.214	0.167
大专及以上文化程度人员（人）	5107	4725	2991	2763	7693	120698
h_5	0.114	0.092	0.129	0.104	0.094	0.115

续表

项目	湖北	湖南	重庆	贵州	广东	全国
职工技术培训学校结业生数（万人）	98.80	56.86	35	10.03	228.51	1299.56
城镇从业人员数（万人）	1437.60	1557.87	993.38	708.04	3554.95	39310
s_1	0.069	0.036	0.035	0.014	0.064	0.033
农民技术培训学校结业生数（万人）	24.20	39.86	9.72	12.58	56.66	3214.04
乡村从业人员数（万人）	2249.90	2554.14	760.23	1201.65	2722.33	37943
s_2	0.011	0.016	0.013	0.01	0.021	0.085

注：本表6岁及以上人口受教育程度相关数据是2014年全国人口变动情况抽样调查样本数据，抽样比例为0.822‰。

资料来源：h_1—h_5根据《中国统计年鉴2015》数据计算整理得出；s_1—s_2根据《中国劳动统计年鉴2015》、《2014年全国教育事业发展统计公报》、武陵山片区所跨四省市及广东的统计年鉴（2015年）、《2014年度人力资源和社会保障事业发展统计公报》及《2014年国民经济和社会发展统计公报》计算整理得出。

表4－15　全国、广东、武陵山片区所跨四省市正规教育丰裕系数和在职培训丰裕系数

丰裕系数	湖北	湖南	重庆	贵州	广东	全国
H_1	1.529	1.506	1.500	1.385	1.551	1.513
H_2	0.080	0.052	0.048	0.024	0.085	0.118
H	1.609	1.558	1.548	1.409	1.636	1.631

首先，武陵山片区所跨四省市教育人力资本存量有较大差异。从表4－14中可以看出，湖北省教育人力资本丰裕系数较高，主要是由于高中文化程度系数和大专及以上文化程度比例及职工培训技术培训比例均高于武陵山片区所跨的其他三省市，如湖北的高中文化程度比例为0.199，而贵州省的仅为0.104，再如湖北的大专及以上文化程度比例为0.114，而贵州省的仅为0.104，说明湖北从业人员中受教育水平较高，尤其是正规教育的丰裕系数高，这与湖北省高校众多有很大关系。从表4－15中可以看出，在武陵山片区所

跨四省市中，教育人力资本丰裕系数最低的是贵州，为1.409；最高的是湖北，为1.609；湖南和重庆的系数较高，分别为1.558和1.548。

其次，武陵山片区所跨四省市与全国及东部发达省广东省作比较，结果表明，两者差距非常明显。从总的教育人力资本丰裕系数来看，武陵山片区所跨的四省市均低于全国水平（1.631），更低于广东（1.636），这说明武陵山片区教育人力资本存量比较缺乏。

三　武陵山片区教育人力资本存量较低的原因分析

关于贫困产生的原因，经济学家们的早期观点颇为一致，均认为资本投入不足是导致贫困的最关键因素。如1953年美国经济学家罗格纳·纳克斯（Ragnar Nurkse）提出“贫困恶性循环陷阱”理论，认为贫困产生的主要机理在于资本缺乏。1956年，哥伦比亚大学经济学教授理查德·R. 纳尔逊（Richard R. Nelson）提出“低水平均衡陷阱”理论，他从人均资本、人口增长与产出增长三个方面的关系入手进行研究，指出人口和人均收入呈反比，会形成所谓的“低水平均衡陷阱”，从而导致贫困。1957年，美国经济学家哈维·莱宾斯坦（Harvey Leibenstein）在《经济落后与经济发展》一书中，提出了“临界最小努力”理论，用以解释发展中国家的贫困现象。他认为，收入与资本投入之间有一定的关系，人均收入过低是因为资本形成不足，因此，发展中国家摆脱贫困的途径是必须设法保证投资增长速度超过人口增长速度，以此形成所谓的“临界最小努力”。简言之，就是通过持续的、大量的投资实现贫困地区经济的长期、稳定增长。

之后，经济学家们逐渐将人力资本作为一个重要的考量贫困的因素。教育投资的结果形成教育人力资本存量。我国教育人力资本存量偏低，城市的教育人力资本显著高于农村的教育人力资本，农村的专业技术人才严重外流，人力资本投资相对不足是致贫的重要原因。此外，地区之间的教育投资存在很大差异，经济发达省市与贫困连片地区的教育人力资本水平也有显著差异。

（一）教育投资总量水平偏低

武陵山片区教育投资总量偏低这一实际情况与我国教育投资总量占国内生产总值的比例均偏低有关。教育投资总额虽每年都不断增加，但由于我国人口基数大，我国教育投资的整体水平依然处于较低的水平，与发达国家教育投资水平差距更大。我国人力资本难以形成规模效应，不足以支撑经济增长，原因在于教育投资严重不足。应该引起重视的是教育投资在人力资本形成过程中的影响，以及教育可能在未来发挥的作用及做出的贡献。按照一般的教育投资与 GDP 的比例，当经济发展水平较低，国内生产总值水平不高时，随着经济的增长，人们对教育的投资比例会逐步上升；相反，当国内生产总值发展到较高水平时，人们对教育的投资比例会处于某一相对的稳定水平，或者出现缓慢的下降。但是，中国教育投资占 GDP 的比例不及欠发达国家，2010 年，世界教育投资的占比为 GDP 的4.9%，发达国家为5.1%，欠发达国家为4.1%，丹麦为8.2%，美国为6.1%，英国为5.6%，日本为4.5%，中国为3.1%。高收入国家教育经费占 GDP 比例目前已趋稳定，发展中国家甚至欠发达国家教育投入占国内生产总值的比例都是逐年递增的，但我国的实际情况却不同。根据世界银行对不同收入国家的划分标准，近十年，我国仍处于中下等收入国家，按照经济发展状况与教育投入的一般规律，其教育经费的投入占国内生产总值的比例应该逐步上升，从而达到一个较高的水平，但我国的实际情况却与这种一般规律不相符合。与世界范围内中上等收入、高等收入类型的国家相比，我国的教育投资比例不占优势，即使与低收入国家比较，也处于相对弱势地位。根据《中国统计年鉴》（2011—2015 年）计算，我国教育经费占 GDP 的比例从 2010—2014 年依次为 3.66%、3.93%、4.28%、4.30%和4.15%。2013 年之前呈逐年上升趋势，虽然涨幅不大，但整体还是增长了 17.49%。但在 2014 年却出现了下降趋势，相对于 2013 年降了 0.15 个百分点。这说明我国政府虽然重视教育投资，但重视程度仍然不够，这与目前正在实施的科教兴国战略和人才强国战略是不相符的。

（二）教育人力资本存量区域差异较大

人力资本投资的多少对人力资本质量提升、人力资本积累具有重要作用。人力资本的存量水平受到教育投资经费的直接影响，而教育投资经费与所处地区的经济发展水平紧密相关，可以说，各地区的经济发展水平与教育投入量的多少具有正相关关系，教育人力资本存量呈现出明显的区域差异性是由各地区经济社会发展水平的差异性决定的。2010—2014 年，广东省的教育投资总额基本上都是武陵山片区所跨四省市投资额度的 2—4 倍，教育经费投入差异是由各地区经济发展状况差异导致的。从表4－11 中的数据不难看出，2014 年广东省在教育投资占一般公共事业经费支出的 19.76%，高于武陵山片区的 16.15%，更高于全国的 15.18%，经济发达的广东要高于全国及经济落后的武陵山片区，这就形成了不同经济水平区域间在人力资本存量上的明显差异。

教育投入的多少直接影响到各地区的教育人力资本存量。从第六次人口普查的数据可以看出，武陵山片区小学及以下文化程度的人数比例为 34.01%，比全国（26.78%）和广东（22.96%）高；高层次尤其是大专及以上文化程度人员很少，为 5.47%，低于全国的 8.93% 和广东的 8.21%。广东初中、高中教育人数比例高于全国、武陵山片区，广东的文盲人数比例则低于全国和武陵山片区，为 1.96%，全国、武陵山片区分别为 4.08% 和 5.56%。当然，全国各地区在各阶段的文盲率呈现不断下降的趋势。比如，第五次人口普查数据显示，全国、广东、武陵山片区的文盲率分别是 9.08%、3.84% 和 11.86%，同时各个地区下降的幅度还是存在很大的不同。全国、广东平均受教育的年限分别为 8.16 年和 8.54 年，均高于武陵山片区（7.43 年），不同区域的教育人力资本存量表现出较大的区域差异性。

（三）教育基础设施不完善

教育人力资本通过教育、培训等方式来改变受教育者的知识结构，提高受教育者综合素质，增强其就业和生存能力。然而，知识的讲授、技能的提高必须依托在一定的基础设施上。从武陵山片区的情况来看，教育人力资本形成所依托的基础设施不完善，相比于发达地区和全国平均水平，落后很多，主要表现在：

一是高等教育学校占比较少，教育层次较低，以高职高专教育为主。武陵山片区 71 个市县区仅有高等院校 15 所。其中，普通高等院校只有 7 所；高职高专院校有 8 所，占 53.33%。该片区内拥有硕士学位点的目前只有吉首大学和湖北民族学院。吉首大学是“服务国家特殊需求博士人才培养项目”高校，承担武陵山片区生态扶贫人才项目博士研究生的培养。湖北民族学院没有博士点，而是与国内几所高校联合培养博士研究生。两所高校都是《武陵山片区区域发展与扶贫攻坚规划》重点建设高校，其余的均只有本科和专科教育，且高职高专教育比例占了 50% 以上，高校数量和教育层级都远远低于发达地区和全国平均水平。

二是基础教育教学设施落后。武陵山片区外出务工人数不断上升，适龄儿童的入学率在不断下降，学生数量减少，部分乡村中小学的教学基础设施没有得到明显改善。目前，部分乡镇的初中迁往县城，基础设施得以改善。但一些乡镇的小学师资力量严重不足，代课教师所占比例仍然较高，尤其是村级小学缺少黑板、课桌，校舍破旧，无电教室、图书阅读室等，基础设施建设得不到保障，学生学习条件艰苦。在外务工、经济条件好的父母会把孩子转往条件更好的学校。

三是技能培训设施落后。武陵山片区的乡镇基本上没有面向社会的成人职业技能培训机构、公共图书馆和书籍阅览室等，接受新技能培训只能前往县城的职业技能培训学校。接受新技能培训将是贫困人口摆脱贫困的一个最根本途径，但是县城的职业技能培训学校的学费较高，而且设备基本是从发达地区培训机构里面淘汰出来的，学员学不到最新的技能。县级劳动人事部门定期开展的就业指导次数不多，一般一年只有一两次，一次培训时间只有半天或一个工作日，较短的培训时间里掌握的技能十分有限。

（四）专业技术人才严重外流

武陵山片区劳动力相对丰富，拥有较多劳动年龄人口，人力资本发展趋势良好，但三次产业劳动力结构不合理，仍需促进第一产业从业人员向第二、第三产业转移。与发达地区比较，武陵山片区的第一产业就业人口比例太高，存在人力资本存量和质量偏低、专业技术人才外流严重等问题。改革开放以来，受东南沿海地区经济快速发展及人才引进机制的影响，片区内众多高校毕业生涌到东南沿海地区工作，很多农民也选择到发达地区打工。

根据湖北省扶贫办建档立卡数据分析课题组的数据得知，2014年，湖北武陵山片区所含11个县市在省内外务工人员有24.81万人，占11个县市总人口的18.90%。由于武陵山片区的人才制度还不够完善，激励机制缺乏，提供的政策支持力度还不够，不仅引进高级人才有难度，即使引进来以后，很多相应的待遇也难落到实处，所以留不住高级人才，对人才的吸引力小，技术创新和地区研发能力受限。而且武陵山片区自己培养的一些高科技工作者，受更加优越的研发条件及平台吸引，以及受更高的收入水平影响，纷纷“孔雀东南飞”，向东南沿海和经济发达地区迁移，造成经济欠发达的武陵山片区专业技术人才严重外流。武陵山片区专业技术人才严重外流，致使该片区人力资本存量减少，人力资本质量降低，阻碍了武陵山片区的经济发展，因此需要采取有效措施逐步解决。

（五）个人教育素质低导致贫困

就贫困的成因来看，个人教育素质这种自身条件才是贫困的根源，个人教育素质主要包括个人的教育人力资本状况和教育思想观念。

1. 个人教育人力资本对贫困的双重影响

一是个人教育人力资本匮乏造成收入低下、就业困难。受教育程度的高低影响贫困人口的就业和职业选择，尤其是受教育水平程度较低的片区贫困人口，参与非农就业更加不利，就业机会少，收入水平低，会陷入一个恶性循环的过程，即个人教育人力资本匮乏—就业困难—收入低下—更加贫困—个人教育人力资本更加匮乏。《中国农村贫困监测报告（2011 年）》数据显示，2010 年受教育程度的高低与收入和就业时间高度相关。从收入来看，高中学历者的月工资为 1352 元，文盲的月收入为 1179.8 元；从就业时间来看，中专及以上学历的就业时间每年平均为 8.6 个月，而文盲每年仅为 5.9 个月。可以看出，总体上受教育程度越低，月平均工资越少，并且外出就业时间越短，从而总收入越低，反之亦然。还有数据显示：2010 年广州市博士年薪超过 10 万元，硕士为 8.9 万元，本科为 7.5 万元，大专为 4.7 万元，中专、高中、技校为 3.9 万元，初中及以下为 2.2 万元。工资涨幅差距也很大，博士工资年涨幅为 20%、硕士为 9%、本科为 5.4%、大专为 3.9%，而中专、高中、技校仅为 3.7%。[①] 从这组数据可以看出，个人收入与受教育程度呈正相关关系。对于连片特困地区的低学历、低素质的贫困人口来讲，更容易陷入低收入—低就业—贫困的恶性循环。

二是个人教育投资的成本较高，也有可能导致贫困，即“因教致贫”。因教致贫在连片特困地区是比较常见的社会现象，一些家庭因子女教育支出太高导致生活陷入贫困状态。在我国教育成本是由国家和个人共同承担，小学、初中阶段的大部分教育支出由国家承担，这个阶段教育成本不高，受教育者收益较小，而高中、大学及以上的学历教育费用由个人承担，费用较高，职业技能培训的费用也不低，受教育者收益较高，尤其是进城务工的相关培训费用很高，况且参加各种技能培训的机会不多，很多务工人员无法提升自己的人力资本水平。根据高风险高收益、低风险低收益的原则，一般情况下，“因教致贫”这种风险发生在非义务阶段的可能性更大。

“因教致贫”的原因表现在两个方面：一是国家教育投资比例

---

① 资料来源：人民网，http：//edu. people. com. cn/。

太低，总量过少，教育经费分配不均。在教育成本既定的情况下，政府和个人的支出是此消彼长的关系，教育投资往往具有刚性，教育成本不断增加，教育服务价格也在不断上涨，政府投得少就意味着个人要投得多。根据零点调查与指标数据共同发布的《2005 年中国居民生活质量指数研究报告》显示：教育支出成为导致城乡居民贫困的第一原因。[①] 根据 2006 年中国青少年发展基金会的调查结果：80% 的贫困学生家庭致贫是因为教育支出。[②] 根据 2009 年农业部在甘肃省的一项抽样调查显示：返贫农民中有一半的人是因为教育投资所致。[③] 二是教育质量下降、收益降低。如果教育收益大于教育成本，出现“因教致贫”的可能性就不大，但我国从 2000 年起，大规模扩大招生规模，使得高校规模急剧膨胀，远远超过经济增长的速度，贫困家庭也是竭尽全力、想方设法，贷款、借钱供其子女求学。但教育的规模与质量往往是成反比的，规模越大，质量越低，对受教育者能力的提升作用大幅度降低，这种大批量、成规模的简单复制出的类似“商品”——毕业生走向市场时，往往是供大于求，毕业等于失业，与社会实际所需严重脱节，降低了教育投资的收益率，出现教育收益低于教育成本的现象。

2. 教育思想观念与贫困

人的思想决定人的行为，思想观念对劳动者素质的影响起着非常重要的作用。秦其文（2007）认为，积极向上的思想会使劳动者优良素质得以展现，一个没有思想或思想观念落后的劳动者，其展现出的素质是较差的，在现实中无法形成生产力。贫困人口自身受教育程度低，加上经济困难，往往以非常现实的功利主义思想来对待子女的教育，因为“望子成龙”的时间太长，接受教育的年限里无法实现收益，认为教育是对不确定的未来进行投资而且就业风险

---

① 《教育花费成为城乡居民致贫首因》，《中国青年报》2006 年 2 月 8 日。

② 《中国八成贫困生家庭致贫主因是教育支出》，《北京晚报》2006 年 7 月 3 日。

③ 参见杨翠萍《我国西部农村“因教返贫”现象透析》，《中州学刊》2010 年第 5 期。

还很大，所以认为“读书无用”，还不如早点出去务工赚钱贴补家用，以此减轻家庭经济负担。在小学、初中义务教育阶段，国家免收学费，贫困家庭的教育投资负担较轻，但到了高中及以上的教育阶段时，这种陈旧落后的功利主义的“读书无用论”思想将表现出来，导致子女正规教育中断，子女教育人力资本水平低，减少子女的就业机会，因为困难也不愿意让子女接受技能培训，从而影响了家庭收入，导致贫困，难以改变其处于社会最底层的处境。这种“读书无用论”思想代际传承性较强，严重影响了贫困连片地区的发展，阻碍贫困人口的脱贫致富。

第三节 武陵山片区健康人力资本现状分析

在连片特困地区，人们对健康人力资本没有足够的认识，健康投资严重不足，“因病致贫”“因病返贫”现象凸显，因此，分析武陵山片区健康人力资本的现状对于连片特困地区脱贫和经济增长显得尤为重要。

一 健康人力资本的内涵

（一）健康人力资本特征

人的健康状况如体能、精力和生命长短等受自然和社会条件的限制，不像物质资本那样可以去继承，而是会随着人的健康状况的恶化而减少甚至消失。此外，健康可以直接影响人力资本投资的效益及效率。与其他形式的人力资本相比，特征如下：

第一，健康人力资本的载体对健康人力资本存量拥有绝对的产权。健康投资是一种对人的投资，正如教育投资一样，它是在未来给投资主体带来更多收益的特殊消费品。健康人力资本的载体——个人对健康投资带来的健康时间、延长的生命、减少的医疗支出等健康人力资本存量拥有绝对的产权。

第二，健康人力资本是基础性的人力资本。与其他人力资本投资形式不同，健康投资不仅能增加劳动力的数量，而且能提高劳动力的质量。它通过降低劳动适龄人口的残疾人数和死亡人数来增加有效劳动力数量，通过增加人的健康存量增加人力资本含量、提高人力资本的质量。同时，由于健康状况的改善会延长人的职业生涯、增加人的预期寿命、延长其他所有投资未来获益的时间，健康投资是所有投资获得高收益率的保证。因而，健康的身体是教育人力资本和物质资本形成的前提，健康投资是其他人力资本形成的基础。

第三，每个人通过遗传因素都可以获取一定的初始健康人力资本存量。这笔初始健康人力资本存量的好坏与先天的遗传条件是有关的。当然，也可以通过后天的努力促使健康人力资本存量增加，如通过后天的医疗保健、健身、膳食营养平衡搭配获得。因为健康人力资本存量随着年龄增长，折旧增加，健康人力资本存量就逐年下降。如果加大健康人力资本投资力度，比如及时治疗疾病，经常健身，参加各种有益的运动，常使用保健品和吸收营养物质等，就会增加并提升健康人力资本存量。

第四，健康人力资本存量不会随着投资时间的延长而无限制地增加。个体的健康人力资本存量与其年龄之间呈现一种明显的“N”字形关系，个体成年之前，进行健康人力资本投资会使健康存量不断地增加，但个体成年之后，健康人力资本存量不像教育储备那样随着时间的延长而增值，反而是贬值。

第五，提供健康服务是健康人力资本形成的一种重要途径。健康服务一般用“健康时间”来表示，也就是所谓的“无病活动时间”，比如人们不受病痛之扰，能够安心在学校接受教育和学习，能够正常地投入工作，能够为了提高技能进行在职培训，能够享受休闲、消费、娱乐等，健康人力资本存量越高，人们拥有越多的“无病活动时间”。

（二）健康人力资本与贫困的关系

贫困与疾病之间的关系非常紧密，两者相互影响。疾病往往使贫困家庭陷入“因病致贫、因贫致病”的恶性循环。“身体是革命的本钱”。这句话一针见血地道出了健康人力资本存量的重要性。对于身处经济欠发达地区的贫困家庭，无论谁患重大疾病都是家庭的一项重大开支。如果患病的人是家里的主要劳动力，后果更为严重。有人将疾病与贫困比喻成“双胞胎”，如果本身健康人力资本存量低下，又无法承担医疗费用支出，这必将导致劳动能力的下降，无法获得很好的就业机会，更没有途径增加收入，不良的身体状况与较低的收入水平捆绑在一起，很多家庭因为疾病直接导致贫困，即“因病致贫”。贫困使他们根本无法承担相应的费用支出，对待疾病经常是“小病扛、大病拖”，生活质量太差还会导致他们的疾病抵抗力减弱，小病扛成了大病，大病拖成了重病，贫困家庭一旦有成员患重大疾病，只能借钱看病，不可避免地又陷入贫困境地，或者放弃治疗，等待死亡。这种恶性循环的过程是：健康人力资本存量低下（不良的身体状况）—劳动能力丧失—就业困难—收入低下—医疗支出增加—贫困—健康人力资本存量更低下。不难看出，健康人力资本存量低下是造成贫困发生的根本性原因，当然，健康人力资本存量低下也是贫困导致的必然后果。

二 武陵山片区健康人力资本形成途径分析

从本书的健康人力资本概念可知，人们为了预防和治疗疾病，为了保持和维护身心健康，而在一定时期内投入的所有经费开支是一项重要的人力资本投资。如花费在预防和治疗疾病而支付的直接费用，以及用于公共卫生、传染病、地方病的防治及卫生检疫和宣传方面的间接费用。当然，还包含时间成本，如体育锻炼方面的支出。这些投资均能为人们带来预期的长久收益。可以这样理解，只要能够为人们带来经济利益的任何健康投入，包括有形的、无形的均可以归为健康人力资本的投入。根据现有的统计资料，武陵山片区健康人力资本投资的途径可以从以下两方面来把握。

（一）健康人力资本的经费投入

武陵山片区的健康人力资本投资与教育人力资本投资一样，应该包括政府公共部门的健康经费投入和私人的健康经费投入。公共部门的健康经费投入主要是政府财政支出中的卫生费用支出，私人的健康经费投入主要是家庭人均消费支出中医疗保健支出部分。下面具体分析2005年、2014年全国、广东及武陵山片区所跨四省市居民人均医疗保健支出及比例，以居民人均医疗保健支出为例（见表4－16）。

表4－16　2005年、2014年全国、广东及武陵山片区所跨四省市居民人均医疗保健支出及比例

地区	2005年				2014年			
	城镇（元）	农村（元）	城镇（%）	农村（%）	城镇（元）	农村（元）	城镇（%）	农村（%）
全国	600.85	168.09	78.14	21.86	1305.60	753.90	63.39	36.61
广东	704.90	203.85	77.57	22.43	988.30	686.90	59.00	41.00
湖北	499.34	135.37	78.67	21.33	1187.80	907.30	56.69	43.31
湖南	601.34	168.19	78.14	21.86	1209.80	771.40	61.06	38.94
重庆	629.32	142.65	81.52	18.48	1187.70	677.00	63.69	36.31
贵州	403.43	71.79	84.89	15.11	927.40	373.00	71.32	28.68
武陵山片区所跨四省市加权平均数	538.57	136.58	79.77	20.23	1148.61	726.71	61.25	38.75

注：以武陵山片区所跨四省市中各省或市的人口占武陵山片区所跨四省市总人口的比例为权数。以武陵山片区所跨四省市加权平均数来反映武陵山片区人均医疗保健支出情况。

资料来源：根据《中国统计年鉴2006》《中国统计年鉴2015》数据计算所得。

表4－16反映了2005年与2014年全国、广东及武陵山片区所跨四省市人均居民医疗保健支出的对比情况。可以得出以下结论：

第一，2005—2014年，无论是农村还是城镇武陵山片区所跨四省市的人均医疗保健支出均有不同程度的提高。

从城镇来看，武陵山片区所跨四省市10年间的人均医疗保健支出均有大幅提高。如贵州2005年的城镇人均医疗保健支出为

403.43 元，2014 年增加到 927.40 元，增幅为 129.88%。增幅最大的是湖北，城镇居民人均医疗保健支出从 2005 年的 499.34 元增加到 2014 年的 1187.80 元，增幅达到 137.87%。从农村来看，同样也有不同程度的增加，如贵州农村居民人均医疗保健支出从 2005 年的 71.79 元增加到 2014 年的 373.00 元，增幅达到 419.57%。增幅最大的是湖北，2005 年农村人均医疗保健支出为 135.37 元，2014 年增加到 907.3 元，增幅高达 570.24%。

第二，武陵山片区所跨四省市的农村和城镇在医疗保健支出上存在比较大的差距。四省市的城镇医疗保健支出远远大于农村。2005 年，差距最大的是贵州，城镇支出占 84.89%，而农村仅占 15.11%；差距最小的是湖南，城镇占 78.14%，农村占 21.86%。2014 年，差距最大的是贵州，城镇占 71.32%，农村占 28.68%；差距最小的是湖北，城镇占 56.69%，农村占 43.31%。由此可以看出，这十年来，各省市均在很大程度上加大了农村人均医疗保健支出。

第三，武陵山片区所跨四省市与全国及广东比较，人均医疗保健支出在总体上低于全国平均水平，但与广东比较，却有上升趋势。例如，2005 年武陵山片区所跨四省市的城镇和农村人均医疗保健支出分别为 538.57 元和 136.58 元，全国平均水平分别为 600.85 元和 168.09 元，广东的平均水平分别为 704.90 元和 203.85 元。2014 年，人均医疗保健支出的差距在缩小，武陵山片区所跨四省市的城镇和农村人均医疗保健支出分别为 1148.61 元和 726.71 元，低于同期的全国平均水平，全国的城镇和农村人均医疗保健支出分别为 1305.60 元和 753.90 元，高于广东的平均水平，广东的城镇和农村人均医疗保健支出分别为 988.30 元和 686.90 元。

（二）健康人力资本的设施建设

健康设施是指一切能够促进人们生活水平提高、生活质量改善和有利于人们的体质和精神达到更加健康的状态的所有设备、器材及建筑的总和，如体育设备、医疗机构、娱乐设施等。可以从武陵山片区所跨四省市2014年的卫生机构、床位数的规模来看武陵山片区的健康设施情况（见表4－17和表4－18）。

表4－17　　2014年全国、广东及武陵山片区所跨四省市的卫生机构　　单位：个

地区	卫生机构										
	合计	医院	社区卫生服务中心（站）	街道卫生院	乡镇卫生院	门诊部（所）	村卫生室	疾病预防控制中心	专科疾病防治院（所/站）	妇幼保健院（所/站）	卫生监督所（中心）
全国	981432	25860	34238	595	36902	645470	200130	3490	1242	3098	2975
广东	48085	1260	2527	21	1201	28161	12765	137	136	130	138
湖北	36077	771	1175	36	1150	24919	7223	112	76	100	103
湖南	61571	1018	666	2	2298	44699	9972	147	86	139	130
重庆	18767	565	500	12	933	10778	5663	42	15	40	39
贵州	28995	1067	596	18	1427	20945	3446	101	9	100	95
武陵山片区所跨四省市合计	145410	3421	2937	68	5808	101341	26304	402	186	379	367

资料来源:《中国统计年鉴2015》。

表4－18　　2014年全国、广东及武陵山片区所跨四省市卫生机构床位数　　单位：张

地区	医疗卫生机构床位	每千人口医疗卫生机构床位	每千农业人口乡镇卫生院床位	每千人口社会服务床位	每千老年人口养老床位
全国	6601214	4.85	1.34	4.49	27.20
广东	405751	3.78	1.28	2.07	15.34
湖北	317500	5.46	1.65	4.77	27.25
湖南	355485	5.28	1.49	3.01	16.76

续表

地区	医疗卫生机构床位	每千人口医疗卫生机构床位	每千农业人口乡镇卫生院床位	每千人口社会服务床位	每千老年人口养老床位
重庆	160579	5.37	1.92	5.49	25.01
贵州	182189	5.19	1.06	3.36	22.42
武陵山片区所跨四省市加权平均数	281331	5.33	1.53	4.02	22.35

注：①医疗卫生机构床位数不包含街道卫生院、村卫生室、门诊部（所）、疾病预防控制中心。

②以武陵山片区所跨四省市中各省或市的人口占武陵山片区所跨四省市总人口的比例为权数。

资料来源：根据《中国统计年鉴2015》整理计算所得。

表4-17和表4-18反映了2014年武陵山片区所跨四省市的卫生机构和医疗机构床位数，表明武陵山片区的健康设施具备以下特点：

第一，武陵山片区的卫生机构以门诊部（所）等小型的卫生机构居多，医院等大型的卫生机构数目偏少。比如2014年，武陵山片区所跨四省市的医院共计3421所，仅占该片区医疗机构总数的2.35%，门诊部（所）共计101341个，村卫生室共计26304个，这两种小型卫生机构占该片区医疗机构总数的比例高达87.78%。具体到武陵山片区各个省市，也具有同样的特点。以湖南为例，2014年湖南的卫生机构总数为61571个，门诊部（所）44699个，村卫生室9972个，这两种小型卫生机构占该省总数的88.79%，医院只有1018所，占1.65%。

第二，武陵山片区的每千人口医疗卫生机构床位数、每千农业人口乡镇卫生院床位数均高于全国平均水平和广东平均水平，每千人口社会服务床位数、每千老年人口养老床位数高于广东平均水平，但比全国平均水平略低。2014年，武陵山片区的医疗卫生机构床位数为281331张，全国为6601214张，广东为405751张，武陵山片区每千人口医疗卫生机构床位数、每千农业人口乡镇卫生院床位数、每千人口社会服务床位数、每千老年人口养老床位数分别为5.33张、1.53张、4.02张和22.35张，均高于广东的3.78张、1.28张、2.07张和15.34张，除了每千人口社会服务床位数、每千老年人口养老床位数低于全国水平4.49张和27.20张，每千人口医疗卫生机构床位数、每千农业人口乡镇卫生院床位数高于全国水平4.85张和1.34张。这与大量的西部人口涌入东南部务工有关，也与本书的人口数是按常住人口数而非户籍人口数计算有关。

三　武陵山片区健康人力资本存量测算

在新的历史时期，实施健康人力资本发展战略，是实现“全面建设小康社会”目标的必然要求，是实现“中国梦”的重要支撑。健康人力资本可以推进经济发展和促进经济增长，健康人力资本存量的测算具有重要的经济意义和社会意义。

（一）健康人力资本的构成要素

随着武陵山片区经济的持续发展，用于卫生保健方面的支出不断增加。2005—2014年，武陵山片区城镇居民人均医疗保健支出从538.57元增加到1148.61元，增幅达113.27%；武陵山片区农村居民人均医疗保健支出从136.58元增加到726.71元，增幅高达432.08%（见表4-16）。人们的平均预期寿命，也由第五次人口普查时的71.40岁增加到第六次人口普查时的74.83岁，比10年前提高了3.43岁，武陵山片区的一些省市，比如湖北，甚至达到了75.65岁的平均预期寿命。从经济学的观点来看，平均预期寿命的提高、医疗保健支出的增加，都预示着健康人力资本的增加。对健康进行投资，不仅可以提高健康人力资本水平，而且还可以提高劳动生产率，从而带动经济增长。健康人力资本投资是间接投资、引致投资，是通过提高与健康人力资本相关的各种因素来促进经济增长的。因而分析健康人力资本投资，就必须对健康人力资本的构成要素及范围进行分析。

舒尔茨认为：“健康人力资本的投入包括一个人的力量和持久

能力、生命力和活力、人口预期寿命的所有付出。”[①] 贝克尔也认为，人力资本既包含着才干、技能和知识，还包含着健康、时间和预期寿命。[②] 本书认为，能够影响一个人的力气和持久力、预期寿命、生命力和活力的所有支出均构成健康人力资本投资。健康人力资本的构成要素及其指标见表4－19。

表4－19　　健康人力资本构成要素及指标

构成因素	指标
预期寿命	平均预期寿命
医疗保健	人均医疗保健支出
卫生服务	医疗卫生机构数、医疗卫生机构床位数、医疗卫生人员数

一是预期寿命，具体数据指标为平均预期寿命。在假定其他条件（诸如受教育程度、体力、劳动熟练程度）都不变的前提下，一个人的预期寿命越长，他为社会做出的贡献就越大。对于国家或地区，平均预期寿命是反映健康人力资本的一个重要指标。二是医疗保健，具体数据指标为人均医疗保健支出。卫生事业费用支出越多，意味着对健康的投资越大，健康人力资本投资所占支出的比例也越大。三是卫生服务，具体数据指标为医疗卫生机构数、医疗卫生机构床位数、医疗卫生人员数。这些指标反映一个国家或地区医疗保障事业发展的程度，也反映健康人力资本投资状况。

（二）健康人力资本存量的测算方法

参考教育人力资本存量测算的方法，考虑到武陵山片区健康人力资本相关数据的可获取性，测算健康人力资本的方法如下：

第一，确定能够反映健康人力资本的指标。本书选取三方面指标，即预期寿命、医疗保健和卫生服务（见图4－2）。

① ［美国］舒尔茨：《论人力资本投资》，吴珠华译，经济学院出版社1990年版，第49页。

② ［美国］贝克尔：《人力资本理论》，郭虹译，中信出版社2007年版，第32页。

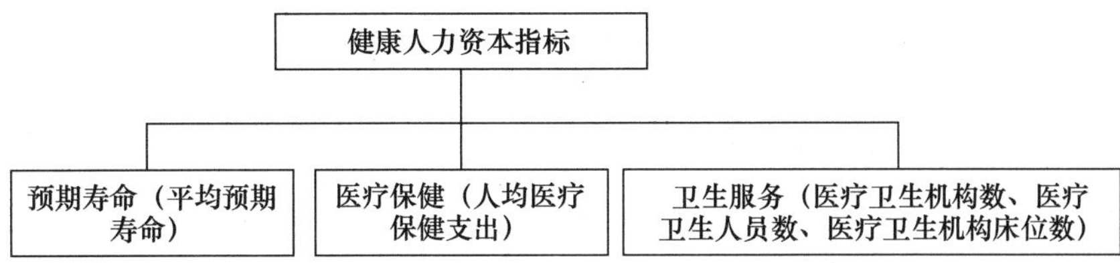

图4－2　健康人力资本指标体系

第二，收集并整理所选指标的统计数据。数据包括：

（1）第五次全国人口普查和第六次全国人口普查中关于全国、广东和武陵山片区所跨四省市的平均预期寿命。

（2）2006—2015年《中国统计年鉴》中的全国、广东和武陵山片区所跨四省市的农村居民和城镇居民的人均医疗保健支出。

（3）2006—2015年《中国统计年鉴》中的全国、广东和武陵山片区所跨四省市的卫生机构数、卫生机构床位数和卫生人员数。

第三，分别计算下列指标值：

（1）1990年、2000年和2010年武陵山片区平均预期寿命。

（2）2005—2014年的武陵山片区人均医疗保健支出。

（3）2005—2014年的武陵山片区每万人口卫生机构数、卫生机构床位数和卫生人员数。

（三）健康人力资本存量的测算

1. 平均预期寿命

平均预期寿命，可以反映出一个社会中人口的生活质量高低，指同时出生的一批人若按照某一时期各个年龄死亡率水平度过一生平均能够存活的年数，可根据婴儿和各年龄段人口死亡的情况计算得出。社会经济条件、卫生医疗水平制约着人们的寿命，预期寿命是综合反映人们健康水平的基本指标。通过对数据的整理，武陵山片区所跨四省市分性别的平均预期寿命如表4－20所示。

第六次全国人口普查资料表明，随着我国医疗卫生保障体系的逐步完善、社会经济的快速发展、人民生活水平的不断提高，我国人口的平均预期寿命继续提高，国民整体健康水平有较大幅度的提高。从表 4 -20 可以看出：

表 4 -20　　全国、广东、武陵山片区所跨四省市人口平均预期寿命　　单位：岁

地区	1990 年			2000 年			2010 年		
	全部	男	女	全部	男	女	全部	男	女
全国	68.55	66.84	70.47	71.4	69.63	73.33	74.83	72.38	77.37
广东	72.52	69.71	75.43	73.27	70.79	75.93	76.49	74.00	79.37
湖北	67.25	65.51	69.23	71.08	69.31	73.02	74.87	72.68	77.35
湖南	66.93	65.41	68.7	70.66	69.05	72.47	74.70	72.28	77.48
重庆	—	—	—	71.73	69.84	73.89	75.70	73.16	78.60
贵州	64.29	63.04	65.63	65.96	64.54	67.57	71.10	68.43	74.11

注：因 1954 年 7 月到 1997 年 6 月重庆与四川合并，故没有 1990 年重庆的相关数据。

资料来源：《中国统计年鉴 2013》。

第一，2000—2010 年我国的人均预期寿命提高幅度非常大，全国平均提高 3.43 岁，而 1990—2000 年仅仅提高 2.85 岁。武陵山片区所跨四省市的平均预期寿命也显著提高，其中，从 2000—2010 年提高最快的是贵州，人均提高了 5.14 岁，而 1990—2000 年武陵山片区所跨四省市中提高最慢的也是贵州，人均提高了 1.67 岁。

第二，从全国、广东及武陵山片区所跨四省市分性别的平均预期寿命来看，女性平均预期寿命均高于男性。武陵山片区所跨四省市中，2000 年，男女平均预期寿命差距最大的是重庆，女性平均预期寿命比男性高 4.05 岁，差距最小的是贵州，女性平均预期寿命比男性高 3.03 岁；2010 年，男女平均预期寿命差距最大的是贵州，女性平均预期寿命比男性高 5.68 岁，差距最小的是湖北，女性平均预期寿命比男性高 4.67 岁。这说明武陵山片区男女平均预期寿命差距在拉大。

第三，武陵山片区各个省市之间的差距明显。例如，2000 年平

均预期寿命最高的是重庆（71.73 岁），最低的是贵州（65.96 岁），两者差距为 5.77 岁；2010 年，武陵山片区中，平均预期寿命最高的是重庆（75.7 岁），最低的是贵州（71.1 岁），两者差距为 4.6 岁。这说明十年以来，武陵山片区所跨四省市之间平均预期寿命差距在缩小。

在计算武陵山片区所跨四省市人口平均预期寿命的基础上，计算整个武陵山片区人口平均预期寿命，计算公式为：

$$E_p = \sum_{i=1}^{n} E_{pi} q_i (i = 1, 2, \cdots, n) \tag{4.3}$$

其中，E_p 表示武陵山片区所跨四省市平均预期寿命，E_{pi}和 q_i分别表示第 i 省或市的平均预期寿命和第 i 省或市的人口占武陵山片区所跨四省市总人口的比例。利用式（4.3）可以计算出武陵山片区 2000 年和 2010 年的加权平均预期寿命（见表 4－21）。

表 4－21　　2000 年、2010 年武陵山片区所跨四省市加权平均预期寿命计算　　单位：岁、%

地区	2000 年			2010 年		
	平均预期寿命（E_{pi}）	人口比例（q_i）	$E_{pi}q_i$	平均预期寿命（E_{pi}）	人口比例（q_i）	$E_{pi}q_i$
湖北	71.08	31.34	22.28	74.87	30.69	22.98
湖南	70.66	33.87	23.93	74.70	35.21	26.30
重庆	71.73	16.25	11.66	75.70	15.47	11.71
贵州	65.96	18.54	12.23	71.10	18.63	13.25
武陵山片区所跨四省市加权平均预期寿命（E_p）	70.10			74.24		

资料来源：《第五次全国人口普查主要数据公报》《第六次全国人口普查主要数据公报》和《中国统计年鉴 2013》。

从表4－20和表4－21中可以看出，武陵山片区、全国和广东人口在平均预期寿命上的显著差异。2000年，武陵山片区的加权平均预期寿命为70.1岁，低于全国的71.4岁，更低于广东的73.27岁；2010年，武陵山片区的加权平均预期寿命为74.24岁，低于全国的74.83岁，更低于广东的76.49岁。

2. 医疗保健支出

医疗保健支出也是衡量健康人力资本的一个重要指标。本书选用人均医疗保健支出作为卫生费用的指标，数据来自2006—2015年《中国统计年鉴》中各省市农村居民和城镇居民平均每人的医疗保健支出，具体计算方法如下：

$$L_i = L_{ie} r_{ie} + L_{if} r_{if} \tag{4.4}$$

其中，L_i 为第 i 省或市的人均医疗保健支出，L_{ie}和 L_{if}分别为第 i 省或市城镇人口和农村居民的人均医疗保健支出，r_{ie}和 r_{if}分别为第 i 省或市的城镇人口和农村人口占该省或市总人口的比例。

利用该方法可以计算出2005—2014年武陵山片区所跨四省市的人均医疗保健支出，再计算出武陵山片区的人均医疗保健支出。具体方法如下：

$$L = \sum_{i=1}^{n} L_i R_i (i = 1,2,\cdots,n) \tag{4.5}$$

其中，L 表示武陵山片区的人均医疗保健支出，L_i 为第 i 省或市的人均医疗保健支出，R_i为第 i 省或市的人口占武陵山片区所跨四省市总人口的比例。运用这样的方法，也可计算出全国和广东的人均医疗保健支出。2005—2014年全国、广东和武陵山片区所跨四省市人均医疗保健支出见表4－22。

表4－22　2005—2014年全国、广东和武陵山片区所跨四省市人均医疗保健支出

单位：元

地区	2005年	2006年	2007年	2008年	2009年	2010年	2011年	2012年	2013年	2014年
全国	354.13	381.74	434.57	499.82	562.53	599.94	709.62	802.88	912.10	1044.80

续表

地区	2005 年	2006 年	2007 年	2008 年	2009 年	2010 年	2011 年	2012 年	2013 年	2014 年
广东	507.79	518.84	548.61	624.89	671.76	719.12	764.05	852.09	922.59	890.50
湖北	292.61	323.44	332.29	420.52	447.13	501.17	685.70	826.03	847.38	1056.20
湖南	328.45	365.31	401.40	474.64	485.56	502.84	574.33	693.72	849.57	972.20
重庆	362.62	414.68	449.16	537.63	624.43	668.58	746.84	843.55	949.78	966.10
贵州	160.90	146.24	157.03	205.55	253.39	302.75	362.36	417.96	427.68	572.00
武陵山片区所跨四省市加权平均数	288.96	315.92	338.27	413.49	450.36	489.17	598.30	709.07	788.98	925.23

资料来源：根据《中国统计年鉴》（2006—2015 年）数据计算得到。

通过表 4－22 可以看出：

第一，武陵山片区所跨四省市的人均医疗保健支出从 2005—2014 年有了显著提高。如 2005 年武陵山片区所跨四省市的人均医疗保健支出为 288.96 元，2014 年增加到 925.23 元，增幅达 220.19%。

第二，武陵山片区所跨四省市之间的人均医疗保健支出差距比较明显。如 2005 年贵州的人均医疗保健支出仅有 160.9 元，而重庆为 362.62 元，后者为前者的 2.25 倍；2014 年贵州的人均医疗保健支出为 572 元，而湖北为 1056.2 元，后者是前者的 1.85 倍。

第三，从 2005—2014 年，广东和全国的人均医疗保健支出均逐年提高。例如，2005 年广东和全国的人均医疗保健支出分别为 507.79 元和 354.13 元，而 2014 年广东和全国的人均医疗保健支出分别增加到 890.5 元和 1044.8 元，增幅分别为 75.37% 和 195.03%。

第四，武陵山片区与全国和广东之间人均医疗保健支出的差距在逐年缩小。例如：2005 年，武陵山片区、全国、广东的人均医疗保健支出分别为 288. 96 元、354. 13 元和 507. 79 元，全国是武陵山片区的 1. 23 倍，广东是武陵山片区的 1. 76 倍；2014 年，武陵山片区、全国、广东的人均医疗保健支出分别为 925. 23 元、1044. 8 元和 890. 5 元，全国高于广东和武陵山片区，广东 2005—2013 年均领先于全国和武陵山片区，仅在 2014 年落后于全国和武陵山片区平均水平。将贵州和广东进行比较，10 年来人均医疗保健支出的差距也在缩小，如：2005 年贵州和广东的人均医疗保健支出分别为 160. 90 元和 507. 79 元，广东是贵州的 3. 16 倍；2014 年贵州和广东的人均医疗保健支出分别为 572. 00 元和 890. 50 元，广东是贵州的 1. 56 倍。

3. 卫生服务

卫生服务指标选择了 2006—2015 年《中国统计年鉴》中的人均卫生机构数、人均卫生员数和人均卫生机构床位数。因为用总卫生机构数除以总人数所得的人均值相当小，故本书用每万人口卫生机构数表示。同样，人均卫生机构床位数和人均卫生人员数也是比较小的，本书用每万人口卫生机构床位数和每万人口卫生人员数表示。具体方法为：

第一，求出武陵山片区所跨四省市、广东和全国各个指标的人均水平。即每万人口卫生机构数 = 总卫生机构数/总人口（万人），每万人口卫生机构床位数 = 总卫生机构床位数/总人口（万人），每万人口卫生人员数 = 总卫生人员数/总人口（万人）。

第二，求出武陵山片区所跨四省市各个指标的加权平均数，以武陵山片区所跨四省市中各省或市的人口占武陵山片区所跨四省市总人口的比例为权数。

（1）卫生机构。利用上述方法，可以计算出武陵山片区所跨四省市、广东和全国 2005—2014 年的每万人口卫生机构数及武陵山片区所跨四省市的加权平均数（见表 4 – 23）。

表 4-23　　武陵山片区所跨四省市、广东和全国
2005—2014 年每万人口卫生机构数　　单位：个/万人

地区	2005 年	2006 年	2007 年	2008 年	2009 年	2010 年	2011 年	2012 年	2013 年	2014 年
全国	2.29	2.35	2.26	2.10	2.13	2.15	2.16	2.19	2.39	2.46
广东	1.77	1.80	1.71	1.60	1.60	1.58	1.61	1.65	1.79	1.86
湖北	1.67	1.77	1.95	1.80	1.82	1.79	1.81	1.78	1.84	1.92
湖南	2.37	2.42	2.28	2.27	2.24	2.16	2.16	2.14	2.58	2.50
重庆	2.28	2.36	2.23	2.21	2.28	2.39	2.42	2.49	2.67	2.67
贵州	1.76	1.67	1.64	1.63	1.62	1.62	1.64	1.71	2.27	2.29
武陵山片区所跨四省市加权平均数	2.02	2.06	2.05	1.99	2.00	1.98	2.01	2.02	2.03	2.31

注：卫生机构中不含村卫生室。

资料来源：根据《中国统计年鉴》（2006—2015 年）数据计算得到。

从表 4-23 中可以看出：

第一，武陵山片区所跨四省市各个省市的每万人口卫生机构数差别较大。2005 年，每万人口卫生机构数最多的是湖南（2.37 个），最少的是贵州（1.76 个），前者是后者的 1.35 倍。2014 年，每万人口卫生机构数最多的是重庆（2.67 个），最少的是湖北（1.92 个），前者是后者的 1.39 倍。十年来，武陵山片区所跨四省市各个省市之间每万人口机构数的差距在拉大。

第二，武陵山片区所跨四省市中的各省市 2005—2014 年每万人口卫生机构数变化较大。例如湖北从 2005 年的 1.67 个增加到 2014 年 1.92 个。贵州的增幅较大，从 1.76 个增加到 2.29 个，增幅为 30.11%。

第三，武陵山片区、广东和全国的每万人口卫生机构数 2005—2014 年呈上升的趋势。例如，武陵山片区、广东和全国分别从 2005 年的 2.02 个、1.77 个、2.29 个分别上升到 2014 年的 2.31 个、

1.86 个和 2.46 个。

（2）卫生床位数。利用上述方法，也可以计算出武陵山片区所跨四省市、广东和全国 2005—2014 年的每万人口医疗卫生机构床位数及武陵山片区所跨四省市的加权平均数（见表 4－24）。

表 4－24　武陵山片区所跨四省市、广东和全国 2005—2014 年每万人口医疗卫生机构床位数　　单位：张/万人

地区	2005 年	2006 年	2007 年	2008 年	2009 年	2010 年	2011 年	2012 年	2013 年	2014 年
全国	25.63	26.60	28.01	30.39	33.10	35.70	38.40	42.40	45.50	48.50
广东	22.73	23.30	24.24	25.32	26.85	28.74	37.60	33.50	35.50	37.80
湖北	24.34	24.94	26.43	29.36	31.72	32.60	36.30	43.80	49.70	54.60
湖南	23.87	25.07	27.13	29.42	32.09	33.00	36.10	43.20	46.90	52.80
重庆	22.87	24.22	26.49	28.89	30.53	31.40	34.70	44.40	49.60	53.70
贵州	16.62	17.89	21.81	23.08	24.71	25.10	27.70	40.00	47.60	51.90
武陵山片区所跨四省市加权平均数	22.41	23.47	25.77	28.09	30.40	31.20	34.42	43.00	48.33	53.34

资料来源：根据《中国统计年鉴》（2006—2015 年）数据计算得到。

从表 4－24 中可以看出：

第一，武陵山片区所跨四省市各个省市之间的每万人口卫生床位数差距不是很大。2005 年，每万人口卫生床位数最多的是湖北（24.34 张），最少的是贵州（16.62 张），前者是后者的 1.46 倍。2014 年，每万人口卫生床位数最多的是湖北（54.6 张），最少的是贵州（51.9 张），前者是后者的 1.05 倍。十年来，武陵山片区所跨四省市各个省市之间每万人口床位数的差距进一步缩小。

第二，武陵山片区所跨四省市中的各个省市 2005—2014 年每万人口卫生床位数变化较大。例如贵州，从 2005 年的 16.62 张增加到 2014 年的 51.9 张，增幅为 212.27%。

第三，武陵山片区、广东和全国的每万人口卫生床位数2005—2014年均呈上升的趋势。例如，武陵山片区、广东和全国分别从2005年的22.41张、22.73张、25.63张分别上升到2014年的53.34张、37.8张和48.5张。

（3）卫生人员数。还是利用上述方法，计算出武陵山片区所跨四省市、广东和全国2005—2014年的每万人口卫生人员数及武陵山片区所跨四省市的加权平均数（见表4-25）。

表4-25　武陵山片区所跨四省市、广东和全国2005—2014年每万人口卫生人员数

单位：人

地区	2005年	2006年	2007年	2008年	2009年	2010年	2011年	2012年	2013年	2014年
全国	41.50	42.75	44.71	46.45	50.43	53.02	55.59	59.24	64.01	67.09
广东	39.65	43.32	46.80	48.50	51.52	53.50	56.29	59.26	63.39	78.55
湖北	45.94	46.60	48.82	49.89	52.19	53.81	55.76	59.43	63.52	69.64
湖南	40.21	39.10	42.28	44.11	47.64	49.01	51.35	53.62	58.84	62.24
重庆	33.88	34.44	36.79	38.39	42.78	46.97	50.23	54.58	58.68	66.97
贵州	25.44	25.93	27.84	29.48	32.49	35.27	38.78	44.30	52.90	57.36
武陵山片区所跨四省市加权平均数	38.05	38.08	40.62	42.18	45.40	47.60	50.20	53.89	59.19	64.41

注：卫生人员中不含乡村医生和卫生员。

资料来源：根据《中国统计年鉴》（2006—2015年）数据计算所得。

从表4-25中可以看出：

第一，武陵山片区所跨四省市各个省市之间的每万人口卫生人员数差距较大。2005年，每万人口卫生人员数最多的是湖北（45.94人），最少的是贵州（25.44人），前者是后者的1.81倍。2014年，每万人口卫生人员数最多的还是湖北（69.64人），最少的是贵州（57.36人），前者是后者的1.21倍。十年来，武陵山片区所跨四省市各个省市之间每万人口卫生人员数的差距进一步缩小。

第二，武陵山片区所跨四省市中的各省市2005—2014年每万人口卫生人员数变化很大。例如，湖北从2005年的45.94人增加69.64人，增幅为51.59%。

第三，武陵山片区所跨四省市、广东和全国的每万人口卫生人员数2005—2014年均呈上升的趋势。例如，武陵山片区、广东和全国分别从2005年的38.05人、39.65人、41.50人分别上升到2014年的64.41人、78.55人和67.09人。但相连的年份之间也为上升趋势。

第四，武陵山片区所跨四省市与广东及全国比较，十年来，每万人口卫生人员数的增幅高于全国、低于广东。2005—2014年，武陵山片区所跨四省市每万人口卫生人员数的增幅为65.28%，全国为61.66%，广东为98.11%。

四　武陵山片区健康人力资本存量较低的原因分析

根据2010年第六次全国人口普查详细汇总资料计算，我国人口平均预期寿命达到74.83岁，明显高于2010年世界人口的平均预期寿命（69.60岁）和中等收入国家及地区的69.10岁。2010年我国婴儿死亡率为13.93‰，比2000年的28.38‰下降了14.45个千分点，平均每年下降1.45个千分点。人口平均预期寿命的提高、婴儿死亡率的下降，“提前实现联合国千年发展目标，我国居民的健康水平已处于发展中国家前列”①。但不能忽视的是，我国及武陵山片区在健康人力资本投资方面仍然存在很多宏观和微观方面的问题。与广东相比，武陵山片区存在医疗卫生资源不足、政府医疗卫生投入较少、城乡之间投资水平差距大、医疗保健意识淡薄等问题。

（一）政府医疗投入较少及医疗卫生资源不足

2000年，世界卫生组织以“医疗卫生筹资”和“分配公平性”为标准对191个成员进行了排序，中国名列第188位，即倒数第4

---

① 张蕾：《我国居民健康水平居发展中国家前列》，《光明日报》2012年9月18日。

位，仅排在巴西、塞拉利昂、缅甸前面，属于世界上卫生投入分配最不公平的国家之一。2000年世界卫生组织向全世界发布的关于国家卫生投入占GNP的数据，我国占2.7%，与法国、德国、美国比较，分别少7.1个、7.8个、11个百分点，甚至比印度、古巴、巴西分别少2.5个、3.6个和3.8个百分点。在2006年的中国高峰论坛上，世界卫生组织驻华代表说："中国政府在总体医疗费用中的公共投入仅为17%，而美国政府至少投入了45%，几乎是中国的三倍。"① 直到近些年，中国各级政府才开始重视公共医疗卫生事业，医疗卫生支出占财政支出的比例有增加趋势，加大了对医疗卫生事业的投入力度。武陵山片区所跨四省市、广东和全国医疗卫生支出占财政支出比例如表4-26所示。

表4-26　武陵山片区所跨四省市、广东和全国医疗卫生支出占财政支出比例

单位：%

地区	2005年	2006年	2007年	2008年	2009年	2010年	2011年	2012年	2013年	2014年
全国	3.06	3.27	3.99	4.39	5.23	5.35	5.89	5.75	5.91	6.70
广东	3.60	4.06	4.46	5.32	5.83	5.61	6.46	6.84	6.77	8.50
湖北	4.00	4.30	5.18	5.76	6.66	7.16	7.69	7.13	7.37	8.13
湖南	2.80	3.25	4.36	4.96	7.20	6.68	7.29	7.14	7.30	8.42
重庆	3.11	3.33	4.42	5.08	5.94	5.55	5.59	5.50	6.47	7.45
贵州	4.96	4.92	6.13	6.40	7.49	7.83	7.70	7.30	7.42	8.56
武陵山片区所跨四省市加权平均数	3.65	4.09	4.98	5.51	6.90	6.88	7.22	6.90	7.21	8.20

注：医疗卫生支出占国家财政支出比例，2013年是医疗卫生与计划生育支出占公共财政支出比例，2014年是医疗卫生与计划生育支出占一般公共预算支出比例。

资料来源：根据《中国统计年鉴》（2006—2015年）数据计算得到。

① 参见王石川《户籍改革：剥离福利不如拆除藩篱》，中国经济网，http://blog.ce.cn/in。

从表4－26中可以看出，2005—2014年全国、武陵山片区所跨四省市和广东的医疗卫生支出占财政支出的比例在不断提高。当然，与发达国家相比，仍存在很大差距。

从表4－23、表4－24和表4－25中可以看出，2005—2014年，武陵山片区所跨四省市每万人口卫生机构数和每万人口卫生床位数、每万人口卫生人员数都低于全国水平（2012年、2013年和2014年武陵山片区所跨四省市每万人口卫生机构床位数除外），其他卫生资源也存在相对不足的情况。武陵山片区所跨四省市的医疗卫生资源还相对欠缺，说明还有很大的上升空间。

《中国农村贫困监测报告2011》显示，农村居民患有疾病时，能够及时就医的比例较高，达到了87.8%，不能及时就医的比例为12.2%，不能及时就医的最主要原因是家庭经济困难和距医院太远。[①] 武陵山片区贫困人口的收入依然不高，尽管新型农村合作医疗的参保率已达到90%以上，依然存在一部分贫困人口无法支付高昂的医疗费用、看不起病的现象，贫困人群的医疗健康需求还需要制度的进一步完善，片区的农村医疗设施依然不够完备。

（二）城乡之间的医疗卫生资源差距较大

我国是一个卫生资源总体不足的国家，我国人口占世界人口的22%，却只拥有世界2%的医疗卫生资源，而这其中只有将近0.4%真正被广大农村地区拥有。[②] 城乡之间在健康投资方面差距较大，这一点不论是从资金投入、人才配置，还是从医院设备来看都比较明显。2011年卫生部的统计资料显示，2010年国家财政用于医疗卫生开支179亿元，其中用到乡镇卫生院的只有不到30亿元，也即2010年乡镇卫生院只用了国家财政医疗卫生开支中的不足17%，其余的83%都用到了城市医院设备的更新、医护人员技术的提高和医

① 国家统计局住户调查办公室：《中国农村贫困监测报告2011》，中国统计出版社2011年版。

② 高强：《全面树立和落实科学发展观，推进卫生事业的改革与发展——在2005年全国卫生工作会议上的工作报告》，2005年1月10日。

疗环境的改善。由于缺少国家财政足够的支持，不少乡镇卫生院正面临着利用率低的严峻形势，设备陈旧，必要的医疗设备和技术人员也非常欠缺。村卫生室的情况则更为糟糕，缺医少药的情况经常发生，医疗保健得不到有效保证，甚至有的村庄根本就没有设立村卫生室，更谈不上公共卫生和医疗保健，农民看病难和因病致贫、返贫的现象经常发生。

不同经济发展水平的武陵山片区农村之间健康投资的差距也较大。从《中国统计年鉴2015》中的每千农业人口乡镇卫生院床位数可以看出，武陵山片区所跨四省市中的贵州为3.44张，湖北为4.03张，贵州只有湖北的85.36%。全国、广东和武陵山片区所跨四省市的每千人口医疗卫生机构床位数的城乡差别也较大（见表4－27）。

表4－27　武陵山片区所跨四省市、广东、全国2014年城市和农村每千人口医疗卫生机构床位数　单位：张

地区	城市	农村	平均床位数
全国	7.84	3.54	4.85
广东	7.49	2.57	3.78
湖北	7.97	4.03	5.46
湖南	10.18	3.77	5.28
重庆	5.71	3.90	5.37
贵州	10.06	3.44	5.19

注：每千人口医疗卫生机构床位数的平均数是以2014年年底该地区常住城市和农村人口各自占该地区常住人口的比例为权数计算而来的。

资料来源：《中国统计年鉴2015》。

以上数据表明，武陵山片区所跨四省市的城乡之间以及农村与农村之间，在医疗卫生资源投入上的差距非常明显。

（三）个人营养摄入不足、膳食搭配不均衡

营养对健康产生重要影响，营养不足也会导致贫困。营养均衡对个人的工作效率、工作参与率产生积极的作用，对后代体质的改善和提高有积极影响，同时营养费用支出会带来家庭负担。武陵山片区外出务工人员较多，大多从事劳动密集型岗位，体力消耗较大，但由于收入较低，只求解决温饱，不讲究营养、膳食搭配。营养摄入不足或膳食搭配不均衡必然导致营养不良，这样就会缩减他们的劳动参与时间，降低其劳动效率，从而产生“营养贫困”，并有可能形成营养不良与贫困的恶性循环：营养不良—身体素质较低—劳动参与时间少或劳动效率不高—收入减少—贫困—更严重的营养不良。

营养学的观点认为，儿童营养缺乏会带来一些不好的后果，比如早期发育不良、神经损伤、大脑发育不全、智力低下，还有学习能力较差等。朱玲（2002）认为，发育不良的儿童大约有10%的人长大成人后成为低能人群的概率较大，比正常儿童2%的比例高出8个百分点。武陵山片区一些贫困家庭长期处于这种营养不良的困境，有些家长认为再苦也不能苦孩子，也担心其后代和他们一样陷入贫困，即出现贫困的代际传承情况。为了避免其后代的身体健康受到严重影响，他们会倾其所有给孩子提供较好的条件，让孩子们能摄入健康发育所必需的营养，但是这样一来会给本就不宽裕的家庭带来不小的负担，使其贫困雪上加霜。

（四）居民健康投资观念落后、淡薄

武陵山片区居民整体受教育程度偏低，受风俗习惯、传统文化思想和一些陈规陋习的强烈影响，卫生保健意识淡薄，忽略对自身健康的投入，不太清楚卫生保健也是一种投资，会带来长远效益。由于收入水平不高，居民消费结构受其影响和制约，居民消费结构不合理，重教育、轻健康。健康投资是个长期过程，不管是城镇居民还是农村居民，一般情况下，首先是考虑满足衣、食、住、行等基本生活需求，往往只有在生病的情况下，才会感觉到健康投资的重要性，再来考虑医疗卫生投资，人们的健康意识淡薄，健康投资的排序靠后。适当的运动和锻炼可以强身健体，可以提高自身的抵抗力和免疫力，是获取和保持健康的低成本而有效的途径之一。但有些居民缺乏保健意识，无意参加运动或锻炼。当然，武陵山片区的农村缺少基本的活动设施或场所也是原因之一。据中国群众体育调查课题组（2005 年）《中国群众体育现状的调查与研究》的数据，我国农村居民愿意参与健身活动的比例仅为 28.9%，比例太低，不利于农村居民健康的改善和体质的提高。另外，居民对投资的选择比较谨慎，会进行成本效益分析，多半会以预期目标为标尺，只有未来收益能够预见且较明显时，才会选择对健康进行投资。

（五）高素质医疗人才严重流失

在医疗资源不丰富且改善力度不强的同时，武陵山片区出现了健康人力资源流失的现象，即高素质医疗人才外流，严重制约着武陵山片区医疗卫生服务能力和质量的提高，居民对医疗保健和卫生服务的利用也受到限制。作为治病救人的医疗卫生机构，除能够提供满足人们健康卫生需要的良好运转的硬件基础设施、医疗设备外，还必须要拥有高素质的专业技术人才。不论从武陵山片区目前的生活和工作条件还是从教育人力资本投资回报来看，综合大学和专业院校培养的医学类专业的大学毕业生，绝大部分会选择留在城市工作，而且很多专业性强、技术过硬的人才会选择到沿海经济发达城市工作，而不愿意去内地经济欠发达的武陵山片区工作。甚至是来自武陵山片区本地的医学类高校毕业生，也不愿意回到生源地的基层卫生机构。在大部分乡镇卫生院的卫生技术人员当中，医疗临床技术过硬的医护人员所占比例偏低，往往是业务水平一提高人就调到更高层次的医院或到经济发达的东部城市工作。目前，各地县市的卫生学校和护校培养的一批批中专学生，成为基层卫生机构的中坚力量，在经济欠发达的武陵山连片特贫地区，中专生比例偏高，大专及以上学历者比例较低。

本章小结

本章主要介绍武陵山连片特困地区教育人力资本和健康人力资本的现状。对人力资本丰裕系数和健康人力资本存量进行了测算，得出以下两方面的结论：

一 人力资本丰裕系数

教育人力资本形成的途径主要有正规教育和在职教育，对这两类教育人力资本存量进行测算。对于教育人力资本存量，本书以平均受教育年限作为衡量指标，构建人力资本丰裕系数模型，通过数据的整理和计算发现：

第一，武陵山片区的正规教育和在职教育人力资本存量偏低。从武陵山片区各个阶段学生数占全国的比例可以看出，武陵山片区各个阶段的在校学生人数偏低，受教育的人口主要集中在小学教育水平上，而且高等教育阶段的在校学生人数较少，这表明武陵山片区的高等教育发展水平偏低。从职业培训机构、就业培训中心、技工学校的个数和培训人数及结业人数来看，武陵山片区在职教育的情况与全国存在较大差距，跟广东比较，差距更大。在职培训的开展在武陵山片区所跨四省市内部之间还十分不均衡。贵州在职培训情况最差。从教育人力资本丰裕系数来看，武陵山片区所跨四省市中最高的是湖北（1.609），最低的是贵州（1.409），均低于全国水平（1.631），更低于广东（1.636），这说明武陵山片区教育人力资本存量比较低。

第二，武陵山片区人口的平均受教育年限仍处于较低水平。以平均受教育年限计算的武陵山片区所跨四省市的教育人力资本存量呈逐年递增趋势（从以第五次人口普查资料计算的6.27年增加到以第六次人口普查资料计算的7.43年），但仍然低于全国平均受教育年限（8.16年）和广东的平均受教育年限（8.54年），所以武陵山片区的教育还处于全国很低的水平，与东部发达省市的差距明显。

造成武陵山片区教育发展落后的原因很多，主要是武陵山片区经济基础薄弱、经济发展速度缓慢、教育投资严重不足、教育投资渠道单一、对政府的依赖性强、社会力量办学薄弱。这导致武陵山片区教育人力资本存量规模相对较小、高层次人才流失严重、积累速度也很缓慢。整体来看，武陵山片区所跨四省市的教育人力资本投资总量水平低于全国平均水平，更低于广东，比如2013年武陵山片区所跨四省市教育总经费的79.5%为国家财政性拨款，其余教育经费款项仅占20.5%。各级教育生均教育费用还很低，差距非常明显。

武陵山片区目前存在的教育人力资本方面的问题无疑会限制武陵山片区人力资本作用的有效发挥。为此，充分认识教育投资对区域经济增长的影响，已经非常重要和紧迫。

二　健康人力资本存量测算

随着人力资本理论的不断发展，健康人力资本逐步引起人们的重视。本章介绍了健康人力资本投资的内涵，从健康经费投入和健康设施建设两方面来把握健康投资的途径，认为卫生、医疗和保健支出等投资都可以形成健康人力资本。关于健康人力资本存量的测算，本书选取三类指标，即预期寿命、医疗保健、卫生服务方面的指标。从数据的整理和计算结果发现：

第一，随着武陵山片区医疗卫生保障体系的逐步完善、社会经济的快速发展、人民生活水平的不断提高，国民整体健康水平有较大幅度的提高，人口平均预期寿命继续延长，且女性平均寿命均高于男性，但与全国及广东比较，还有较小差距，2010年，武陵山片区的加权平均预期寿命为74.24岁，低于全国（74.83岁）和广东（76.49岁），武陵山片区所跨四省市之间也有差异。

第二，武陵山片区的人均医疗保健支出也有所提高，城镇人均医疗保健支出从2005年的538.57元增加到2014年的1148.61元，增幅达 113.27%，农村人均医疗保健支出从 2005 年的 136.58 元增加到 2014 年的 726.71 元，增幅达 432.08%。但武陵山片区所跨四省市之间以及与发达地区之间的人均医疗保健支出差距比较明显。如 2014 年贵州农村的人均医疗保健支出为 373 元，而湖北为 907.3 元，后者是前者的 2.43 倍，2014 年贵州的城镇人均医疗保健支出为 927.4 元，而湖南为 1209.8 元，后者是前者的 1.3 倍。但相对于 10 年前的人均医疗保健支出，武陵山片区所跨四省市与广东之间人均医疗保健支出的差距逐年缩小。

第三，武陵山片区所跨四省市的每万人口卫生机构数差别较大，但各省市 2005—2014 年每万人口卫生机构变化不大，武陵山片区所跨四省市、广东和全国的每万人口卫生机构数 2005—2014 年虽然有些年或下降或上升，但总体呈现上升趋势。武陵山片区所跨四省市每万人口卫生床位数，差距不是很大，10 年来，这方面的差距进一步缩小，每年均有所上升。样本地区各省市每万人口卫生人员数差距较大，10 年来，各个省市之间每万人口人员数的差距进一步缩小，每年均有所上升，但增幅均低于全国，更低于广东，这 10 年来，武陵山片区每万人口卫生人员数的增幅为 69.28%，全国为 61.66%，广东为 98.11%。

本章综合分析健康人力资本的影响因素，发现武陵山片区在健康人力资本投资方面仍然存在很多宏观和微观方面的问题，如医疗卫生资源不足、政府医疗卫生投入较少、城乡之间投资水平差距较大、居民医疗保健意识淡薄等。健康人力资本投资是间接投资、引致投资，是通过提高与健康人力资本相关的各种因素来促进经济增长。因此，分析健康人力资本的现状，对缩小与发达地区的差距并促进区域经济增长的意义重大。

第五章　教育与健康对武陵山片区经济增长影响的实证研究

教育和健康已经成为主流的经济增长理论研究的要素，它们以各自的方式推动经济增长，两者的作用机理具有差异性。尤其是在经济相对滞后的连片特困地区，教育和健康对经济增长的推动力度小于经济发达地区，但对于连片特困地区而言，这两个要素是经济增长和脱贫的关键。本章将利用数据分析武陵山片区的教育和健康对区域经济增长的影响及其程度，并与其他发达地区相比，指出本地区的优劣势及分析关注的重点。为了实现上述研究目标，本章首先梳理了国内外相关研究的理论模型，并构建了本书研究的模型；其次在数据支撑下检验样本地区要素之间的关联性；最后得出结果和提出建议。

第一节　理论模型梳理与构建

一　经济增长模型中的教育变量

（一）菲德模型

菲德模型（Gershon Feder，1983）[①]最初是用于解释区域经济体的出口贸易对区域经济增长的影响。后来很多经济学家将此模型应用到更多

① Gershon Feder，"On Exports and Economic Growth"，Journal of Development Economics，1983，Vol. 12，No. 1，pp. 59 – 73.

的领域，其中一个应用领域是关于教育投资对经济增长的影响。

将教育投资分为两个类型：教育部门投资和非教育部门投资。它们的生产函数分别为：$E=f(L_e, K_e)$ 和 $N=g(L_n, K_n, E)$。E 代表教育部门的产出，N 代表非教育部门的产出，L 和 K 表示劳动和资本两种不同的生产要素，下标 e、n 表示教育部门和非教育部门。在非教育部门的产出方程中，E 作为非教育部门的投入，N 是其他非教育部门的产出。L 和 K 分别表示为：$L=L_e+L_n$ 和 $K=K_e+K_n$。两个部门产出之和为社会总产出，即 $Y=E+N$。

利用菲德模型，可以将教育和非教育两个部门的劳动和资本的边际生产效率之间的关系表示为：$\frac{f_l}{g_l}=\frac{f_k}{g_k}=1+\delta$。其中，$f_l$、$f_k$、$g_k$ 和 g_l 分别表示劳动和资本的边际产出，δ 表示教育部门和非教育部门边际生产效率之间的差异。δ 取值可以是负值、零和正值。

（二）柯布—道格拉斯增长模型

在亚当·斯密的研究中早已将教育和学习看成社会财富增长的两大重要因素，且认为个体在教育和学习过程中的付出和支出是可以得到对等或更高程度的补偿。并且在学习和教育的过程中，个体的技能水平得到进一步提升，而这是社会进步和经济增长的源泉。这也成为后来学者们用经典的柯布—道格拉斯生产函数来解释教育对经济增长作用的基础。其基本的函数形式为：$Y=AK^{\alpha}L^{\beta}$。其中，Y 表示产出，A 表示技术进步，K 表示物质资本，L 表示劳动力，系数 α 和 β 表示经济增长对资本和劳动力的弹性。在经济学家的研究过程中，经济增长包括三个主要的变量：物质资本、人力资本和技术进步。索洛利用美国的数据，验证了技术进步对经济增长的作用，技术进步对经济增长贡献为60%。教育投资在经济增长过程中起到至关重要的作用，将上述的柯布—道格拉斯生产函数进行修正之后变为：

$$Y=AFI^{\alpha}EI^{\beta}L^{\lambda} \tag{5.1}$$

其中，Y 表示经济产出，A 表示技术进步，FI 表示物质资本投资，EI 表示教育投资；L 为参与教育活动的劳动力。对上述的生产函数进行变形，两边取自然对数，且加入随机误差项 ε，建立回归模型如下：

$$\ln Y = \ln A + \alpha \ln FI + \beta \ln EI + \lambda \ln L + \varepsilon \tag{5.2}$$

其中，a、β、λ 分别是产出对固定资本投资、教育投资与劳动力的弹性。

二 经济增长模型中的健康变量

另一个与教育具有同等价值的要素——健康逐渐成为学者们研究经济增长源泉的关键要素。也有很多学者认为健康变量是从教育变量中分离出来的，由此可见，在传统的经济增长模型中，人力资本可以通过教育投资和健康投资形成。基本模型框架为：

$$Y = f(K;\ L;\ HS;\ HI;\ ES;\ EI;\ \varepsilon) \tag{5.3}$$

其中，Y 表示区域经济产出水平，用年度 GDP 来代表；K 是物质资本投资，用物质资本投资占整个 GDP 中资本投资的比例表示；L 为劳动力；HS 为健康人力资本的存量；HI 为健康资本投资；ES 为教育人力资本的存量；EI 为教育投资；ε 为随机误差项。

回归模型的具体函数形式为：

$$Y_0 = \alpha_0 + \alpha_1 K + \alpha_2 L + \alpha_3 HS + \alpha_4 HI + \alpha_5 ES + \alpha_6 EI + \varepsilon \tag{5.4}$$

将健康作为一种非常重要的因素纳入经济增长模型中，其中一个主要原因是“健康能够延长个体寿命”，进而提高个体的劳动生产率。本书将从以下两个方面进行分析：一是分析寿命对于经济增长的作用；二是阐述婴儿死亡率对经济增长的影响。

（一）寿命的经济增长效用分析

寿命既是个体在生存过程中关注的重要因素，也是个体进行教育人力资本投资的主要基础，是生产活动的基本保障。

在传统的经济发展过程中，个体劳动的数量和质量是追求的主要目标，此目标具有双重性：一是预期更多的子女，二是预期子女有更高水平的健康。假定父母在生产过程中预期抚养子女是为了获得更多的效用，一是子女生存条件下总的预期寿命之和带来的效用；二是子女的人力资本投资及其积累程度的效用。假定子女在婴儿期的死亡率为$\beta \geqslant 0$，但在生存着的婴儿当中有部分不能够生存到成年，也不能够享受长度为 T 的寿命。将生存的婴儿数量 n 设置为一个连续性变量，则生存到成年的小孩数量为$(1-\beta)n$，总的寿命长度为$(1-\beta)nT$。由此可知，某个成年人从子女出生到成年的过程中获得的效用总量为$\rho[(1-\beta)nT]$，总效用函数性质为单调递增，即$\rho'(\cdot)>0$和$\rho''(\cdot)<0$。子女的教育储备量主要来自父母的教育和观念，并记为 h_c。父母在各自的付出中，他们会有一个风险规避系数 α，其中系数 α 的取值范围为$[0, 1]$。由此得出，父母在子女一代获得的效用总和为$\rho[(1-\beta)nT](h_c^{\alpha}/\alpha)$。

假定个体在每期的消费数量为 c，由此获得的效用为风险规避形式的函数，父母在消费层面上获得总效用水平为 $T(c^{\sigma}/\sigma)$，其中 $0<\sigma<1$，具体的函数形式为：

$$T\frac{c^{\sigma}}{\sigma}=\rho[(1-\beta)nT]\frac{h_c^{\alpha}}{\alpha} \tag{5.5}$$

所以，上述的效用函数中，个体寿命长短 T 可以直接影响到教育投资的收益期和对经济增长的程度。假定 β 系数为0。由于变量 n 和 T 之间存在相互替代的关系，上一代对下一代的影响不仅是数量，还包括下一代的寿命，且上一代的影响程度也在某种程度上决定了下一代的寿命预期，可以概括为：

$$e^2h_{\rho}=Tc+eh_{\rho}bn \tag{5.6}$$

其中，$Tc+eh_{\rho}bn=Teh_{\rho}-e^2h_{\rho}$，且 $e=T/2$，$de/dT=1/2$，b 为生育率，h_{ρ} 为人力资本的初期储备值。继而可知，教育人力资本投资会随着寿命预期的提高而增长。由于教育人力资本与寿命预期之间存在线性关系，则：

$$\rho(nT)(beh_{\rho})^{\alpha-1}=nc^{\sigma-1} \tag{5.7}$$

当区域经济增长达到一定水平时，会到达一个稳态的水平，个体在获得收益之后的消费 c 和人力资本的初期储备值 h_{ρ} 在一定程度上不断增长。教育对经济增长的贡献率 γ 主要由教育投资之后的生产性函数的性质所决定，得到 $1+\gamma=h_c/h_\rho=be$，结合 $lh_\rho e=Tc$，c 和 h_ρ 之间存在着正相关性。另外，$H_\rho=eh_\rho$，γ 处于上升阶段会直接影响并使 H_ρ 处于增长趋势。综上所述，寿命预期 T 对教育的经济增长贡献率的影响为：

$$\frac{d(1+\gamma)}{dT}=b\frac{de}{dT}+e\frac{db}{dT}(\text{结果为正值}) \quad (5.8)$$

（二）婴儿死亡率的经济增长效用分析

上述对于寿命预期与经济增长贡献之间关联性表述过程中，假定 β 为零，即婴儿死亡率为零。在此部分将放宽假设，$\beta>0$。由此可以得出，系数 β 与人力资本存量的贡献系数 α 之间的关系：

$$(1-\beta)nT\rho'[(1-\beta)nT]\rho[(1-\beta)nT]=\alpha \quad (5.9)$$

由式（5.9）可得：$dn/d\beta=n/(1-\beta)>0$。由于理论模型论述过程中下一代的寿命预期的总长度是一定的且不会发生变化，即上述提及的 n 和 $1-\beta$ 之间存在着相互替代的关系。寿命预期和死亡率之间存在着这样一个逻辑联系，即一旦婴儿的死亡率提升，则为了保持同等的生产率和教育对经济增长的贡献，则上一代需要更多的下一代，即提高生育率。与寿命预期的影响一样，此处的系数 $e=T/2$，且对于死亡率 β 的导数为零，即 $de/d\beta=0$。可以得出均衡状态下经济增长贡献率的条件：

$$\frac{db}{d\beta}=\frac{(\sigma-1)bnc^{\sigma-2}-2c^{\sigma-1}}{(1-\beta)[(1-\sigma)nc^{\sigma-2}h_\rho+\rho(1-\beta)T](1-\alpha)h_\rho h_c^{\alpha-2}T}<0 \quad (5.10)$$

$$\frac{dc}{d\beta}=\frac{\rho[(1-\beta)nT](\alpha-1)h_c^{\sigma-2}h_eeb+nc^{\sigma-1}}{(1-\beta)[(1-\sigma)nc^{\sigma-2}+\rho(1-\beta)T](1-\alpha)h_c^{\alpha-2}T} \quad (5.11)$$

由式（5.10）和式（5.11）的约束条件可知，婴儿死亡率由于健康水平的提升（健康观念和投资的增加）而降低，上一代群体不需要依靠高生育率来提高劳动力数量，即生育率降低，继而社会人力资本投资（教育投资）效率较高，这种生育率的降低也不会降低上一代人对于教育的信心，可能还会增加其对教育的投资。不仅如此，因为有了更多的剩余资本，上一代个体的消费量也会增加。此时的经济增长则主要来源于健康投资，即投资的增长率要不低于 $1+\gamma=be$，而此增长率实现的约束条件则为 $d(1+\gamma)/d\beta=e(db/d\beta)<0$。由此可知，较低的婴儿死亡率与经济增长贡献率之间的关系是负相关的，即较低的死亡率促进经济增长。

三　嵌入教育和健康的经济增长模型

在上述教育和健康两大类经济增长模型论述中，本书研究模型也逐渐清晰，为了与搜集数据类型与质量匹配，本书构建的计量模型同时嵌入教育和健康两类影响变量，即为：

$$Y=f(E, H, X) \tag{5.12}$$

其中，Y 表示地区经济产出，E 是地区教育人力资本，H 表示地区的健康人力资本，可以用预期寿命和婴儿死亡率来表示，而变量 X 则为控制变量。

在具体的模型中涉及的主要变量有 Y、K、L、h 和 H。Y 表示经过价格因素削减后的 GDP 水平。K 则表示消除价格影响之后的资本存量，其主要通过戈德史密斯的“永续盘存法”来获得，即：

$$K_t=K_{t-1}(1-\delta_{t-1})+(I_t/P_t)\times 100$$

其中，K_t、I_t 和 P_t 分别表示 t 期的资本存量、投资和价格指数（以 2000 年为基期），K_{t-1} 和 δ_{t-1} 表示前一期的资本存量和折旧率。

L 表示劳动力数量；h 表示人力资本投资程度。但考虑到各个层级的受教育水平对经济增长贡献率的差异，使用加权处理，综合后得：

$$h=\sum_{i=1}^{n} h_i\beta_i \tag{5.13}$$

其中，i 表示受教育的层级（$i=1, 2, \cdots, n$），h_i 表示各个层级平均受教育状况，β_i 表示各个层级受教育人口所占的比例；E 则主要衡量地区总体教育人力资本，即 $E=L\times h$。

$$H_t=\alpha_0+\alpha_1 I_{H_t}+\alpha_2 G_{H_t}+\alpha_3 X_t+\varepsilon_t \tag{5.14}$$

其中，H_t、I_{H_t}、G_{H_t}、X_t 和 ε_t 分别表示第 t 期的健康人力资本、

社会的健康投资、政府的健康投资、各种控制变量和随机误差项。健康水平成为经济增长模型中一个重要变量。

由此，嵌入教育和健康因素的经济增长模型可表示为：

$$\ln Y_t = \beta_0 + \beta_1 \ln K_t + \beta_2 \ln H_t + \beta_3 \ln E_t + \beta_4 X_t + \varepsilon_t \quad (5.15)$$

即收入（Y_t）与物质资本存量（K_t）、健康水平（H_t）、总体教育人力资本（E_t）以及控制变量（X_t）之间的关系。由于健康投资能在以后各期带来收益，具有滞后性，所以加入滞后 1 期的健康人力资本，由此得到第二个回归模型：

$$\ln Y_t = \gamma_0 + \gamma_1 \ln K_t + \gamma_2 \ln H_t + \gamma_3 \ln H_{t-1} + \gamma_4 \ln E_t + \gamma_5 X_t + \varepsilon_t \quad (5.16)$$

第二节 研究过程：模型与数据拟合

在理论模型梳理基础上，笔者利用武陵山片区的数据对模型（5.14）和模型（5.17）进行估计：一是分析教育对地区经济增长的作用，二是分析健康对地区经济增长的作用。

一 教育与武陵山片区的经济增长

（一）数据来源

本章所使用的数据主要来源于武陵山片区所跨省、州、区的统计年鉴和《中国教育经费统计年鉴》，选取 2005—2014 年的数据，变量涉及片区各个县市的 GDP（Y）、教育性财政支出（EI）、固定资产投资（FI）和就业人口数（L），估计时将价格因素的影响剔除，以 2005 年为 100。

（二）时间序列数据的平稳性检验

ADF 单位根检验是判断数据是否具有平稳性的一种方法。

利用武陵山片区所跨四省市 2005—2014 年的数据，使用 Eviews 5.0 统计软件包进行分析，目的是为了验证教育投资结构的优化率（EISR）和经济增长贡献率（EIR）是否具有平稳性特征，结果见表 5－1 和表 5－2。

表 5－1　　EISR 的 ADF 单位根检验

变量	检验类型	ADF 值	临界值（α＝0.05）	检验结果
EISR	无常数项，无趋势项，P＝0	2.167221	－1.833851	非平稳
	有常数项，无趋势项，P＝0	0.274933	－2.891783	非平稳
	有常数项，有趋势项，P＝0	－4.189675	－3.670632	平稳
	无常数项，无趋势项，P＝1	2.367814	－1.853858	非平稳
	有常数项，无趋势项，P＝1	－0.432275	－2.897128	非平稳
	有常数项，有趋势项，P＝1	－3.230543	－3.674892	非平稳
	无常数项，无趋势项，P＝2	1.976824	－2.016542	非平稳
	有常数项，无趋势项，P＝2	－0.213987	－2.897351	非平稳
	有常数项，有趋势项，P＝2	－5.573614	－3.487392	平稳
ΔEISR	无常数项，无趋势项，P＝0	－4.214961	－1.943672	平稳
	有常数项，无趋势项，P＝0	－5.148736	－2.879034	平稳
	有常数项，有趋势项，P＝0	－4.782562	－3.658032	平稳

表 5－2　　EIR 的 ADF 单位根检验

变量	检验类型	ADF 值	临界值（α＝0.05）	检验结果
EIR	无常数项，无趋势项，P＝0	1.404523	－1.863972	非平稳
	有常数项，无趋势项，P＝0	－1.263293	－2.872583	非平稳
	有常数项，有趋势项，P＝0	－2.160362	－3.570236	非平稳
	无常数项，无趋势项，P＝1	0.986362	－1.838591	非平稳
	有常数项，无趋势项，P＝1	－1.634872	－2.876462	非平稳
	有常数项，有趋势项，P＝1	－3.596364	－3.485752	非平稳
	无常数项，无趋势项，P＝2	1.544793	－1.845448	非平稳
	有常数项，无趋势项，P＝2	－1.453609	－2.838197	非平稳
	有常数项，有趋势项，P＝2	－2.175542	－3.685437	非平稳
ΔEIR	无常数项，无趋势项，P＝0	－3.562746	－1.893835	平稳
	有常数项，无趋势项，P＝0	－3.894364	－2.876849	平稳
	有常数项，有趋势项，P＝0	－3.798362	－3.453257	平稳

在置信水平为5%的情况下，不同检验类型下的EISR的ADF值普遍大于α=0.05的临界值，说明在EISR的原始序列中存在单位根，即数据表现出非平稳性。进行一阶差分后，ΔEISR的ADF值小于α=0.05的临界值，说明EISR序列经过差分后具有平稳性。即EISR原始序列是服从I（1）的非平稳性过程，而一阶差分后的序列服从I（0）的平稳性过程。

在不同的检验类型下EIR的ADF值大于α=0.05的临界值，说明了EIR表现出非平稳性。一阶差分后ΔEIR的ADF值小于α=0.05的临界值，说明EIR序列经过差分后具有平稳性。即EIR原始序列服从I(1）的非平稳性过程，而一阶差分后序列服从I(0）的平稳性过程。

用单位根检验（ADF）方法对2005—2014年样本地区生产总值（lnY)与区域的财政性教育经费支出（lnEI)，以及固定资产投资（lnFI)、就业人口数（lnL）四个时间序列进行检验，结果见表5-3。

表5-3　　模型中变量的ADF单位根检验

变量	ADF统计量	5%临界值	1%临界值	结论
lnY	-0.662806	-2.986225	-3.724070	非平稳
lnEI	-0.397144	-2.998064	-3.752946	非平稳
lnFI	-0.775466	-2.976263	-3.699871	非平稳
lnL	-2.049776	-2.976263	-3.699871	非平稳
D（lnY)	-2.996559	-2.986225	-3.724070	平稳
D（lnEI)	-3.252237	-2.986225	-3.724070	平稳
D（lnFI)	-4.233550	-2.981038	-3.711457	平稳
D（lnL)	-4.688367	-2.981038	-3.711457	平稳

注：由表中的结果可以看出，lnY、lnEI、lnFI、lnL的原序列是非平稳的，一阶差分序列在5%的显著性水平下是平稳的，即lnY、lnEI、lnFI、lnL是一阶单整序列。

（三）Johansen 协整检验

从上述的检验结果可知，教育投资结构优化率和区域经济增长贡献率在某种程度上都是一阶非单整序列，但可能存在某种具有平稳性的线性组合，即可能存在变量之间长期的稳定关系，即协整关系。下面来检验教育投资结构优化率和区域经济增长贡献率之间是否存在协整关系。

1. 确定滞后期数

对于协整检验来说，主要是根据 LR、AIC 和 SC 值利用 VAR 模型确定滞后期数，EISR 和 EIR 两个变量的滞后期为 1、2、3 和 4 时三个统计量的值见表 5－4。

表 5－4　　滞后 1、2、3、4 期的统计量的值

统计量	VAR（1）	VAR（2）	VAR（3）	VAR（4）
LR	128.7468	130.9543	128.1456	125.2584
AIC	－8.502839	－8.846520	－8.746527	－8.496301
SC	－8.120147	－8.1207261	－8.438265	－7.789302

由表 5－4 可知，AIC 的最小值是滞后 2 期的值，而 SC 的最小值是滞后 1 期的值，因此无法确定滞后期数。用 LR 统计量继续进行检验。

$$LR = -2 \times (\ln l_1 - \ln l_2) = -2 \times (128.7468 - 130.1456) = 2.7976 \quad (5.17)$$

式（5.17）中，l_1 和 l_2 分别为滞后 1 期和滞后 2 期时的似然函数值，在零假设下，LR 统计量与渐进的 χ^2 分布类似，自由度为 4，利用 Genr 命令可算得检验的伴随概率 $P = 0.3620 > \alpha = 0.05$，接受假设，因此采用滞后 1 期的模型。

2. EISR 和 EIR 的 Johansen 协整检验

在此，笔者将检验 EISR 和 EIR 之间是否存在协整关系，其中主要选择含常数项和不含趋势项的 Johansen 协整检验，结果见表5－5。

表 5－5　　滞后 1 期的 Johansen 协整检验

零假设协整方程数	特征值	最大特征值	5%临界值	P 值
0*	0.48379	17.37682	15.79217	0.0099
至多 1 个	0.25103	7.31433	9.14655	0.1160

注：* 表示 5% 的置信水平。

数据检验的结果显示，在假设“不存在任何变量之间的协整关系”下，置信水平 5% 下的最大特征值大于临界值，因此拒绝了“不存在任何变量之间的协整关系”的原假设，这说明了 EISR 和 EIR 之间至少存在一个协整关系方程。在假设“最多存在一个协整关系方程”下，置信水平 5% 下最大特征值小于临界值，与此对应的概率水平为 0.1160，则显示不能拒绝原假设，即在置信水平 5% 下，EISR 和 EIR 至少存在一个协整关系方程，协整关系方程的参数估计值见表 5－6。

表 5－6　　协整关系方程的参数估计值

EISR	EIR	C
1.000000	－0.364581 (0.023188)	－0.456192 (0.017250)

注：括号内为渐近标准误差值。

从上述的协整关系方程模型来看，EIR 的系数为 0.364581，即 EIR 每提高 1%，则 EISR 可以提升 0.364581%。这说明，区域经济增长过程中教育投资结构的优化有重要的促进作用。

3. 协整检验的结果分析

由前面的单位根检验知道，lnY、lnEI、lnFI、lnL 是一阶单整的，下面用 E - G 两步法来估计回归方程。

首先建立 lnY 和各个变量之间的回归方程，然后对其残差进行平稳性检验，得到的结果如下：

$$\ln Y = 0.840324 + 0.647395\ln FI + 0.252624\ln EI + 0.260734\ln L$$

$$t = (0.383273)\ (5.737533)\ (2.632521)\ (1.188607)$$

$$R^2 = 0.998116,\ \overline{R}^2 = 0.9978881,\ F = 4238.951\ \ DW = 0.460266 \quad (5.18)$$

（1）多重共线性：从回归结果可以看出，这个模型的拟合程度很高，F 值很高，t 值却比较低，解释变量间可能存在多重共线性。于是利用逐步回归法消除解释变量间的多重共线性，因为 ln$L$ 变量未通过 t 检验，为此将它从原模型中剔除。

（2）异方差检验：由数据计算可得，$nR^2 = 9.130408 < \chi^2_{0.05}(511.0705)$，模型通过 White 检验，可知模型中不存在异方差。

（3）自相关：在新模型下 DW = 0.446571，在 5% 的置信水平下，$D_L = 1.255$，$D_U = 1.560$，由此模型存在自相关。因此对模型采用一阶差分法进行消除，得到如下模型：

$$\ln Y = 3.4822328 + 0.532549\ln FI + 0.112914\ln EI + [AR(1)(0.505435)]$$

$$t = (18.90103)(6.185851)(2.059630)(2.467397)$$

$$R^2 = 0.999129,\ \overline{R}^2 = 0.999015,\ F = 8794.446 \quad (5.19)$$

此模型较好地消除了自相关，F 检验和 t 检验均可通过。

（4）结果分析：回归结果表明，第一，模型调整后的可决系数 R^2 在 0.99 以上，F 值、t 值均在 5% 的水平上显著，这说明模型具有显著的统计意义。第二，教育投资的产出弹性为 0.113，即教育投资每增长 1%，GDP 平均增长 0.113%。固定资产投资的产出弹性是 0.523，这说明固定资产投资依然是经济增长主要源泉，几乎是教育投资弹性系数的 5 倍。因此，教育投资和固定资产投资对经济增长的影响效果均是比较明显的。

（四）不同回归模型的估计结果

为了体现武陵山片区样本的特殊性，本书将从三个模型估计来进行分析，分别是嵌入教育变量的经济增长模型、嵌入有效劳动变量的经济增长模型和教育人力资本投资外部性模型。

1. 嵌入教育变量的经济增长模型

由于武陵山片区所跨四省市数据的差异，为了显示出整个片区的特征，笔者已经进行均值处理（各个变量值回归系数都是在均值情况下进行分析的），得到回归方程估计结果为：

$$\ln Y = \ln A + 0.4526881\ln FI + 0.5221463\ln EI + 1.1455412\ln L$$

$$t = (4.25641) \qquad (4.32158) \qquad (5.24165)$$

$$S.E = (0.089721) \qquad (0.201462) \qquad (0.225431)$$

$$R^2 = 0.854972,\ \bar{R}^2 = 0.868472,\ F = 264.351 \qquad (5.20)$$

从结果上看，模型的拟合程度为 85% 以上，且 F 值较大，各个变量，尤其是教育投资在置信水平为 1% 的情况下通过 T 检验。从回归数据来看，武陵山片区 10 年以来的教育投资已经带来巨大的拉动作用，教育投资每增长 1% 则产出水平增长 0.52%。实证结果与预期之间有较大差异，主要是由于随着外出务工劳动力的增多，贫困地区对于学习和教育的重视程度不断增强，教育带来收入增长的观念越来越强，区域内个体进行的人力资本投资增加，政府也不断加大对基础教育的投资，继而对经济增长过程产生巨大的作用。

2. 嵌入有效劳动变量的经济增长模型

教育人力资本投资可以同时提升个体劳动力的技能水平，且能够将劳动更多地转化为有效劳动。为了测度有效劳动变量，本书用 H_e 来表示教育投资之后的有效劳动，并进行回归分析，结果为：

$$\ln Y = \ln A + 0.374896\ln FI + 0.645218\ln H_e$$

$$t = (4.14582) \qquad (4.25640)$$

$$S.E. = (0.129851) \qquad (0.3012544)$$

$$R^2 = 0.887541,\ \bar{R}^2 = 0.865471,\ F = 260.246 \qquad (5.21)$$

嵌入 H_e 之后的经济增长模型的拟合度在88%以上，F统计量的值较大，说明模型显著。T检验结果显示，人力资本的影响显著，但通过转化后的有效劳动极大地促进了经济增长，且贡献率也相对较高，这来自人力资本存量的增长效应。在数据的标准化后，可以得出经济增长对有效劳动的弹性系数为0.492，则可以估算出经济增长模型为：

$$Y = AFI^{0.508}H_e^{0.492} \tag{5.22}$$

3. 教育人力资本投资外部性模型

不管是个人的教育人力资本投资，还是政府公共教育投资，都能够产生高水平的正向外部性，这也是鼓励武陵山片区省市对高水平教育人力资本进行投资的一个动力因素，因为教育不仅是提高劳动力的知识和技能水平，还是更高的能力储备渠道，教育的正向外部性较高。这种外部性效用的测度步骤是：将经济产出水平减去教育投资和人力资本两个变量之后的经济增长贡献率作为被解释变量，以本书构建的模型为基础进行回归分析。回归方程为：

$$(\ln Y - \ln EI - \ln E) = \ln A + 0.425671(\ln FI - \ln EI - \ln E) + 0.201546h$$

$$t = \quad (4.26841) \quad (0.73560)$$

$$S.E. = (0.110024) \quad (0.313452)$$

$$R^2 = 0.801546, \ \bar{R}^2 = 0.802241, \ F = 45.781 \tag{5.23}$$

从数据与模型的匹配结果上看，拟合程度在80%以上，且F值较大，但与前述两个估计模型相比，拟合程度相对较低。由于总体人力资本在经济增长中贡献被剔除，则各级教育投资加权之后的个体平均人力资本程度对经济增长的贡献显著性较低（h_t 的T检验值较低）。由此可知，在武陵山片区的平均人力资本投资力度并不大，不能够从整体上促进更高程度的经济增长，也能够看出样本地区政府对教育的关注程度及其未来的投资力度着重点。

上述三个模型使用的数据是相同的，但是模型的结果却存在着差异，在样本地区，物质资本投资带来的经济增长是处于第一位的，与劳动力投资的增长幅度相比也是具有明显优势的。这一点也说明了样本地区的经济增长过程中还过多地依赖物质资本和劳动力的投资，值得一提的是，教育投资对经济增长的贡献是显著的，三个估计模型不同程度体现了教育投资总体人力资本和平均人力资本对经济增长的贡献，且都经过了数据的检验，说明样本地区的教育投资的产出还有更大的挖掘空间。

二　健康与武陵山片区的经济增长

（一）ADF 单位根检验与协整检验

武陵山片区省市县的 GDP 水平 DF－GLS 检验如表 5－7 所示。个体健康投资 I_h 和政府健康投资 G_h 之间可能存在着协整关系。首先对变量进行单位根检验。

表 5－7　DF－GLS 检验结果

变量	DF－GLS	显著性水平	时间趋势
lnI_h	I(2)*	10%	有
lnG_h	I(2)	5%	有
lnFI	I(1)	5%	有
lnFI	I(2)	5%	有

注："＊"表示为 KPSS 的检验结果；优先使用 DF－GLS 检验，然后再以 KPSS 检验。

经检验，四个变量之间存在着协整关系。在进行 VAR 估计时，考虑到相对贫困地区的个体健康投资和政府健康投资意识淡薄，将滞后期数定为 3。则 MLE 估计结果显示，变量的系数显著，模型的拟合程度较高（见表 5－8）。

表 5－8　武陵山片区健康投资与经济增长之间的回归结果

变量	常数项	lnK	lnI_h	lnG_h
系数	4.3020	0.5840	0.0492	0.0465
T 统计量	—	6.150	2.681	2.482
P 值	—	0.000	0.000	0.001

回归模型如下：

$$\ln Y = 4.3020 + 0.5840\ln FI + 0.0492\ln I_h + 0.0465\ln G_h \quad (5.24)$$

由模型回归结果可见，经济增长对个体健康投资和政府健康投资的回归系数分别为0.0492和0.0465，虽然健康变量的影响程度较小，但影响显著为正。

（二）健康变量对样本地区经济增长的影响

为反映健康对经济增长的影响，建立模型如下：

模型1：$\ln Y_t = \alpha_0 + \alpha_1\ln X_t + \alpha_2\ln K_t + \alpha_3\ln X_{2t} + \alpha_4\ln K_{t-1} + \varepsilon_{1t}$

模型2：$\ln Y_t = \beta_0 + \beta_1\ln X_t + \beta_2\ln K_t + \beta_3\ln X_{2t} + \beta_4\ln K_{t-2} + \varepsilon_{2t}$

其中，X_{1t}为预期寿命，X_{2t}为婴儿死亡率，K_t为健康投资后形成的资本存量，K_{t-1}和K_{t-2}分别为K_t的滞后1期值和滞后2期值。

模型估计结果见表5－9。

表5－9　武陵山片区经济增长、健康与资本投资

		常数项	$\ln X_{1t}$	$\ln K_t$	$\ln X_{2t}$	$\ln K_{t-1}$	$\ln K_{t-2}$
模型1	系数	-0.2143	0.0089	0.0228	0.0358	-0.0084	—
	T值	-2.8486	2.4681	2.1981	5.1659	-1.3684	—
	P值	0.0018	0.0125	0.0138	0.0000	0.0347	—
模型2	系数	0.0241	-0.0548	0.0381	0.0058	—	-0.0246
	T值	-2.2651	1.7652	2.6304	1.8624	—	-2.3548
	P值	0.0102	0.0326	0.0051	0.0329	—	0.0059

由上述模型可知，资本投资、健康水平以及经济增长三者之间的关系也是比较显著的。模型的拟合程度也是相对较高的。得到的结论如下：

一是物质资本投资在整个经济增长中仍占据重要位置，回归检验的结果显著。随着经济发展程度的深入，资本投资，尤其是固定资产投资给经济增长带来的效果在某种程度上并不明显，但是样本地区的基础设施匮乏，经济增长过程中需要政府的大量固定资产的投资，以此吸引更多的资本进入。从健康投资角度来看，资本投资形成的固定资产则主要表现在提升个体健康的医疗设施的投资建设层面。连片特困地区医疗设施缺乏，对经济增长的拉动作用不明显。由此，样本地区需要进一步加强对医疗基础设施，并加大对各层级医院的投资力度。

二是在模型中加入健康变量后物质资本投资变量显著性降低了，健康水平对经济增长的贡献力度也变小，但 T 检验都是通过的。模型 2 相对模型 1 的系数有所改变，表明了预期寿命对经济增长的影响力度在减弱，但并没有否认预期寿命与经济增长贡献率之间的协整关系，且在检验结果上看还是非常显著的。

由此可知，样本地区的健康水平提高可以有效增加区域内经济增长需要的生产性要素，例如劳动力和人力资本，继而给样本地区经济增长提供一个有效的驱动因素。因此，对于样本地区而言，长期来说健康投资会以两种方式来进一步提升对经济增长的贡献：一是投资过程中形成了健康效应，即提升了劳动力的质量，以及提高了劳动力接受教育的可能性，并带动劳动力生产效率的增长；二是由于个体预期寿命增长，初期的资本积累倾向性较低，使得社会资本的存储率和投资率大幅度提升，物质资本投资力度会加大，间接提高对经济增长的贡献程度。

第三节　实证研究结果及分析

武陵山片区的区域位置具有特殊性，经济增长的来源也有特色，传统的教育投资的作用并不像发达地区那么显著，同时由于地域位置和思想观念等限制，在健康投资方面的举措也并不多。但从上述的模型和数据之间拟合程度来看，总体的分析结果与预期一致，高强度的教育投资（正规和非正规部门）对经济刺激作用也具有显著性，且公共健康投资力度越大也会带来更多的个体劳动生产率的提高。具体表现在以下几个方面：

一 武陵山片区的教育投资对经济增长的贡献

从第二节的模型与数据拟合的情况来看，样本地区的教育水平在某种程度上促进了经济增长，但教育投资对经济增长的贡献不大，连片特困地区的教育投资仍有待加强。根据数据分析的结果，可以清晰了解样本地区教育投资对经济增长贡献有三点作用：

第一，教育投资对样本地区的经济增长贡献具有一个动态特征。从数据结果可以看出，最初的教育投资并没有得到较高的经济增长贡献回报。但是随着政府对于教育的投资，样本地区的经济增长过程依赖传统的资本投资力度逐渐被教育投资取代。一是表现为非正规教育部门对于劳动力的培训力度随着劳动力市场对于技能工种需求的增长而不断加强，间接提升整个区域内劳动力的人力资本储备；二是在资本投资过程中，人力资本也在不断加强，尤其样本地区关于旅游人才培养机制，更是以专业人力资本投资拉动旅游经济的增长。不仅如此，随着样本地区外出务工人员数量的增加，发达地区对于教育的重视以及高层级教育的高回报逐渐提高了人们对教育的重视程度，个体的教育人力资本投资也在不断加强。两种情况结合形成了样本地区的教育投资对经济增长贡献的作用显示出动态的特征，与预期的弱相关有一定程度的差异性。

第二，教育投资和个体人力资本变量对经济增长贡献的影响具有一定程度的差异性。在回归模型中，本书将上述两个变量分别进行处理，主要用于测度政府和个体在教育中不同定位，测量两个变量对经济增长贡献差异点在何处，并可以为公共教育政策的优化提供更为可靠的依据。由回归结果可知，教育投资促进了GDP的增长。对于投资教育的个体来说，预期收入的增长是其是否进行教育人力资本投资的重要参考标准，而个体收入的增长与经济增长之间是一种互动关系。实证结果表明，个体的人力资本投资与政府教育投资对经济增长作用之间保持趋同特征。但是个体人力资本投资收益程度小于政府教育投资收益。因此，个体教育投资需要加强，尤其是政府教育投资需要有侧重点，结合个体的教育投资需求。

第三，样本地区的教育投资之后形成的人力资本水平在整个资本中的比例也有一个增长趋势。从经典的经济增长模型分析来看，资本对经济增长的作用毋庸置疑，但最主要的来源还是传统的物质资本投资，例如固定资产投资。但是在发达地区，人力资本投资已经与物质资本同等重要，甚至占据更重要的位置。但在样本地区，教育人力资本对经济增长的作用也是显著的，但贡献率不高。从笔者搜集的宏观数据来看，人力资本投资并不占据主要地位，若以比例来估计，为25%—30%。在后续数据补充基础上，笔者将进行更为完整的实证检验。

二　武陵山片区的健康投资对经济增长的贡献

与教育相比，健康更容易引起个体的重视，一旦个体身体健康状况不良，就无法获得更好的工作，也无法接受更好的教育，更不用说提高劳动生产率了。所以健康对经济增长是非常重要的，但由于样本地区特征，健康观念在某种程度上落后于发达地区，而且各种层级的医疗设施和技术也存在差距，健康对经济增长的贡献相对较低。但从数据分析来看，健康变量所涉及的预期寿命和婴儿死亡率两个因素都对区域经济增长产生影响。

（一）样本地区预期寿命的经济增长驱动

预期寿命是个体进行各种劳动、投资和收益的基础。从样本地区的模型与数据拟合结果来看，预期寿命变量对区域经济增长影响主要表现在以下三点：

第一，预期寿命与人力资本投资。从宏观数据来看，样本地区的预期寿命一般处于国内平均水平之上，这与区域环境特征相关，也与个体生活方式相关。个体预期寿命越长，其进行各种投资的动力就会越强。但样本区域内，预期寿命与物质资本之间存在协整关系但水平低于其与人力资本之间的协整关系，这说明了样本地区的个体预期寿命能够进一步提高人力资本对经济增长的贡献。这种间接的关系说明了，健康人力资本投资和教育人力资本投资之间具有内在关联性，其中一个衔接要素就是预期寿命。

另外，预期寿命变量还与个体的消费变量相关。从宏观的消费支出数据可以看出，随着预期寿命的增加，个体和社会总消费量在不断增加，消费中也包括了对教育人力资本的投资，而消费数量的增加既能够积累社会物质资本，以此促进经济增长，也能够增强个体在人力资本层面的投资意识，进一步拉动经济增长。

第二，预期寿命、死亡率与健康人力资本投资。预期寿命与疾病之间存在关联性，也就是说明其与死亡率之间的关系，且两者之间存在负相关性，这种关联性程度直接导致了区域内健康人力资本投资的程度。从回归数据来看，样本地区的健康投资（医院建设、各级医疗机构、人均医疗支出等）在统计期间是逐渐增加，说明了健康已经成为区域内人力资本投资的要素。这种投资的直接结果就是区域内预期寿命的增加。由此可知，三个变量之间形成一种嵌套关系，死亡率降低了人们的预期寿命，社会的健康投资在初期的收益率较低，但当健康人力资本投资水平达到一定程度时，这种预期寿命也不会随着死亡率的变化而变化，这是因为健康人力资本投资已经改变了死亡率。健康人力资本投资改变了人们的健康观念，降低了区域内疾病发生概率和死亡率，增加了健康资本储备，能够为经济增长带来持续动力。

第三，预期寿命、私人健康投资与公共健康投资。在模型论述过程中，本书将健康投资划分为两种：一是私人的健康投资，二是政府的公共投资。两个不同渠道产生一致的效应，即让个体的预期寿命更高，能够产生更长时间的收益。但是这两种投资在效应水平上还是具有差异性，根据数据可知，私人健康投资更倾向于较小疾病的治疗，且具有短期效应，并不能够提高个体持久生存能力，也不能够为个体的健康资本储备带来持续的支持。“私人健康投资与经济增长之间实质上是一种‘弱关联性’”[①]，但公共健康投资与经济增长则表现为更高程度的关联性：一是由于公共投资直接作用于经济增长要素，使人力资本提升；二是公共健康投资也间接增长了社会固定资产的投资，也作用于经济增长的过程。在样本区域内，公共健康投资占社会健康投资总额的比例，也能够体现政府对公共健康系统的关注。

（二）样本地区的婴儿死亡率对经济增长的影响

人力资本积累和劳动力供给的一个重要因素是区域内人口整体的婴儿死亡率，较高的婴儿死亡率直接带来劳动力数量的减少和人力资本质量提升的困难性。所以此变量对样本地区的经济增长过程有着重要的影响，具体表现为：

第一，较高的婴儿死亡率是区域内经济增长过慢的一个重要因素。由于武陵山片区地理位置的关系以及拥有健康设施水平较低，在初期人口出生率与死亡率之间存在正相关关系，起初的经济发展受到了极大的冲击。但随着政府公共健康投资的不断增加，以及医疗技术水平提高等，死亡率有所降低。但起初高死亡率留下的是另一种结果，即由于人口自然出生率较高，形成的劳动力规模较大，占据更多的经济发展资源，这也一定程度上延缓了经济增长速度。但一旦对这些群体进行较高的人力资本投资，经济增长的速度会明显加快。因此，婴儿死亡率高在某种程度也让政府和个人认识到健康人力资本投资的重要性。

第二，婴儿死亡率变量实质上是人力资本投资变量的一个引致因素，因为高死亡率是不可能形成社会上高水平的人力资本投资的，加上人力资本投资收益的滞后性，所以较低的死亡率才能够大幅度提升健康人力资本对经济增长的贡献，并由此形成一种持续的良性循环效应。从样本地区的宏观数据来看，健康人力资本投资和

① 钱信：《公共健康投资、私人健康投资与经济增长》，硕士学位论文，安徽财经大学，2015 年。

人力资本投资都能够促进经济增长速度加快，而婴儿死亡率不利于经济增长。

三 武陵山片区教育和健康两个因素对经济增长的贡献不能相互替代

从模型和数据拟合结果来看，健康人力资本是人力资本储备的一个要素，也是人力资本外化表现之一。从传统的经济增长模型构建过程中我们可以看出，学者们更多倾向于选择教育引起的人力资本，健康人力资本很少被纳入分析范畴。在样本区域的数据获取过程中，本书将健康投资和教育投资分离，得出相关的实证研究结果，最后本书将在数据分析的基础上讨论教育和健康两种人力资本是否能够相互替代。首先，若两类资本可以相互替代，那么健康所引致的长期经济增长效应可以用教育的经济增长贡献率来替代，但事实上在样本地区并没有相关的数据支持此结论。

设置样本区域内的平均受教育年限（加权平均处理各类群体的受教育年限）为教育投资形成的人力资本变量的替代，构建的模型中变量包括健康水平和平均受教育年限。结合样本地区的数据，这两个变量的相关系数较高，说明了它们之间存在高度相关性。但由于数据的局限，健康水平和平均受教育年限的效应无法进行分离，对经济增长的贡献不能相互替代。为此，本书只分析平均受教育年限对样本地区经济增长的影响，构建的模型回归结果为：

$$\ln Y = -0.25418 + 0.24513 \ln E$$

t 值　　(−3.0829)　(4.2518)

P 值　　(0.0054)　(0.0001)　　　　(5.25)

其中，E 表示平均受教育年限。由此模型回归结果可知，样本地区的平均受教育年限与区域经济增长之间协整关系也是稳定且能够产生长期效应。依据同样模型计算健康水平对经济增长的贡献发现，两者之间存在差异，且平均受教育年限的作用低于健康水平的影响。这种结果与预期的相差较大，因为在样本地区教育引起的效用被更多群体所接受，并得到广泛的认可。但数据模拟的结果则说明了虽然教育对经济增长的作用较大，但并不能替代健康的作用。

样本地区教育人力资本投资和健康人力资本投资之间的关系可以表现为以下两点：

第一，健康人力资本投资效用高于教育人力资本。传统经济学都将人力资本看作经济增长的一个至关重要的因素，本书也验证了这一点，但是在人力资本中也存在另一个隐含的要素，那就是健康要素，随着劳动力教育人力资本水平的提高，健康已经成为他们选择工作和居住区域的一个重要衡量标准。选择健康风险较低的工作是他们的第一选择，这种结果与样本地区的环境特征相关，且与样本地区的特色经济相关。而政府近些年对于基础医疗设施的建议与完善，也进一步加强了健康水平对经济增长的促进作用。两个要素之间的关系也是从经济增长速度和结构来分析的，健康人力资本投资更能够优化样本区域内的经济产业结构，让个体能够根据特征来发挥对经济增长的贡献和作用。而由于教育基础较差，加上公共教育投资收益预期周期较长，连片特困地区对经济增长的贡献相对较低。

第二，人力资本投资中包括教育和健康两个要素，两者之间处于动态变化之中。从回归数据可以看出，随着固定资产投资收益水平趋于较为稳定的状态，人力资本逐渐成为与物质资本同等重要的因素，而且处于不断上升的趋势。从样本区域的宏观数据可以看出，初期经济增长主要来源于教育人力资本投资，各级教育机构的完善与优化成为政府的重要工作之一。在实际中，连片特困地区的教育收益与预期收益之间的差距很大，教育人力资本投资对经济增长的作用却处于一个慢增长状态。健康成为此地区另一个新兴要素，在私人健康投资和公共健康投资两种渠道的保障下，区域内的健康医疗水平得到提高，预期寿命、婴儿死亡率和出生率三个衡量指标都进一步改善。

本章小结

本章首先梳理了国内外相关研究的理论模型，并构建了本书研究的模型，利用数据来检验武陵山片区的教育和健康对区域经济增长的影响及其程度，在数据支撑下检验样本地区要素之间的关联性，最后得出实证结论，并与其他发达地区经验相比，推导出本地区的优劣势及后续的关注重点。

由本章模型回归结果可知，样本地区的平均受教育年限与区域经济增长之间存在协整关系。但依据同样模型计算健康水平对经济增长的贡献可以发现，两者之间存在差异，且两个因素不能相互替代，结果是平均受教育年限的作用反而低于健康水平的影响。从样本区域的数据可以看出，经济增长初期主要来源于教育投资，但随着实际教育收益与预期收益之间差距增大，教育投资带来的经济增长贡献却处于一个慢增长状态，它对经济增长贡献相对较低。健康成为促进经济增长的另一个新兴要素，健康投资更能够优化样本区域内的经济产业结构，让个体能够根据特征来发挥对经济增长的贡献作用。

总的来说，人力资本一直是区域经济增长的关键因素之一，不管是何种战略性产业结构调整，还是更高层次的人才培养，都是人力资本对经济增长贡献的结果。

第六章　政策建议

从武陵山片区的数据可以看出，经济增长初期主要来源于教育人力资本投资，各级教育机构的完善与优化成为政府的重要工作之一，但随着教育收益预期与实际收益之间差距增大，教育人力资本投资带来的经济增长贡献效应处于一个慢增长状态。由于教育基础较差，加上公共教育投资收益预期周期较长，教育对经济增长贡献效应相对较低，但是增加教育人力资本投资支出、提高受教育年限却能有效减缓贫困。健康人力资本成为武陵山片区经济增长另一个重要因素，从经济增长速度和结构来进行分析，健康人力资本更能够优化样本区域内的经济产业结构，让个体能够根据区域特征来发挥对经济增长的贡献作用，也体现了健康人力资本的减贫作用。

连片特困地区的教育人力资本和健康人力资本匮乏是扶贫攻坚面临的重大挑战，从长远角度和武陵山片区经济发展的趋势看，人力资本是首位因素，与物质资本的投入相比，教育、健康人力资本未来的投资收益率会更高。教育和健康是相互制约、相互促进的关系，要提高人力资本水平，必须同时重视两个要素的作用。因此，必须加大对武陵山片区教育人力资本和健康人力资本的投入，让扶贫开发的相关政策落到实处，并真正实现从“外部驱动式”发展为“内部自生式”的发展，实现由“输血式”扶贫向“造血式”扶贫的转变。

第一节 提高教育人力资本质量的建议

胡鞍钢、常志霄（2000）提倡针对贫困地区的扶贫战略，认为扶贫的思维模式要转变，应从以前的“硬件”扶贫转为“软件”扶贫，反贫困政策不能只从解决贫困问题入手，更迫切需要解决人类贫困问题（如相应的健康卫生指标）和知识贫困问题，[①] 将重点转向提升贫困人口知识资源层面，提倡“授人以鱼，不如授之以渔”“扶贫先扶人”的扶贫思想。习近平总书记近期提出“扶贫先扶志”“扶贫必扶智”“精准扶贫”等扶贫方略，要求坚持“精准扶贫”“倒排工期”“算好明细账”“绝不让一个少数民族、一个地区掉队”。[②] 武陵山片区的脱贫必须与国家同步，在精准扶贫、教育扶贫、精准脱贫上下功夫，培育扶贫的“造血”功能，从根本上反贫困，为武陵山片区贫困人口提供平等的教育机会，增强该片区人群获取、吸收和交流知识的能力，让其自主参与脱贫，为他们提供更多的就业机会和获取收入的基础。正所谓“治贫先治愚”，未来武陵山片区的扶贫开发、经济增长必须在教育方面取得突破。

从实证结论来看，武陵山片区的教育资本变量的影响可以从两个方面来解释：一是公共基础教育人力资本投资欠缺系统化和高水平化；二是激励个人的教育人力资本投资意识，加强自我增值型教育人力资本投资。所以，本书关于教育人力资本质量的提升从以下方面着手。

一 加大教育投入力度，促进教育投资经费来源多元化

教育投资是国家等主体在经济发展目标中的重要组成部分，尤

---

① 胡鞍钢、常志霄：《城镇贫困与综合性反贫困政策框架》，《经济学家》2000 年第 6 期，第 100 页。

② 《习近平扶贫新论断：扶贫先扶志、扶贫必扶智和精准扶贫》，http://politics.people.com.cn/n1/2016/0103/c1001-28006150.htm，2016 年 1 月 3 日。

其是公共基础性教育更是国民素质提升的关键因素。由于地理区域特征的限制，样本地区的经济发展水平限制本地区的教育投资力度，也成为建议的重点内容。

教育人力资本的提升对劳动生产率的提高和经济增长的推进起着非常重要的作用。人力资本理论和经济发展实践证明，教育人力资本是促进现代经济增长的核心因素，与物质资本、劳动力数量增加等因素一样对经济增长有着重要的贡献，是经济增长的引擎，是缩小区域经济发展差距的决定性因素，也是武陵山片区转变经济增长方式的关键所在。但武陵山片区所在的各级地方政府的财政支持力度十分有限，不能保证正常的教育经费投入，这就有可能减缓该片区的经济发展速度。为此，国家在实施扶贫开发战略时，要加大对武陵山片区的教育投入。同时，地方政府部门应牵头相关部门拓宽教育资金的其他筹资渠道，从多条途径筹措资金，加大社会捐赠和集资办学力度，以确保教育的正常投入。

从本书第四章的分析教育经费来源看，武陵山片区 96.3% 的教育经费来源于国家财政性教育经费（占 79.5%）和事业收入（16.8%），武陵山片区社会捐赠、集资办学的经费、社会团体及个人的办学经费占教育总经费的比例仅有 3.8%，比例过小，投资数量不足，说明武陵山片区教育投资渠道非常单一。武陵山片区现实情况和教育投资状况决定了政府、社会和个人共同负担发展教育的必要性。

（一）加大财政性教育经费投入力度，重视对基础教育的投资

基础教育水平的高低将直接影响到区域人力资本的转化能力，影响着地区社会文明程度，政府部门必须高度重视基础教育，政府是基础教育的主体投资者，发挥着主导作用。在财政性教育经费的分配中，政府应当成为基础教育的完全责任主体，实现基础教育的公平。政府在对基础教育进行投资时需从硬件和软件两方面着手：一是完善武陵山片区的基础教育硬件设施，包括引进功能齐全的现代化教学楼建筑、先进的基本教学设备，乡村小学争取有图书阅览

室、多媒体教室，改善教学环境；二是软件设施，包括吸引国内外优秀教师和学习有利的教学经验，加强基础教育师资力量的配备，提高教师的待遇，逐步改变以代课教师为主的状况，提升基础教育的整体师资力量水平。因此，政府要加大对基础教育的地方财政支持力度，以确保连片特困地区每位适龄儿童都有接受基础教育的机会。

（二）官民结合多方位筹资，扩大中等职业教育投资规模

中等职业教育包括普通高中、职业高中、中专学校、技工学校教育等方面，其中以普通高中教育为主，中等职业教育投资规模有限，中等职业教育的发展速度慢。教育投资不仅要重视普通学历教育的推进，也要重视职业教育发展。2005—2014 年，武陵山片区每十万人拥有的中等受教育人口均低于全国 3. 18 个百分点，中等职业教育人力资本存量偏低。从现有的增加武陵山片区教育存量的途径来看，主要依靠中等职业教育，职业教育带来的人力资本存量对促进武陵山片区的整体收入增长做出了重要贡献。因此，政府要重视中等职业教育，加大政府财政的支持力度，在原有的基础上扩大投资规模。具体措施为：①职业学校给家庭贫困的受教育者提供一些帮助，免去职业培训的参训费用及提供一些生活补助，尽量减少贫困者的培训成本，让其免除后顾之忧，积极参与职业培训。②政府应积极引导、鼓励和规范企业对中等职业教育的投资，走官民结合的发展道路，多方位筹措资金，促进中等专职业教育的切实发展。③给社会类培训机构提供一些政策上的优惠和进行一定程度的资金补助，鼓励和引导这些社会类培训机构针对贫困者多开展一些实惠且成本不高的职业培训专场，提高职业教育培训的普及率。

（三）依托成人教育学院，关注成人教育投资

成人教育相对于普通教育，方式更加灵活，可以采用业余函授、集中授课等多种方式，能够为那些有意愿上大学却因为种种原因没有接受高等教育的成年人提供更多学习知识的机会，使这些接受成人教育的人拥有更多更强的劳动技能，从而提升人力资本质量。依

托于武陵山片区的各高校的职业技术与继续教育学院和各市、州、区均办有的广播电视大学，以“优质办学”和“服务社会”为宗旨来加大这些院校的投资力度，整合学校和社会优质资源，增强其办学实力，使其为地方经济建设和社会发展培养各类专门人才。

（四）个人、企业和政府共同加大专业技术培训投资力度

专业技术培训是员工本身和社会人力资本存量积聚的重要途径，通过加大专业技术培训投资力度，各方均是受益主体。专业技术培训的投资经费主要来源于个人、企业和政府。首先是投资的个人，员工参与一般性培训需要承担全部培训费用，投入更多的时间和精力。员工参与企业专用的特殊技能培训，则由企业完全或部分承担这类培训费用。员工通过参与专业技术培训，可以实现提高自身综合素质的目标，所学技能及时更新、与时俱进，以此更好地满足工作需求，个人收入也由此增加。其次是投资的企业，企业应该经常开展有效的员工专业技术培训，培训前期必须投入人力及物力（培训场地、器械、教材、资料等），培训结束后可以通过向员工收取学费或者扣减工资的方式收回前期投资。如果企业开展的是对企业有益的特殊培训，企业可以采用员工共同出资共享收益的策略来加大投资力度。此类培训满足了本企业在职员工获得更多的教育机会，学得更多更强的技能，提高了员工对于企业的忠诚度，减少员工的流动，同时也提升了企业的整体技术力量，促进企业技术进步，以此提高竞争力非常激烈的行业地位。最后是投资的政府，政府投资的规模和影响一般情况下均大于个体和企业，政府需要出资开办技能培训学校和机构，为有需要的企业提供人力资源，支出一些财政收入来服务于技能培训市场。政府也可以制定政策来鼓励企业、个人开办这样的培训学校；确保技能培训合理合法顺利开展，营造良好稳定的市场环境给员工、企业及时提供各类信息。更多的劳动力在政府投资下接受不同层次、不同方向的专业技术培训，最终收获的是整个区域劳动力质量得以提升，促进产业结构升级，缩小社会收入差距，增加政府财政收入。

（五）通过开设民办独立本科院校，弥补高等教育的投资不足

武陵山片区就业人口中受高等教育的人口比例很低，远低于全国、广东水平。高等教育是培养高素质人才的主要途径，因此，加大高等教育投资力度对于连片特困地区的发展特别重要。措施主要体现在：对武陵山片区高等教育的发展政策上应予以重点倾斜，加大对高等教育的投入，使之制度化、法律化。例如，对武陵山片区高校能够承担的科研和培训项目给予优先安排；加大高校投资力度，进一步完善教学环境、添置科研及教学必需的高科技设施、配备优质的师资力量、培养社会需要的精英人才、扩大招生规模，由此提高高等院校综合实力。高校的主要投资者是政府，但由于政府财政收入有限，高等院校的财政资金投入受限。政府政策导向应鼓励民间、企业、国外投资和其他多种资金来源，调动社会各方面的积极性，以灵活多样的办学方式，吸引多种资金注入高等教育，改善教育经费短缺的局面。武陵山片区已开始尝试开设民办独立本科院校，办学方式多元化，让更多的学生有机会接受高等教育。“独立本科”教育经费主要源自民间闲散的个人或社会资金，可以弥补国家财政公办高校投资的不足，增加更多的收益。

二　加速各层次、类型教育的发展，提高人口素质的整体水平

发展基础教育能够提升人力资本整体水平，通过普通及职业教育培养层次较高的各类专业技术人才，从而直接促进经济社会的进步和发展。然而，武陵山片区因历史原因、地理环境、文化教育等客观因素，人力资源整体素质偏低，教育水平不高。从本书第四章的统计数据可以看出，武陵山片区的人口受教育程度主要集中在小学和初中阶段，表明武陵山片区在发展九年义务教育方面取得了一定的成绩，但在高层次人才培养方面却明显落后于全国水平。武陵山片区各级政府应当采取各种积极的教育政策，让整个片区受益。

（一）加快基础教育的普及，提升片区整体人力资本水平

中央政府和武陵山片区所在的各级政府需强化片区人口接受基础教育，因为基础教育是贫困人口脱贫的起点，是提高劳动力素质

的重要基础，是一个社会文明存在和延续的前提。在《武陵山片区区域发展与扶贫攻坚规划（2011—2020 年）》中明确提出要重视并普及片区的基础教育。为此，应加快普及基础教育、利用各种资源来改善办学条件。在条件允许的情况下，实行部分免费或全免费的特殊政策也是可行的。这对连片特困地区的贫困学生的基础教育意义重大，能够保证武陵山片区的适龄孩子都能正常入学，让他们接受学校正规教育，顺利完成九年义务基本教育。这就要求当地基层政府加大宣传力度，精准到家庭，给贫困人口送志气、送信心，主动做好贫困家庭的思想工作，让他们树立“先飞”“先富”的意识。如果扶贫不扶志，即使在政府、他人的物质帮助下能够短暂脱贫，也有可能再度返贫。因此，仍需进一步重视、普及基础教育，巩固取得的成果，争取到 2020 年高中阶段教育毛入学率达到 90% 以上，提升武陵山片区人口的整体文化水平。

（二）重点发展职业教育，帮助贫困人群掌握一技之长

职业技术教育的发展是生产力发展的需要，是增加人力资本的一条十分重要的途径，具有很强的目的性和针对性，是一项提高特困地区劳动力的智力、技能、素质、熟练程度的重要措施，是武陵山片区经济发展的基本保障。据本书第四章统计，2014 年武陵山片区中等职业教育在校人数占全国的比例为 1. 33%，低于该片区占全国人口的比例 2. 87%。针对武陵山片区目前职业技术教育水平滞后的现状，在保证基础教育的前提条件下，必须重点发展职业教育与技术的推广，尽快普及中等教育和职业教育，培养当地的实用技术人才，帮助贫困人群掌握一技之长，从根本上增加人力资本存量是快速摆脱贫困的重要手段。具体措施如下：

一是加强政策规划和引导。整合该片区已有的教育资源，依托各县市区已有的党校、职业技术学校等教育平台，开办交通驾驶技术培训学校，建设一批劳动职业技能培训机构，增设职业教育中学、机电技术学校，同时鼓励发展各类民办职业培训机构，大力展开技术培训，面向社会劳动者，帮助其提高职业技能。

二是培训方式多样化。打破传统的基地现场培训方式，全方位发展网络教育、电视教育、远程教育体系，使劳动力掌握实用技术，提高他们的工作能力。

三是精准施教。精准了解不同贫困者的人力资本状态、职业需求、就业导向，结合本片区的产业结构、职业需求结构等现状，按需对其设置职业培训内容，以需求为导向，强调职业培训的实用性。

（三）完善高等教育的发展，培养片区综合型人才

高等学校教育是实现武陵山片区人才积累、提高人力资本的关键性阶段，为“扶贫先扶智”“精准扶贫”提供根本的人力保障。武陵山片区在稳定初等教育的同时，高等教育得到了发展，但整个武陵山片区大学的受教育程度很低。据本书第四章统计，2014 年武陵山片区大学招生比例仅占全国的 0.87%，高校毕业生占全国的 1.5%，均比其总人口占全国总人口的比例（2.87%）低很多。为此，必须加强教学与科研为一体的高校建设，基于该片区少数民族人口比例较高的特点，尤其是要加强民族类高校的建设，提高武陵山片区高校的整体办学水平，培养片区综合型人才。具体措施如下：

一是要完善武陵山片区高等院校的大学制度，优化片区内高等学校结构。地方政府要加大财政扶持力度，重点建设一批综合性的本科大学，同时引入更多的社会资源，形成个人、企业、政府共同支持教育发展的格局，完善学校配套教育设施，在良好的社会环境和学习氛围中形成优先发展教育的理念，同时着力打造一批专业性强的大中专院校，为武陵山片区培养并输送优秀的专业型技术人才。

二是优化高等学校的专业设置，建立特色、优势、重点学科。学科专业设置致力于促进武陵山片区经济社会发展，从本地区实际出发，根据地域特色及时调整和优化学科专业结构。湖北民族学院、吉首大学现有国家级特色专业点各 3 个，有国家级“卓越农林

人才教育培养计划”各1个、国家级“卓越医生教育培养计划”各1个，已建立起武陵山片区内重点学科、优势学科。但要注意，在学科建设中，避免盲目学科数量多、类别全，避免出现专业重复设置的情况，以社会、市场、需求为导向，努力提高武陵山片区人口素质的整体水平，为社会和片区培养、输送各类专业技术人员。

三是增加武陵山片区高校实践教学比例。注重学生的专业素质训练，整合各类实验资源，创新教学方法，加快建设数字化实验教学资源库，形成新的人才培养优势，为武陵山片区的发展不断地输送实用型、高素质专业化的人才。

四是提升高等教育学历层次。近年来，武陵山片区的高等院校学生培养层次不断提升，但总体来说层次较低，片区内的高校多以本科、专科为主，有硕士学位授予权的只有湖北民族学院和吉首大学。目前，吉首大学建有“服务国家特殊需求博士人才培养项目”1个、博士后科研流动站2个。因此，需要抓好高等院校学科建设，不断提升学校办学质量，申报多个学科的研究生培养点，坚持准确的办学定位，提升高层次学历教育的水平。

五是加强片区内各高等学校之间的校际合作，创建合作交流平台。从办学理念、学科建设等方面，实现同一层次院校之间的横向交流；从人才培养、服务地方等方面进行不同层次院校之间的纵向交流；还可以对一些多学科背景的项目开展各种形式的协同和合作，集合各校的优势资源和力量，实现不同专业之间的优势互补。

三 健全和完善教育体系，促使政府职能的转变

在传统教育体制下，武陵山片区内各级政府集教育办学者、投资者、管理者、评价者等角色于一身，形成政府财政拨款投资为绝对主体、条块分割归属办学和统一计划管理的特征，这抑制了激发人力资本微观主体投资的能动性和自主性。造成人力资本配置和使用的低效率。行政垄断与过度的政府干预造成的公共投资成本是巨大的，宏观的社会效益是非常低微的，家庭和个人的投资能力虽然充裕，但存在“搭便车”心理，还可坐享教育人力资本收益，故没

有投资的热情；使得政府没有力量来应对本应由政府管理干预的基础教育，而本应由家庭个人和社会各界进行的自主办学、多元化投资的中等职业技术教育和高等教育，却因为政府部门垄断控制而发展缓慢。

改进和完善教育体系，政府应该调整自己的角色，不要因为条块分割的组织系统和行政体系的阻隔，而让教育的生产供给与社会需求发生错位、脱节现象。我们应该把教育的重点放在推进教育管办评分离、体系完善、结构优化方面。

（一）要坚持基础教育优先发展，努力提高基础教育普及率

基础教育是科教兴国的奠基工程，是提高全民文化素质的重要环节。国际研究早已表明，有关教育投资收益率在不发达国家和地区的小学、初中、高中三级教育体系中，初等教育（小学教育）的私人回报率和社会回报率都是最高的，并且在各级的教育中，初等教育又是其他更高等教育水平的基础。要完善教育体系，必须在人才培养模式上创新，把“应试教育”变成“素质教育”，注重学生创新精神和创造性思维能力的培养。政府需要进一步落实和扩大中小学在育人方式、资源配置、人事管理等方面的自主权。

（二）加强高等职业教育和从业人员的在职培训

高等职业教育主要是培养较高层次的职业技术人才，比如技术工人系列中的高级技工。在职培训主要是指通过正规教育以外的学习和训练，使劳动者掌握一项专门的技能，从而更加适应以后的工作，更快地提高劳动生产率。高等职业教育和在职培训是社会经济发展的强大动力，强调培养高级专用型和通用型人才队伍。通过高级职业技术教育和专门的职业培训，为生产部门补充了短缺的技术工人，为片区产业结构的升级而输送大量的应用型和高端技能型人才。政府需要进一步调动各方面发展教育事业的积极性，深化职业院校与企业的合作机制，争取企业在专业设置、教学过程、实习实训、“双师型”教师队伍培训等方面的支持。

（三）维持现有高等教育规模

尽管我国的高等教育规模庞大，但武陵山片区的高等教育还远远没有达到大众化的阶段。在此情况下，武陵山片区的高等教育规模无须控制，需要维持，把主要的精力放在如何提高教育质量上。应以培养高水平人才为目标，突出高等教育的“专、精、尖”特点，为连片特困地区高新技术创新提供高层次的人才保证。通过各种类型的高等教育，如普通高等教育、高教自学考试、成人高等教育、远程网络教育、电大开放教育等，多层次地实现人才资源的合理配置，为建设创新型的片区提供强有力的人才支持。政府应进一步扩大高校在考试招生、教育教学、科学研究、教师队伍建设、职称评聘、国际交流与合作等方面的自主权。鼓励高校面向社会办学，完善高校内部治理结构，引导和支持高校切实发挥教育质量保障主体作用。

四 通过教育将农村人力资本转化为经济增长的动力

武陵山片区农村人口比例和少数民族人口比例都较高。2010 年末，根据第六次全国人口普查数据，该片区总人口 3645 万人，其中乡村人口 2792 万人，占了总人口的 76.6%，片区内少数民族人口总数为 1234.93 万人，全国少数民族人口为 10643 万人，占全国少数民族总人口的 11.6%。[①] 2014 年，武陵山片区贫困人口 475 万人，绝大部分是乡村人口。为此，武陵山农村贫困人口规模大，主要集中在少数民族聚集的欠发达地区，贫困的代际传承性强，返贫率高，其中教育人力资本存量较低是乡村人口陷入贫困的主要因素。该片区农民特殊的生活习性和生产习惯加上对教育的不重视，导致教育人力资本投资不足，其受教育程度偏低，职业教育与培训滞后，技术水平有限，人力资本存量过低致使农业劳动生产率和收入水平难以有效提高，在促进区域经济增长过程中，发挥的作用明

① 《武陵山片区基本情况》，http：//www.seac.gov.cn/art/2012/3/16/art_5461_150691.html，2012 年 3 月 16 日。

显低于城镇人口。

教育的发展是经济保持持续增长的必要条件，为了提高农村劳动力的文化素质，为了提高农村劳动力的专业知识水平和实际操作技能，将农村人力资本转化为连片特困地区经济增长的动力，缓解农村贫困必须加大发展农村的教育力度，把提高农民整体素质、培养农业管理人才和科技人才作为一个系统工程来加以实施，以实现社会主义新农村的建设和农业现代化的目标。

（一）加强农村学龄人口的基础教育

据研究，“如果让每个农民受教育年限增加一年，那么会有三个方面的影响：一是他放弃农业活动而选择其他产业的可能性会增加2.2个百分点；二是他所在的这个地区的初始人力资本存量将提高1个百分点；三是对经济增长的贡献将达到4.52个百分点。”① 武陵山片区农村学龄人口入学率低、辍学率高，一部分人口未完成基础教育，主要原因在于农村家庭教育投资支出的负担比较沉重，中央和省级政府的教育财政投入严重不足，基层政府的财力有限，“基础教育的投资收益率最高”的原理在这里没有得到运用。未完成基础教育的这部分人口所学知识十分有限，无法从事技术要求较高的职业，就业困难，只能从事简单的劳动生产，即使迁移到城市，也随时面临失业的困扰。加大农村基础教育投入可以从以下两个方面入手：

一是加大政府对农村教育的财政投入力度。农村人口是接受九年义务教育的重点，基础教育是一种纯公共产品，本就应当由政府财政投资。但我们国家和地方政府对教育经费的投入一直较低，从未突破过占GDP的4.5%，教育欠账太多，关键是有限的教育经费投入在城乡之间还存在分配不均衡的现象，导致农村教育资源严重缺乏。因此，政府必须建立规范化的教育投入机制，按照《国家中

---

① 《农村人力资本投资与新农村建设》，http://topic.yingjiesheng.com/jingji/zhongguo/04254P2302012.html。

长期教育改革和发展规划纲要（2010—2020 年）》的相关要求，加大并优先保证对农村基础教育经费的投入。

二是改革现有的教育投入体制，积极寻求多元化的筹资渠道，积极引进民间和社会资金参与教育事业。目前，农村基础教育经费多半由县级财政承担为主，由于国家为了减轻农民的负担，取消了农村的很多税费，县级财政收入大幅度减少，为此无法及时、足额保证义务教育的投入，从而抑制了农村教育的发展。要改变这种情况，必须把义务教育纳入公共财政的保障范围，同时要积极引入社会资本投资兴办农村基础教育，解决农村教育经费紧张的困境，从而促进农村教育事业更好更快发展。根据《中国统计年鉴 2015》数据显示，2013 年我国教育经费为 30364. 72 亿元，其中国家财政性教育经费为 24488. 22 亿元，占比 80. 65%，而民办学校举办者投入、社会捐赠、事业收入及其他教育经费占比为 19. 35%，可见，民间和社会资金在教育领域还有比较大的空间。

（二）通过农村技术教育培训，提升农村劳动力的技能

目前，武陵山片区存在农村职业技术教育与农村的实际相脱节的现象，一些技术培训学校的设备陈旧和师资力量薄弱，现有的教育内容和体制对于提高农业劳动生产率作用并不大，效果不佳，农村劳动力掌握新知识、新信息、新技能的能力较低，在城市里不容易找到合适的工作，大多数的农村劳动力会选择从事技术含量要求不高的以体力劳动为主的行业，如建筑、服务、手工制造业，收入比较低。武陵山片区应当根据该片区的实际情况，结合基础教育与农村成人教育和职业技术教育，对农村劳动力有针对性地进行培训：

一是培训模式需要改进，根据实际情况采取不同的模式，可以采取专业式、订单式，也可以采取现场指导式和示范基地式等。

二是培训内容需要多样化，可以根据职业标准和不同的行业、不一样的工种、不一样的岗位对农村劳动力基本技能和技术操作规范的要求进行设置，比如，针对留守农村专门从事农业生产、文化

层次较低、年龄较大的农村劳动力，依托农村成人教育和农业技术培训班，对农村劳动力进行农业科学技术方面的知识讲座，也可以专门针对农业生产技术方面进行短期或长期的培训，为其传授农业实用生产技术，提高他们的种植和养殖水平，以此有效促进农业生产率的提高。另外，针对准备外出务工、接受过基础教育、较年轻的农民工可以进行职业技术技能培训，以企业需求为导向，并以非农就业和城镇就业为目标，培养农业及与之关联的第二、第三产业急需的各类专业技术人才，提升其技能水平，提高农村劳动者的专业知识水平和实际操作技能，增加其非农就业的竞争力以及职业稳定性。

三是需要加强师资队伍建设，培训师多聘请一些经验丰富的行家能手现场培训指导或与企业联合开展培训。

农村劳动力的技能水平提高后，可以提升人力资本存量和质量，从而增加其收入，当农村技术工人成为第二、第三产业发展的需求要素时，区域经济增长指日可待。

（三）对农村贫困家庭的教育实施精准扶贫

“教育扶贫”能让农村贫困地区的孩子掌握技术、改变自己的命运、造福所在的家庭，是最有效、最直接的“精准扶贫”。中共中央总书记习近平同志指出：“让贫困地区的孩子们接受良好教育，是扶贫开发的重要任务，也是阻断贫困代际传递的重要途径。”① 教育对于农村贫困家庭具有非常重要的意义，它能帮助贫困孩子跳出贫困圈，切断贫困在家庭代际之间的传递。为了全面提高农村基础教育的普及率，为了有效降低适龄儿童的辍学率，为了减轻农村贫困家庭的教育支出负担，迫切需要对农村困难家庭进行教育援助，实行“精准扶贫”，减缓“教育致贫”。“教育扶贫”能让贫困地区的孩子掌握知识、改变命运、造福家庭，是最有效、最直接的精准

① 《习近平给“国培计划（2014）”北京师范大学贵州研修班全体参训教师回信》，新华网，2015 年 9 月 9 日。

扶贫。刘传铁（2016）认为可以从五个“精准”入手：“精准改造”，对确实最贫困家庭的子女定点、锁定，切实做到精准扶贫；“精准招生”，对贫困家庭子女进入高中、大学阶段实施好国家贫困地区定向招生专项计划；“精准资助”，对贫困家庭子女九年基础教育阶段实施“两免一补”，高中阶段不收学费并补助一定的生活费，大学阶段根据政策减免学费、进行助学贷款、设置专项奖学金等措施；“精准就业”，对家庭贫困子女建立实名制信息库，对其开展针对性较强的就业技术指导和培训，给予就业的相关优惠政策；“精准培训”，对贫困农民及子女进行职业培训，让其拥有一技之长，能够脱贫致富。[①] 这五个有关教育的“精准”能落到实处，必然能提高农村贫困家庭脱贫能力，有效遏制贫困代际传承，促进农村经济增长并带动城市经济的发展，为精准扶贫、全面小康注入强大正能量。

第二节　提高健康人力资本质量的建议

本书第五章的实证结果表明，健康人力资本投资对于优化武陵山片区内的经济产业结构，让个体能够根据特征来最大限度地发挥对经济增长的作用。健康变量所涉及的预期寿命和婴儿死亡率两个因素都对区域经济增长产生正向预期影响。为降低片区内人口的死亡率和提高预期寿命，本书给出的建议也要从这两个方面着手。具体如下：一是从健康与经济增长关系层面着手提升健康投资质量；二是从降低死亡率、提升疾病抵抗能力层面着手提升健康投资质量；三是从提高预期寿命的层面提高健康投资质量。

一　健康人力资本与经济增长的关系层面的建议

健康是人力资本构成的要素之一。黄金辉（2005）认为，医疗

① 刘传铁：《教育是最根本的精准扶贫》，《人民日报》，2016 年 1 月 27 日。

保健投资可以增强健康人力资本，而健康人力资本对居民收入的提高和经济增长具有重要的作用。现阶段武陵山片区健康人力资本水平较低，导致很多贫困家庭因病致贫或因病返贫。因此，健康人力资本投资对于减少因病致贫、因病返贫，对于缓解片区贫困局面，都具有重要的意义。

近年来，武陵山片区内的健康医疗水平有所提高，预期寿命、婴儿死亡率和出生率三个衡量健康水平的指标表现了较高的水平。健康人力资本投资改变了人们的健康观念，降低了区域内疾病发生的概率，降低了死亡率，也能够让个人健康资本储备得更多，能够为经济增长带来持续动力。

教育人力资本和健康人力资本是相互制约、相互促进的，要提高人力资本水平，必须同时重视两个要素的作用。健康人力资本是教育人力资本的基础，一旦人们健康状况不好，会影响到教育投资及教育投资的实现，阻碍通过教育这一重要途径来改善人力资本质量。教育影响健康，人们的受教育水平高低会影响到个人卫生习惯，接受的相关知识会影响健康观念，影响人们对卫生服务的利用和需求，进而影响到人们健康人力资本水平的高低。①

重视健康人力资本的意义在于：微观层面上，健康人力资本影响到个体的劳动表现，能提高劳动生产效率，是个人、家庭收入的决定性因素；宏观层面上，健康人力资本投资能提高人们健康水平和社会福利，更是一种重要的经济投资，对经济增长与发展有着先导性、长远性的影响，是经济增长的动力。

因此，建议武陵山片区各级政府在制定经济发展规划时，应将健康人力资本投资列入讨论和研究的范围，做好区域医疗卫生发展规划，重视健康人力资本对经济增长的影响，加大健康人力资本投资，为医疗卫生服务市场提供良好的政策和社会环境，最大限度地

① 李鲁、耿爱生、姜敏敏：《卫生服务对改善健康状况的贡献研究》，《中华医院管理》2004 年第 7 期。

促使人力资本对经济增长的推动作用，为实现2020年全面脱贫的总目标打下坚实的基础。

二　降低死亡率、提升疾病抵抗能力层面的建议

正如本书第五章得到的实证结果一样，健康人力资本对经济增长的影响是次于固定资产投资而大于教育人力资本的重要因素。阙祥才、唐永木（2011）认为，健康从生理保障层面直接影响着劳动者的劳动能力、工作效率、保养成本及收入水平，健康人力资本是劳动者人力资本构成要素中最为敏感和最为脆弱的环节，也是贫困原因中不可忽略的重要因素。医疗卫生服务直接关系着人民的身体健康，为了降低死亡率，提升疾病抵抗能力和健康人力资本质量，必须完善医疗保障制度，提高医疗卫生服务水平，不断增强劳动者的健康素质。具体给出以下四个方面的建议：

（一）增加政府对公共卫生体系的支出

公共卫生服务体系是关乎一个国家或地区健康人力资本存量累积的重要构成部分，是生产健康并为其“提供售后服务”的特殊工厂。[①] 我国的公共医疗卫生体系既庞大又复杂，主要依靠政府庞大的财政体系支持，增加政府医疗卫生财政支出，可减轻个人医疗卫生投资负担，也可降低“因病致贫、因病返贫”这一恶性循环发生的可能性；卫生服务事业是公益性事业，政府对医疗卫生的财政投入是以非营利为目的的，能够保障医疗卫生事业的可持续发展，以便确保居民享受廉价优质的医疗服务。所以，针对目前武陵山片区各级政府财政支出中医疗卫生经费支出不足的现状，达到提高健康人力资本、改善居民健康的目的，就应加大政府在公共卫生领域的投资，增加总医疗卫生投资中的比例和规模，减轻个人的健康投资负担，全面提高城乡公共医疗卫生服务的公平性和可及性，满足武陵山片区不同层次居民的多样化的基本卫生服务需求，以增强投资的效率，提高人们的健康水平，促进经济的增长。

---

① 张凤林：《人力资本理论及其应用研究》，商务印书馆2006年版。

1. 政府应增加对重大疾病和传染病控制投入

传染病已演变成全球性危机，不再局限于某一个国家或地区，因此，重大疾病和传染病控制投入的增加是特别重要的。武陵山片区多分布于致病水土区。前几年的一些重大疾病和传染病，如SARS、手足口病、禽流感、甲型H1N1流感，使人们的人身安全和社会的稳定受到了严重威胁，给武陵山片区造成了重大的经济损失。近年来，武陵山片区居民的传染病发病率呈现下降的趋势，基本上有效地预防了威胁人身健康和生命安全的重大传染病。因此，武陵山片区各级政府需要提高应对突发公共卫生事件、疾病预防和控制的能力，以保障国民健康，维护经济的正常运行。武陵山片区各级政府应加强预防和控制重大疾病及传染病方面的投入力度，增加药物的研发能力，建立高效率的应急系统和重大疾病、传染病预防控制中心。一是可以减少重大疾病和传染病的发生；二是可以在重大疾病和传染病已经发生的情况下，应急能力足以及时控制病情的进一步扩大，同时迅速制定有效的治疗方案。

2. 加大政府对农村公共卫生服务的投入

本书的实证结果发现，经济发展落后的特困连片地区劳动力的健康状况较差，这些地区健康水平的变化对经济增长的作用显著。所以，加大经济发展落后地区的健康投资力度更加具有效率，健康的相关投入更有必要。

由于各级政府的公共医疗卫生投资政策偏重于城市，武陵山片区农村的公共医疗卫生资金不充足，医疗费用的缺口往往由农民自己来承担，很多公共医疗服务项目需通过向农民收费来弥补成本，极大地影响着武陵山片区经济的整体发展。因此，中央政府需要对医疗卫生资源相对匮乏的连片特困地区的公共支出加大投入，体现医疗卫生公共投资水平的均等化，以此逐步解决区域之间医疗卫生资源配置不合理的问题。武陵山片区各级政府应加大对农村公共医疗卫生的支持力度，减轻农民的医疗负担，进一步推进和完善新型农村医疗合作制度，保证农村妇幼保健和计划免疫等服务项目的开展，农村基本医疗卫生条件得到改善，以提高农村医疗卫生服务机构服务能力，使农民的疾病得到很好的治疗。扩大合作医疗范围，推行新型农村合作医疗门诊统筹补偿，乡镇医院医疗设备更新，提高实际住院补偿率，进一步提高补偿封顶线，培训农村医疗卫生服务人员，并提高住院费用报销比例，适当扩大报销范围，让广大农民提高受益水平，使广大农民看得起病，增加公众实际可支配收入，减轻农民的负担，解决农民“看病难”“看病贵”的难题，缓解“因病致贫”“因病返贫”的现象，逐步消除卫生服务利用上的不公平现象。

3. 提高政府对社区医疗卫生事业的投入

社区卫生服务可以让居民获取实惠，改善社区居民看病贵、看病难的问题。加大政府对社区医疗卫生体系的投入力度，发展社区卫生服务，这有助于提高全社会疾病预防控制水平。社区医疗卫生服务是卫生机构的基层构成主体之一，给群众提供各种疾病预防、健康咨询、计生技术服务等便捷、廉价的医疗保健服务，它是城市医疗服务和公共卫生的基础。加大对社区医疗的财政支持力度，可优化城区卫生资源，治疗一些常见病和多发病，可保障社区卫生机构经费支出，减轻社区居民医疗负担，提升医疗设备的档次，提高基层卫生服务能力，信任社区卫生服务机构能为城乡居民服好务。社区医疗卫生事业的投入增加后，“大病进医院，小病不出社区”的目标也可实现，方便就近治疗，降低医疗成本，优化城市卫生服务的结构，逐步建立起分级医疗、双向转诊的机制。

4. 设立政府公共卫生专项基金

政府设立公共卫生专项基金，优先考虑帮助武陵山片区重建农村合作医疗体系，使武陵山片区尽快达到公共服务卫生要求的最低标准。公共卫生专项基金包括：加强残疾人康复管理工作，医疗救助经费实行专款专用，增强为残疾人综合服务的能力；加强孕产妇保健工作，做好危重孕产妇救治与降低孕产妇死亡率，对武陵山片区贫困母亲产前检查、分娩服务实行专项补贴费用；加强关爱农村留守儿童，农村留守儿童的健康成长应该引起全社会的重视，为家庭经济条件特别困难的患有先天性疾病的儿童设立专项基金，为他们创造健康、平等、友爱的成长环境。

（二）鼓励民间资本投资医疗卫生服务，多层次提高居民健康水平

除了通过政府财政支出建立了一些大型的以营利为目的的医疗机构、非营利性医疗机构和基层医疗机构，另外还应通过制定相应的融资政策、法律法规，来鼓励和指导民间资本投资于健康服务，尤其是目前一些医疗机构服务能力还比较差，例如慢性病护理、保健康复、医疗美容、婴幼儿保健以及老年病等专科医院。鼓励和吸引民间资本在边远地区和农村地区建立营利性医疗机构，以达到既能帮助解决政府财政资源不足的问题，又能较好地满足居民多层次医疗卫生服务的需求。还可以在增加医疗机构的同时，有效利用企业、社会资金和政府资金来逐步改善这些医疗机构的硬件设施，比如添置高科技医疗设备、增加医院病床数等，让城镇居民享受高效、优质的医疗服务。

（三）加强医疗卫生人才队伍建设，培育良好的医疗卫生人才市场

一是加大力度培养、引进医学人才。加大对武陵山片区所跨省市高校在医学院建设上的支持力度，培养更多留得住、稳得下来、能够扎根贫困地区的医学人才，鼓励并引进医学院的优秀毕业生人才留在武陵山片区从事医疗事业。采取打感情牌加上报酬待遇的方式留住人、吸引人，在津贴、住房、解决子女上学等方面给予政策倾斜，多种渠道和来源、多条途径解决贫困地区的医疗卫生人才问题。

二是提升现有的人才专业水平。可采取的方式有两种：一种方式是脱产培训，在市、州、县、乡医院和村卫生室选拔具有高中及以上学历的本地人才，根据不同情况，制定不同的培训订单，可以在条件良好的医院开展不定期的医疗技术人员职业培训，也可以送出去培训与学习，通过这种脱产的培训与学习取得相应的资格，比

如助理医生资格、执业医生资格、全科医生资格，进一步提升医疗技术人员技术水平，更好地为本地群众提供健康服务。另一种方式是对口帮扶。片区内三甲医院要积极开展组团式对口帮扶，带队的可以是院长也可以是副院长，带着3—5名技术骨干，到对口帮扶的医院实地培训医疗、医药人才，对其现有的能力进一步提升。

三是培育和发展有序、良好的医疗卫生人才市场。武陵山片区制定医疗技术人员合理流动政策，建立全面、有效的医疗技术人才流动的调节机制，培育和发展有序、良好的医疗卫生人才市场，为医疗卫生事业更好地发展输送足够技术人才。

（四）对农村贫困人口的健康实行精准扶贫

对农村贫困人口的健康实行精准扶贫的目的就是要使贫困人口少生病，因病致贫群众看得起病、治得好病、看得上病，强调精准发力、精准扶贫、精准脱贫。对于生活在武陵山片区偏远农村的贫困人群主要由低收入家庭、残疾人、“五保”户、低技能农民工等构成，疾病是致贫返贫的重要因素，陷入贫困的家庭是由于家庭劳动力的健康问题所致，也有可能是“灾难性医疗支出”或大额医疗费用所致。根据国务院扶贫办最新摸底调查的数据显示：2015年，全国7000多万贫困农民中，因病致贫的比例较高，占了42%，面也较广，涉及1200多万个家庭。其中病情好转的即使暂时摆脱了贫困，但也有可能因为再次患病而返贫，贫困地区人口的卫生与健康状况堪忧。打响精准扶贫的攻坚战，实现人性化的健康精准扶贫，健康扶贫工作在整个脱贫攻坚战过程中起到关键作用。实行健康精准扶贫的建议如下：

一是精准识别和确定健康扶贫对象。这是精准健康扶贫的前提和基础。以县为单位，组织基层卫生和计划生育服务网络对建档立卡贫困人口进行健康检查，对致贫病种进行全面调查，确定需要医疗扶持的患者，每一户建立一个档案，武陵山片区71个县市区联网建立农村贫困人口因病致贫、因病返贫管理数据库，也可以把该数据库连接到国家卫生和计划生育委员会，形成全国性的数据库。建库的目的是为分类救治提供基础数据和决策参考，也可以根据基础数据确定医疗扶持的责任医院、责任医生，并将建立动态信息管理系统，按照分级诊疗的要求，依次在县级、市级、省级医院进行诊治，对因病致贫、因病返贫情况进行动态监测。

二是健康扶贫坚持“输血”和“造血”有机结合。武陵山片区农村贫困人口大多生活在边远的交通闭塞地区，既离不开“输血”即外部帮扶，更需要激发内生动力、增强自身的“造血”功能。为了让大山深处出行不便的贫困人口能够就近看病，需要搭建健康扶贫的医疗平台，加强贫困地区医疗卫生服务体系建设，政府要组织片区内州、市、县的医疗专家和基层医疗卫生院的医护人员和医疗志愿者到乡村活动，可以通过日常巡诊、筛查、咨询等方式，以便贫困人口及时得到便捷的医疗卫生服务。外部帮扶还可以在政府的主导下建立结对子式医疗服务模式，即片区内州、市、县、乡、村医院一对一帮扶，切实提高基层医疗机构提供医疗保障的能力，方便贫困人口可以就近看病。确保健康扶贫的精准度。片区内贫困人口要主动接受健康教育，积极提倡文明健康的生活方式，普及正确的卫生和防病常识，在空气清新没有污染的生活环境里加上良好的运动锻炼、营养饮食、规律作息习惯，可以降低疾病的发生率，不能出现物质上富裕而精神上贫困的状态。

三是完善贫困人口医疗保险制度。武陵山片区贫困人口大多数都参加了新农合或城镇居民医保，某种程度上减轻了因病致贫群众的治疗负担，但是医保报销比例有限，医保范围使很多医疗费用无法支付，给低收入的贫困人群带来巨大的经济负担，如果患大病、重病，会出现“灾难性的医疗支出”情况，因病致贫、因病返贫。因此，政府要通过加强医疗保险和医疗救助，来减轻贫困人口的医疗负担，对精准健康扶贫对象参加基本医疗保险个人缴费的那一部分实行补助，补助来源由州、市、县财政按照一定的比例一起出资，确保武陵山片区全部的精准健康扶贫对象能够得到基本医疗保障。另外，可以与精准健康扶贫对象一起购买大病保险、医疗商业保险，可以帮助降低甚至减免部分治疗费用，同时提高其在定点医院住院的医疗费用报销比例。对健康扶贫对象转救贫为救急，能够有效避免因病致贫、因病返贫现象的发生。

四是充分调动社会资源参与健康扶贫。健康精准扶贫，除了依靠政府有关部门，社会力量在健康扶贫中也能发挥重要作用。充分掌握武陵山片区健康状况，把基础工作做好，把病因和病种搞清楚、搞准确，舍得投入资金充实医疗卫生力量，做好州、市、县、乡、村等相关组织与扶贫对象需求的有效对接平台。动员和凝聚全社会力量广泛参与健康扶贫，吸引、整合更多的社会资金、人才技术资源参与其中，充分发挥协会、学会等社会组织作用，一些民营企业、社会组织团体、单位、个人、个体户等极度关注和重视健康扶贫，积极支持、热心参与，在农村急救设施（如急救通信、车辆、设备等）的配置，地方病、传染病、慢性病的防治，儿童营养餐饮的改善等方面都有明显的进展，为健康扶贫对象送医、送药、送温暖，发挥了很好的作用，真正将健康扶贫工作任务落到实处。

三　提高预期寿命层面的建议

居民在健康方面的投资包括两个方面：一是医疗保健投资，是一种积极的、主动的健康投资，其功能是预防疾病，能够达到改善居民生命质量的效果，增强体质和提高健康资本存量；二是食品投资，其功能是维持健康。两者相辅相成，共同提高人民的健康水平。所以，除了提高政府医疗财政支出和改善医疗环境，必须增强居民的医疗保健意识，以此提高居民的生活水平。建议如下：

首先，增强居民的医疗保健意识。随着人们生活节奏的加快，不少人在忙碌中忽略了自己的身体健康问题，体质每况愈下，身体状况越来越差，尤其是农村贫困人口对待疾病的态度是“小病拖、大病扛”，其保健意识基本没有。因此，增强居民的医疗保健意识非常有必要。一方面，在经济状况允许的条件下，采取科学的医疗技术服务及时治疗所患的重大疾病，定期或不定期地进行身体全面检查，便于及时发现身体中存在的疾病，并到医疗机构及时处理、治疗。另一方面，增加卫生保健投资，增强人们的保健意识。保健投资跟其他投资相比，更需要人们体现主动性和积极性。这样也提高居民对重大疾病的抵抗力，有效地预防疾病。这不仅提高了自身的健康水平，而且还降低在医疗方面的开支。所以，从效益和成本角度来分析，居民有意识地进行保健投入是效果更好的一种健康人力资本投资。为此，应当通过各种公益活动，如宣传画报、新闻媒体、健康知识讲座等形式，宣传健康保健知识，以提高居民的保健意识。政府应增强农村和社区公共体育设施的建设，为城乡居民健身提供场地和设备，使居民主动提高家庭或个人在医疗保健方面的开支，打造一个全民健身的氛围，充分推进武陵山片区全民健身运动的顺利开展。

其次，增加食品支出，可以提高生活质量。随着经济的发展，个人可供支配的收入不断增加，食品支出占家庭收入的比例不断下降。但我们仍不能忽略食品的重要性，要养成良好的健康饮食习惯，注意营养搭配。这样才能拥有更多健康资本，维持身体的健康，从而提高健康水平，提升健康人力资本存量水平。

最后，增加医疗卫生资源，完善医疗服务体系。一个国家或地区卫生机构、医院床位数、医疗技术人员数等是衡量该国或地区的医疗卫生状况的重要标准，也是本书构建武陵山片区健康指数的几个重要指标。增加医疗卫生资源，可以提高武陵山片区居民的健康水平，提高健康人力资本的积累，促进武陵山片区经济的可持续发展。完善医疗服务体系，包括医疗卫生机构如卫生所、诊所、医院、卫生室和其他硬件设施条件的改善，增加医疗技术人员的数量和提升服务质量，有利于增加人们的健康人力资本。

本章小结

根据上一章的实证分析，得出教育与健康两个因素对促进经济增长的贡献有快有慢，在显著程度方面也有差异，但这并不影响两者为经济增长带来持续动力，尤其对连片特困地区的脱贫致富而言，教育与健康人力资本投资水平的不断提高仍然是不可或缺的环节。

本章从优化教育与健康人力资本的角度出发，结合武陵山片区经济发展的现状，一方面提出武陵山片区应加大教育人力资本投入力度，促进教育投资经费来源多元化，加速各类教育的发展，提高人口素质的整体水平，健全和完善教育体系，推动人才合理配置，通过教育将农村人力资本转化为武陵山片区经济增长的动力。另一方面要关注健康人力资本投资，重视健康人力资本在经济增长中的作用，增强居民医疗保健投资意识，加大政府卫生投资的力度，拓宽医疗卫生资源，完善公共卫生服务体系，拓展保健服务领域。

第七章　结论与展望

第一节　结论

本书根据武陵山片区的数据，分析了教育和健康对连片特困地区经济增长的影响。首先，本书以人力资本为研究起点，归纳并梳理了人力资本理论及新经济增长理论的发展历程，综述国内外教育与健康对经济增长的相关文献，梳理并阐述了人力资本理论、经济增长理论、贫困理论，为后续几章的分析奠定基础。其次，分析了教育人力资本、健康人力资本的作用机理，介绍了武陵山片区教育人力资本、健康人力资本的形成途径并对其存量进行了测算。在此基础上，利用相关数据来检验武陵山片区的教育和健康投资对区域经济增长的影响及其程度。最后，给出促进连片特困地区经济增长的教育人力资本、健康人力资本优化与提升的建议。通过以上的理论和实证分析，本书主要得到以下结论：

第一，武陵山片区人力资本水平处于较低的状态。首先，教育水平偏低，教育人力资本存量和质量偏低，且存量的地区间差异较大，专业技术人才严重外流，人力资本投资相对不足，这是武陵山片区普遍存在的现象。其次，健康投资并不像教育人力资本投资那样受到关注，尤其在连片特困地区，长久以来健康人力资本投资没有得到人们的足够认识，医疗保健意识淡薄，健康投资严重不足，医疗卫生资源短缺，政府医疗卫生投入较少，因病致贫、因病返贫现象凸显。教育人力资本、健康人力资本水平偏低不但影响到连片特困地区的发展意识，而且还制约了该片区社会发展能力的提升，特别是影响到国家各项扶贫项目的开展，减贫进程缓慢。

第二，武陵山片区教育人力资本对经济增长有促进作用。由于武陵山片区的地区特征，经济增长过程中依赖物质资本是在预期之内的，但从第五章的实证分析结果来看，通过 T 检验，武陵山片区教育投资形成的人力资本对经济增长有促进作用，这种结果也是显著的。本书从三个回归模型来分析教育对武陵山片区经济增长的作用，从模型和数据之间拟合程度来看，总体的分析结果与预期的“未来长期的经济增长过程中教育人力资本投资变量的贡献程度不足”有一定差异性，三个估计模型不同程度地体现了教育、有效劳动和人力资本投资外部性对经济增长的贡献，而且都经过了数据的检验，说明武陵山片区的教育人力资本投资的产出还有更大的扩展空间。根据数据分析的结果，可以清晰地了解样本地区教育对经济增长的贡献有三点：其一，教育投资变量对样本地区经济增长贡献作用显示出动态的特征，与预期的弱相关有一定程度的差异性；其二，教育投资变量和人力资本变量对经济增长贡献的影响具有一定程度的差异性，由回归结果可知，教育投资变量更加促进了 GDP 的增加，人力资本变量则直接体现了个体参与教育后的收入的变化情况，但前者力度弱于后者；其三，样本地区的教育投资之后形成的人力资本水平在整个资本中的比例也有一个增长趋势，为 25%—30%，是相对数据估计的结果。虽然教育人力资本对经济增长贡献效应相对较低，但是增加教育人力资本投资、提高受教育年限能有效减缓贫困。

第三，武陵山片区健康人力资本对经济增长贡献的影响非常显著。本书第五章的实证结果表明，健康变量所涉及的预期寿命和婴儿死亡率两个因素都对区域经济增长产生正向影响，与数据模拟前“健康对经济增长的贡献是相对较低”的预期有很大差异性。健康人力资本对经济增长的贡献是非常显著的，能够为经济增长带来持续动力。从武陵山片区的数据可以看出，经济增长初期主要来源于教育人力资本投资，但随着教育收益预期与实际收益之间的差距增大，教育人力资本投资带来的经济增长贡献效应却处于一个慢增长状态，它对经济增长贡献效应相对较低。健康人力资本成为武陵山片区一个新兴因素，在私人和公共健康投资两种渠道的保障下，区域内的健康医疗水平得到提高，预期寿命、婴儿死亡率和出生率三个衡量指标体现了较高的水平。健康人力资本投资改变了人们的健康观念，降低了区域内疾病发生概率，降低了死亡率，也能够让个人健康资本储备更多，能够为经济增长带来持续动力。从经济增长速度和结构来分析，健康投资更能够优化样本区域内的产业结构，让个体能够充分发挥对经济增长的贡献和作用。

第四，武陵山片区健康人力资本对经济增长的影响高于教育人力资本，但两者并不能相互替代。本书在数据分析基础上讨论了教育和健康人力资本是否能够相互替代。若两类资本可以相互替代，那么健康所引致的长期经济增长效应可以用教育的经济增长贡献率来表示，结合武陵山片区的数据，两者相关系数较高，说明了两个变量之间存在高度相关，但由于数据的局限，健康和平均受教育年限的效应无法进行分离，两者之间存在差异，且平均受教育年限的作用低于健康水平的影响，这种结果与一般预期的相差较大，因为在样本地区教育引起的效用被广泛接受。数据模拟的结果说明了教育虽然对经济增长效用较大，但并不能替代健康的作用，也说明了本书将健康要素剥离的正确性。加大健康人力资本投资能够减少因病致贫、因病返贫的情况，对于缓解片区贫困局面具有重要的意义。

第五，武陵山片区的教育、健康人力资本存量较低，迫切需要提高。通过本书分析，发现教育人力资本投资方面存在公共基础教育投资欠缺系统化和高水平化、个人的教育投资意识有待进一步加强等问题。所以本书给出两个方面的建议：一是公共基础教育层面的建议，促进教育投资经费来源多元化，加速各层次、类型教育的发展，健全和完善教育体系，推动人才合理配置；二是个体教育层面的建议，关注成人教育投资，个人、企业和政府共同加大专业技术培训投资力度，通过教育将农村人力资本转化为经济增长的动力。健康变量在样本地区主要表现为死亡率和预期寿命，为了提升健康人力资本投资水平和质量，降低地区的死亡率和提高预期寿命，本书给出三个方面的建议：一是重视健康的作用；二是提高人们抵抗疾病的能力；三是从预期寿命的提高层面提高健康投资质量。

第六，对武陵山片区贫困人口实行精准化的教育、健康扶贫，是促使该片区经济增长的重要途径。经济增长是减少贫困的一个关键性因素，能给整个社会带来好处。扶贫政策的精准制定，对经济发展、经济增长、反贫困意义重大。“教育扶贫”是最有效、最直接的“精准扶贫”，可从“精准改造”“精准招生”“精准资助”“精准就业”“精准培训”五个“精准”入手并落到实处，必然能促进经济增长，为全面小康注入强大的动力。“健康扶贫”是实现人性化的“精准扶贫”，“健康扶贫”最终要达到贫困人口少生病、看得起病、治得好病、看得上病的目的，强调精准发力、精准识别、精准“输血”与“造血”相结合，精准扶贫，坚实打好经济增长的基础。

第二节 研究展望

基于武陵山片区的数据，本书分析了教育与健康人力资本对经济增长的影响，但由于笔者自身水平的限制，以及在数据获取方面也受到一些条件的限制，使研究有待进一步完善。

第一，数据来源需要进一步完善。由于数据的限制，本书在论述教育人力资本形成途径时，正规教育部分使用了2005—2014年武陵山片区各市、州、县、区的微观数据，但在在职培训部分使用了武陵山片区所跨四省市的宏观数据；本书在分析教育人力资本及健康人力资本的形成途径及测算时，全部使用武陵山片区所跨四省市的宏观数据。虽然使用微观数据和宏观数据测算的结果可能是一致的，但影响结论的精确性和全面性。今后，如果通过努力能够取得来源一致的数据并统一计算方法，笔者将进行更为完整的估算和验证。

第二，人力资本涵盖的因素需要拓展。因为人力资本结构本身的复杂性、数据的不完整性及区域经济增长的诸多因素影响，书中对连片特困地区人力资本的衡量仅限于教育和健康，这样做有可能会低估或高估人力资本的实际效应，还有进一步改善的余地，比如，培训、实践经验、迁移等方面的指标。影响教育、健康人力资本的指标，除了书中考虑到的财政性教育经费支出、平均受教育年限、从业人口数、预期寿命、婴儿死亡率等，还有一些没有涉及，比如影响教育人力资本的科学技术这一因素，再如影响健康的体育锻炼投入和保健品消费等因素，这些因素也影响人力资本投资，从而可能会对经济增长产生重要影响，这都是有待进一步研究的重要内容。

第三，不排除存在模型设定的错误。国外的实证分析模型并不一定适合连片特困地区的情况，本书主要参考国外的菲德模型、柯布—道格拉斯增长模型等相关研究结果，所以在模型设定上可能存在与连片特困地区实际情况不相符之处。为了更好地将经济增长模型及其数据拟合估计方法应用到区域经济增长源泉的研究中，进一步的研究将继续扩大样本的规模，在整合更多研究成果的基础上扩大研究成果的应用范围。

对于书中存在的漏洞、缺陷和不足之处，笔者将通过继续探索和努力学习，争取在以后的研究中进行深入的探讨、研究和拓展。

参考文献

[1] [印] 阿马蒂亚·森:《贫困与饥荒:论权利与剥夺》,王宇、王文玉译,商务印书馆2001年版。

[2] [印] 阿马蒂亚·森:《后果评价与实践理性》,应奇译,东方出版社2006年版。

[3] [印] 阿马蒂亚·森:《集体选择与社会福利》,胡的的、胡毓达译,上海科学技术出版社2004年版。

[4] [印] 阿马蒂亚·森:《以自由看待发展》,中国人民大学出版社2002年版。

[5] [美] 阿瑟·刘易斯:《经济增长理论》,商务印书馆1996年版。

[6] [美] 安东尼·B. 阿特金森、约瑟夫·E. 斯蒂格利茨:《公共经济学》,蔡江南、许斌译,上海三联书店1992年版。

[7] 安应民、胡树红:《论企业人力资本投资结构问题》,《兰州大学学报》2003年第5期。

[8] [美] 巴泽尔:《产权的经济分析》,费方域、段毅才译,上海三联书店、上海人民出版社1997年版。

[9] [美] 贝克尔:《人力资本》,梁小民译,北京大学出版社1987年版。

[10] [美] 贝克尔:《人类行为的经济分析》,陈琪、王业宇译,格致出版社2008年版。

[11] [美] 巴罗、萨拉·伊·马丁:《经济增长》,夏俊译,格致出版社2010年版。

[12] 成艾华：《人口转变、人力资本与民族地区经济增长》，民族出版社 2007 年版。

[13] 蔡昉、王德文：《外商直接投资与就业——一个人力资本分析框架》，《财经论丛》（浙江财经学院学报）2004 年第 1 期。

[14] 蔡昉：《2001 年：中国人口问题报告——教育、健康与经济增长》，社会科学文献出版社 2001 年版。

[15] 蔡昉、王德文：《比较优势差异、变化及其对地区差距的影响》，《中国社会科学》2002 年第 2 期。

[16] 陈勇、李小平：《中国工业行业的面板数据构造及资本深化评估：1985—2003》，《数量经济技术经济研究》2006 年第 10 期。

[17] 陈琳：《西部大开发不容回避的障碍——人力资本贫困》，《第三届中国软科学学术年会论文集》，2000 年 12 月 5 日。

[18] 陈庆德：《民族文化资本化论题的实质与意义》，《云南大学学报》（社会科学版）2004 年第 2 期。

[19] 陈霞：《健康投资对武陵山连片特困地区经济增长影响的实证研究》，《中国卫生经济》2015 年第 7 期。

[20] 陈霞：《武陵山片区与发达地区教育投资存量比较分析——基于人力资本丰裕系数模型》，《湖北民族学院学报》（哲学社会科学版）2015 年第 3 期。

[21] 陈霞：《武陵山连片特困地区与发达地区教育人力资本质量比较分析》，《湖北民族学院学报》（哲学社会科学版）2015 年第 5 期。

[22] 陈霞：《武陵山连片特困地区健康人力资本投资存量测算分析》，《中国卫生经济》2016 年第 6 期。

[23] 崔玉平：《中国高等教育对经济增长率的贡献》，《北京师范大学学报》（人文社会科学版）2000 年第 1 期。

[24] 戴庆中：《贫困地区人力资源的开发和运用与人的价值实现》，《贵州财经学院学报》1998 年第 6 期。

[25] 杜本峰:《健康—人力资本—经济效应》,《经济问题》2005年第3期。
[26] 范先佐:《教育经济学》,人民教育出版社1999年版。
[27] 范先佐:《教育经济学》,中国人民大学出版社2007年版。
[28] 樊明:《健康经济学——健康对劳动市场表现的影响》,社会科学文献出版社2002年版。
[29] 高梦滔、姚洋:《健康风险冲击对农户收入的影响》,《经济研究》2005年第12期。
[30] [瑞典] 冈纳·缪尔达尔:《世界贫困的挑战:世界反贫困大纲》,顾朝阳等译,北京经济学院出版社1991年版。
[31] 郭志仪、逯进:《教育、人力资本积累与外溢对西北地区经济增长影响的实证分析》,《中国人口科学》2006年第2期。
[32] 何承金:《论人力资本产权》,《四川大学学报》(哲学社会科学版)2000年第3期。
[33] [英] 哈罗德:《动态经济学导论》,商务印书馆1981年版。
[34] [美] 哈维·莱宾斯坦:《经济落后与经济发展》,纽约威利公司,1957年。
[35] 洪秋妹、常向阳:《我国农村居民疾病与贫困的相互作用分析》,《农业经济问题》2010年第4期。
[36] 洪秋妹:《健康、贫困与代际支持的理论分析》,《理论观察》2014年第11期。
[37] 洪秋妹:《健康冲击与农户贫困动态变化浅析》,《合作经济与科技》2014年第24期。
[38] 贺菊煌:《我国资产的估算》,《数量经济技术经济研究》1992年第8期。
[39] 胡鞍钢、熊义志:《我国西部开发中的教育发展战略:基于知识发展框架》,《世界教育信息》2000年第11期。
[40] 侯亚非、曹颖:《人力资本存量质量浅析》,《中国人口科学》2000年第6期。

[41] 侯亚非、王金营：《人力资本与经济增长方式转变》，《人口研究》2001 年第 3 期。

[42] 侯风云、张凤兵：《农村人力资本投资及外溢与城乡差距实证研究》，《财经研究》2007 年第 8 期。

[43] 胡永远：《人力资本与经济增长：一个实证分析》，《经济科学》2003 年第 1 期。

[44] 胡永远、刘永呈：《中国省际间人力资本和物质资本的相互关系分析》，《人口与经济》2005 年第 6 期。

[45] 胡昭霖：《人力资本中健康与教育投资的比较分析》，《大学时代》2006 年第 5 期。

[46] 蒋选、韩林芝：《教育与消除贫困：研究动态与中国农村的实证研究》，《中央财经大学学报》2009 年第 3 期。

[47] 焦斌龙：《人力资本对居民收入差距影响的存量效应》，《中国人口科学》2011 年第 5 期。

[48] [美] 贝克尔：《人力资本理论——关于教育的理论和实证分析》，中信出版社 2007 年版。

[49] [美] 贝克尔：《家庭经济分析》，华夏出版社 1987 年版。

[50] [英] 凯恩斯：《就业利息和货币通论》，徐毓译，商务印书馆 1983 年版。

[51] [美] 罗默：《马克思主义经济理论的分析基础》，上海人民出版社 2007 年版。

[52] [美] 理查德 · R. 纳尔逊：《经济变迁的演化理论》，胡世凯译，商务印书馆 1997 年版。

[53] [美] 罗伯特 · M. 索洛：《经济增长因素分析》，商务印书馆 1991 年版。

[54] [美] 罗格纳 · 纳克斯：《不发达国家的资本形成》，人民出版社 1953 年版。

[55] 罗凯：《健康人力资本与经济增长：中国分省数据证据》，《经济科学》2006 年第 4 期。

[56] 陆根尧、朱省娥:《中国教育对经济增长影响的研究》,《数量经济技术经济研究》2004 年第 1 期。

[57] 赖明勇、包群、阳小晓:《我国外商直接投资吸收能力研究》,《南开经济研究》2002 年第 3 期。

[58] 廖楚晖:《中国人力资本和物质资本的结构及政府教育投入》,《中国社会科学》2006 年第 1 期。

[59] 梁昭:《国家经济持续增长的主要因素分析》,《世界经济》2000 年第 7 期。

[60] [英] 李嘉图:《政治经济学及税赋原理》,郭大力、王亚南译,商务印书馆 1962 年版。

[61] 李建明、王金营:《人才资源在经济增长中的作用研究——来自京津沪三城市的实证结果》,《人口与经济》1999 年第 5 期。

[62] 李玲:《论人力资本投资的经济效应》,《北京市计划劳动管理干部学院学报》2003 年第 2 期。

[63] 李忠明、苏新:《素质教育是经济和社会发展的客观要求》,《成人教育》2000 年第 1 期。

[64] 李忠民:《基于企业社会资本的人力资本研究——一个理论分析与框架》,《吉林师范大学学报》(人文社会科学版)2009 年第 1 期。

[65] 李翠锦:《农户人力资本投资与农村贫困关系的实证研究》,《安徽农业科学》2010 年第 14 期。

[66] 李宝元:《人力资本产权与中国企业改革》,《学术论坛》2000 年第 3 期。

[67] 李宝元:《人力资本论》,北京师范大学出版社 2009 年版。

[68] 李志江:《人才资源的经济学分析——中国欠发达地区人才资源开发与利用实证分析》,中国人民大学出版社 2007 年版。

[69] 刘寒雁:《云南少数民族地区教育结构配置与社会经济发展》,《云南师范大学学报》(哲学社会科学版)2006 年第 4 期。

[70] 刘寒雁:《少数民族地区人力资本研究——兼论云南省少数民族

教育问题》，云南大学出版社 2007 年版。

[71] 刘修岩、章元、贺小海：《教育与消除农村贫困：基于上海市农户调查数据的实证研究》，《中国农村经济》2007 年第 10 期。

[72] 刘国恩、William H. Dow、傅正泓：《中国的健康人力资本与收入增长》，《经济学季刊》2004 年第 4 期。

[73] 逯进：《中国西部人力资源与经济增长关系的演进》，经济科学出版社 2009 年版。

[74] 孟晓晨、刘洋、戴学珍：《中国主要省区人力资本利用效率及流动方向研究》，《人文地理》2005 年第 6 期。

[75] 孟庆国、胡鞍钢：《消除健康贫困应成为农村卫生改革与发展的优先战略》，《中国卫生资源》2000 年第 6 期。

[76] 马翀炜：《民族文化资本化论纲》，《云南大学学报》（社会科学版）2004 年第 1 期。

[77] [英] 马歇尔：《经济学原理》，北京出版社 2012 年版。

[78] [英] 马尔萨斯：《人口论》，陕西人民出版社 2013 年版。

[79] [英] 马克·布劳格：《经济理论的回顾》，姚开建译，中国人民大学出版社 2009 年版。

[80] [美] 马丁·卡诺依：《教育经济学国际百科全书》，闵维方等译，高等教育出版社 2000 年版。

[81] [美] 奥斯卡·刘易斯：《桑切斯的孩子们》，李雪顺译，上海译文出版社 2014 年版。

[82] 潘思思：《健康人力资本对我国城乡居民收入的影响》，硕士学位论文，浙江大学，2007 年。

[83] 钱雪亚、王秋实、伊立夫：《中国人力资本和物质资本存量：基于总资本框架的估算》，《商业经济与管理》2009 年第 3 期。

[84] 钱雪亚：《人力资本水平方法与实证》，商务印书馆 2011 年版。

[85] 秦其文：《贫困的思想根源与思想反贫困》，《中国老区建设》2007 年第 9 期。

[86] [法] 让·巴蒂斯特·萨伊：《政治经济学概论》，商务印书馆

1963年版。
[87] 任若恩、刘晓生：《关于中国资本存量估计的一些问题》，《数量经济技术经济研究》1997年第1期。
[88] 孙炳彦：《关于环境损失计量中修正的人力资本的计算指标》，《环境保护》1998年第3期。
[89] 盛乐：《人力资本投资与经济增长关系的实证研究》，《经济问题探索》2000年第6期。
[90] 沈坤荣、田源：《人力资本与外商直接投资的区位选择》，《管理世界》2002年第11期。
[91] 沈坤荣、李剑：《中国经济持续增长的可能性》，《"与时俱进、开拓进取"全国高校社会主义经济理论与实践研讨会第16次会议》2002年9月16日。
[92] 沈坤荣、李剑、耿强：《技术外溢的影响因素及其研究模式》，《现代经济探讨》2009年第6期。
[93] [美] 舒尔茨：《人力投资：人口质量经济学》，华夏出版社1990年版。
[94] [美] 舒尔茨：《论人力资本投资》，北京经济学院出版社1990年版。
[95] 童星、林闽钢：《中国农村社会保障》，人民出版社2011年版。
[96] [英] 威廉·配第：《政治算术》，陈冬野译，商务印书馆2014年版。
[97] 王弟海、龚六堂、李宏毅：《健康人力资本、健康投资和经济增长——以中国跨省数据为例》，《管理世界》2008年第3期。
[98] 王弟海：《健康人力资本能促进长期经济增长吗》，《浙江社会科学》2007年第4期。
[99] 王弟海、龚六堂、邹恒甫：《物质资本积累和健康人力资本投资：两部门经济模型》，《中国工业经济》2010年第5期。
[100] 王金营：《人力资本与经济增长理论与实证》，中国财政经济出版社2001年版。

[101] 王金营：《中国经济增长与综合要素生产率和人力资本需求》，《中国人口科学》2002 年第 2 期。

[102] 王金营：《西部地区人力资本在经济增长中的作用核算》，《中国人口科学》2005 年第 3 期。

[103] 王金营：《利用人口普查数据编制教育生命表的技术处理》，《中国人口科学》2005 年第 S1 期。

[104] 王萍：《基于人力资本视角的甘肃省高等教育与经济增长关系分析》，《经济研究导刊》2008 年第 2 期。

[105] 王小鲁：《中国经济增长的可持续性与制度变革》，《经济研究》2000 年第 7 期。

[106] 王小鲁、樊纲、刘鹏：《中国经济增长方式转换和增长可持续性》，《经济研究》2009 年第 1 期。

[107] 王永奇：《FDI 溢出、金融市场与经济增长》，《数量经济技术经济研究》2006 年第 1 期。

[108] 王一兵、张东辉：《中国健康人力资本对收入的影响分析——来自纵贯数据的证据》，《卫生经济研究》2007 年第 12 期。

[109] 汪燕敏：《居民健康对我国农村相对贫困影响的实证研究》，《卫生软科学》2009 年第 4 期。

[110] 魏立萍：《不同教育程度失业者再就业差异的比较分析——运用生存模型对厦门市失业者的经验研究》，《教育与经济》2007 年第 2 期。

[111] 魏下海、李树培：《人力资本、人力资本结构与区域经济增长——基于分位数回归方法的经验研究》，《财贸研究》2009 年第 5 期。

[112] 魏众：《健康对非农就业及其工资决定的影响》，《经济研究》2004 年第 2 期。

[113] 吴建伟：《引进外资与国内要素积累对出口增长相关性的研究》，《国际商务研究》2001 年第 3 期。

[114] Wolfe B. L.：《教育的外部收益》，载 Carnoy M. 主编《教育经

济学国际百科全书》（第二版），闵维方等译，高等教育出版社 2000 年版。
[115] 徐倩、谢勇：《健康与教育：人力资本投资的比较研究》，《市场与人口分析》2004 年第 1 期。
[116] 熊春文：《教育经济功能的一个制度学解释》，《教育理论与实践》2002 年第 1 期。
[117] 许学军、周洁：《有效需求不足的人力资本成因——内生人力资本增长框架的分析》，《当代财经》2002 年第 7 期。
[118] 向恒：《反贫困与人力资本投资》，《当代财经》1998 年第 7 期。
[119] [美] 谢辛斯基等编著：《自由企业经济体的创业、创新与增长机制，20 世纪美国的内生力量》，上海东方出版中心 2009 年版。
[120] [美] 舒尔茨：《报酬递增的源泉》，姚志勇、刘群艺译，北京大学出版社 2001 年版。
[121] [英] 亚当·斯密：《国民财富的性质和原因的研究》，郭大力、王亚南译，商务印书馆 1974 年版。
[122] [美] 雅各布·明塞尔：《人力资本研究》，张凤林译，中国经济出版社 2001 年版。
[123] [英] 约翰·格雷：《自由主义的两张面孔》，顾爱彬、李瑞华译，江苏人民出版社 2005 年版。
[124] [英] 约翰·斯图亚特·穆勒：《功利主义》，中国社会科学出版社 2009 年版。
[125] [美] 约瑟夫·阿洛伊斯·熊彼特：《经济发展理论》，江西教育出版社 2014 年版。
[126] [美] 约瑟夫·斯蒂格利茨和宇泽弘文：《现代经济增长理论选读》，麻省理工学院出版社 1969 年版。
[127] 杨红英：《少数民族发展中人力资源开发研究——基于云南民族文化传承与民族教育开发》，云南大学出版社 2008 年版。

[128] 杨爽:《中国经济增长中的人力资本适配性研究》, 西南财经大学出版社 2011 年版。

[129] 杨建芳、龚六堂、张庆华:《人力资本形成及其对经济增长的影响——一个包含教育和健康投入的内生增长模型及其检验》,《管理世界》2006 年第 5 期。

[130] 杨明洪:《论西方人力资本理论的研究主线与思路》,《经济评论》2001 年第 1 期。

[131] 杨国涛:《宁夏农村贫困的演进与分布研究》, 博士学位论文, 南京农业大学, 2006 年。

[132] 原新:《人力资本是西部大开发的关键》,《人口研究》2000 年第 5 期。

[133] 姚树荣、张耀奇:《人力资本含义与特征论析》,《重庆社会科学》2001 年第 2 期。

[134] 姚宝刚:《人力资本投资与经济增长》,《工业技术经济》2004 年第 4 期。

[135] 余长林:《人力资本投资结构与经济增长——基于包含教育资本、健康资本的内生增长模型理论研究》,《财经研究》2006 年第 10 期。

[136] 余长林:《人力资本投资结构及其经济增长效应——基于扩展 MRW 模型的内生增长理论与实证研究》,《南方经济》2006 年第 12 期。

[137] 于东平、段万春:《健康人力资本、教育人力资本与经济增长——基于我国省级面板数据的实证研究》,《武汉理工大学学报》(社会科学版) 2011 年第 3 期。

[138] 周其仁:《市场里的企业: 一个人力资本与非人力资本的特别合约》,《经济研究》1996 年第 6 期。

[139] 周天勇:《劳动与经济增长》, 上海人民出版社 1994 年版。

[140] 诸建芳、王伯庆等:《中国人力资本投资的个人收益率研究》,《经济研究》1995 年第 12 期。

[141] 庄志军:《美、日、英高等教育与经济增长关系的模式比较》,《商场现代化》2006 年第 17 期。

[142] 张凤林:《人力资本理论及其应用研究》,商务印书馆 2006 年版。

[143] 张树安:《民族地区人口与经济可持续发展论》,民族出版社 2005 年版。

[144] 张曦:《连片特困地区参与式扶贫绩效评价》,博士学位论文,湘潭大学,2013 年。

[145] 张晓阳、赵普:《经济增长阶段与人力资本积累阶段关联机制研究——对中国西部地区实证考察》,中国经济出版社 2008 年版。

[146] 张军:《人力资本营运产权测评的计量模型》,《西南民族学院学报》(哲学社会科学版)2003 年第 4 期。

[147] 张军、孙宁:《从李斯特经济增长理论到现代经济增长理论的演变》,《经济学动态》2005 年第 3 期。

[148] 张晓阳:《西部地区经济增长与人力资本研究》,《财经科学》2010 年第 4 期。

[149] 张车伟:《营养、健康与效率——来自中国贫困农村的证据》,《经济研究》2003 年第 1 期。

[150] 赵曦:《人力资本理论与反贫困问题研究》,《改革与战略》1997 年第 4 期。

[151] 赵忠:《健康卫生需求的理论和经验分析方法》,《世界经济》2005 年第 4 期。

[152] 赵忠、侯振刚:《我国城镇居民的健康需求与 Grossman 模型》,《经济研究》2005 年第 10 期。

[153] Ahluwalia M. S., Carter N. G., Chenery H. B., "Growth and Poverty in Developing Countries", *Journal of Development Economics*, No. 3, 1979.

[154] Alfaro Carlos E. and Pedro M. Lorenti, "The Growing Opposition of

Argentina to ICSID Arbitral Tribunals: A Conflict Between International and Domestic Law", *The Journal of World Trade and Investment*, No. 3, 2005.

[155] Michael Spence A., *Market Signaling: The Informational Structure of Job Markets and Related Phenomena*, Ph. D. Thesis, Harvard University Press, 1972.

[156] Arrow K. J., "The Economic Implications of Learning by Doing", *The Review of Economic Studies*, No. 3, 1962.

[157] Arrow K. J., "Uncertainty and the Welfare Economic of Medical Care", *American Economy Review*, No. 5, 1963.

[158] Arrow K. J., "The Economics of Moral Hazard: Further Comment", *American Economy Review*, No. 58, 1968.

[159] Amartya Sen, *Development as Freedom*, New York: Alfred A. Knopf, 1999.

[160] Amartya Sen, "Why We Should Preserve the Spotted Owl", *London Review of Books*, No. 26, 2004.

[161] Agiomirgianakis G., Asteriou D. and Monastiriotis V., "Human Capital and Economic Growth Revisited: A Dynamic Panel Data Study", *International Advances in Economic Research*, No. 3, 2002.

[162] Arora S., "Health, Human Productivity and Longterm Economic Growth", *Journal of Economic History*, No. 3, 2001.

[163] Becker G. S., "Investment in Human Capital: A Theoretical Analyse", Journal of Politics, 1962.

[164] Becker G. S., B. R. Chiswick, "Education and the Distribution of Earnings", *The American Economic Review*, No. 56, 1966.

[165] Becker G. S., *Human Capital*, Columbia University Press, 1964.

[166] Becker G. S. and R. J. Barro, "A Reformulation of the Economic Theory of Fertility", *Quarterly Journal of Economics*, No. 1, 1988.

[167] Becker G. S. , Murphy Kevin M. and Tamura Robert, "Human Capital, Fertility and Economic Growth", *Journal of Politics Economy*, No. 5, 1990.

[168] Becker G. S. , Glaeser E. L. , Murphy. K. M. , "Population and Economic Growth", *The American Economics Review*, No. 2, 1999.

[169] Becker G. S. , *Human Capital: A Theoretical and Empirical Analysis with Special Reference to Education*, Chicago: The University of Chicago Press, 2008.

[170] Bhargava A. , Jamison D. T. and Lau L. J. , "Modeling the Effects of Health on Economic Growth", *Journal of Health Economics*, No. 3, 2001.

[171] Barro R. J. , "Economic Growth in a Cross – Section of Countries", *Quarterly Journal of Economics*, No. 2, 1991.

[172] Barro R. J. and Lee J. W. , "International Comparisons of Educational Attainment", *Monetary Economics*, 1993.

[173] Barro R. J. and Lee J. W. , *Sources of Economic Growth*, 1994.

[174] Barro R. J. and Xavier Sala – i – Martin, *Economic Growth*, New York: Mc Graw – Hill, 1995.

[175] Barro R. J. and X. Sala – i – Martin, *Economic Growth*, Massachusetts: MIT Press, 1999.

[176] Berkowitz Edward D. , *America's Welfare State from Roosevelt to Reagan*, Baltimore: Johns Hopkins University Press, 1991.

[177] Rowntree B. S. , *Poverty: A Study of Town Life*, New York: The Macmillan Company, 1902.

[178] Bunzel H. and X. Qiao, "Endogenous Lifetime and Economic Growth Revisited", *Economics Bulletin*, No. 8, 2005.

[179] Bhargava A. , Jamiosn D. T. , Lau I. J. and Murray C. J. L. , "Modeling the Effects of Health on Economic Growth", *Journal of*

Health Economics, No. 20, 2001.

[180] Bloom D., Canning D. and Pia Malaney, "Demographic Change and Economic Growth in Asia", *Population and Development Review*, No. 26, 2000.

[181] Bloom D. and Canning D., *Cumulative Causality, Economic Growth and the Demographic Transition*, Oxford: Oxford University Press, 2001.

[182] Bloom D. E. and Canning David, "The Health and Poverry of Nations: From Theory to Practice", *Journal of Human Development*, No. 1, 2003.

[183] Cheng Fang, Zhang Xiaobo and Fan Shenggen, "Emergence of Urban Poverty and Inequality in China: Evidence from Household Survey", *China Economic Review*, No. 13, 2002.

[184] Cropper M. L., "Health, Investment in Health and Occupational Choice", *Journal of Political Economy*, University of Chicago Press, 1977.

[185] Chakraborty S., "Endogenous Lifetime and Economic Growth", *Journal of Economic Theory*, No. 1, 2004.

[186] Charles, "The Longitudinal Structure of Earnings Losses among Work - Limited Disabled Workers", *The Journal of Human Resources*, No. 38, 2003.

[187] Cynthia Feliciano, "Education and Ethnic Identity Formation among Children of Latin American and Caribbean Immigrants", *Sociologic Perspectives*, No. 2, 2005.

[188] Denison Edward F., "Expansion and Employment", *The American Economist*, 1947.

[189] Denison Edward F., *Trends in American Economic Growth* 1929 - 1982, Washington D. C.: The Brookings Institution, 1976.

[190] Denison Edward F., *Human Capital Approach to Economic Devel-*

opment, New Metro Politan, 1983.

[191] Gordon D. M. et al., *Segmented Work, Divided Workers*, Cambridge University Press, 1982.

[192] Dolan P., "The Measurement of Health - Related Quality of Life", *Handbook of Health Economics*, No. 1, New York: Elsevier, 2000.

[193] Edwards W., "Conservatism in Human Information Processing", *Formal Representation of Human Judgement*, 1968.

[194] Frey Bruno S., Tertium Datur, "Pricing, Regulating and Intrinsic Motivation", *Kyklos*, No. 2, 1992.

[195] Grossman M., "On the Concept of Health Capital and the Demand for Health", *Journal of Political Economy*, No. 80, 1972.

[196] Grossman M., Helpman Elhanan, *Innovation and Growth in the Global Economy*, 1991.

[197] Grossman M. and Kaestner R., "Effects of Education on Health", in J. R. Behrman and N. Stacey, eds., *The Social Benefits of Education*, University of Michigan Press, 1997.

[198] Gustafsson, Björn and Li Shi, "Expenditures on Education and Health Care and Poverty in Rural China", *China Economic Review*, No. 15, 2004.

[199] Harrod Roy F., "An Essay in Dynamic Theory", *The Economic Journal*, 1939.

[200] Harvey Leibenstein, *Economic Backwardness and Economic Growth*, New York: John Wile and Son, 1957.

[201] Gintis H. and S. Bowles, *Schooling in Capitalist America*, London and Henley: Routledge & Kegan Paul, 1976.

[202] Hirofumi Uzawa, "Note on Preference and Axioms of Choice", *Annals of the Institute of Statistical Mathematics*, No. 1, 1956.

[203] Hicks, "Education and Economic Growth", in *Economics of Ed-*

ucation: *Research and Studies*, Psacharopoulos G. , ed. , Oxford: Pergamon, 1987.

[204] Irving Fisher, *The Nature of Capital and Income*, New York : The Macmillan Co. , 1906.

[205] Irving Fisher , *The Rate of Interest* : *Its Nature Determination and Relation to Economic Phenomena*, New York : The Macmillan Co. , 1907.

[206] Jung Hong – Sang, Thorbecke, Erik, " The Impact of Public Education Expenditure on Human Capital, Growth and Poverty in Tanzania and Zambia: A General Equilibrium Approach ", *Journal of Policy Modeling*, No. 8, 2003.

[207] Joan Kendall, " Circles of Disadvantage: Aboriginal Poverty and Underdevelopment in Canada ", *American Review of Canadian Studies*, No. 1 – 2, 2001.

[208] Joseph E. Stiglitz, Gerald M. Meier and Nicholas Stern, eds. , *Frontiers of Development Economics*: *The Future in Perspective*, World Bank, May 2000.

[209] Jamison D. T. , Lau L. and Wang J. J. , " Health's Contribution to Economic Growth in an Environment of Partially Endogenous Technical Progress", DCPP Working Paper, No. 10, 2003.

[210] Karl Gunnar Myrdal, *Economic Theory and Under – Developed Regions*, London, Methuen, 1957.

[211] Kurosaki T. and H. Khan, " Human Capital and Elimination of Rural Poverty : A Case Study of the North – West Frontier Province", Pakistan IER Discussion Paper Series B, No. 24, 1999, Hitotsubashi University (2001) .

[212] LaRue A. et al. , "Health in Old Age: How Physicians' Ratings and Self – Ratings Compare", *Journal of Gerontology*, No. 34, 1979.

[213] Lee K. H. , "Screening, Ability and the Productivity of Education in Malaysia", *Economics Letters*, No. 5, 1980.

[214] Lee S. S. Ram R. and Smith C. W. , "Distributive Effect of State Subsidy to Undergraduate Education: The Case of Illinois", *Economics of Education Review*, No. 18, 1999.

[215] Lucas R. E. , "On the Mechanics of Economic Development", *Journal of Monetary Economics*, 1988.

[216] Blaug M. , "The Correlation between Education and Earings: What Does Signify", *Higher Education*, No. 1, 1971.

[217] Blaug M. , *Economic Theories True or False?*, Edward Elgar, 1990.

[218] Mincer J. , *Schooling, Experience and Earnings*, New York: Columbia University Press, 1974.

[219] Mincer J. , "Investment in Human Capital and Personal Income Distribution", *Journal of Political Economics*, No. 66, 1958.

[220] Mincer J. , *A Study of Personal Income Distribution*, Columbia University, 1957.

[221] Piore M. J. , "The Dudal Labour Market: Theory and Applications", in R. Barringer and S. H. Beer, eds. , *The State and the Poor*, Winthrop: Cambridge, Mass, 1970.

[222] Mushkin S. J. , "Health as an Investment", *Journal of Political Economy*, No. 72, 1962.

[223] Mankim Gregory N. , Romer David and Weil David N. A. , "Contribution to the Empirics of Economic Growth", *Quarterly Journal of Economics* , Vol. 107, No. 2, 1992.

[224] Mayer D. , "The Long – Term Impact of Health on Ecomomic Growth in Latin America", *World Development*, No. 6, 2001.

[225] Maitra P. , "Parental Bargaining, Health Inputs and Child Mortality in India", *Journal of Health Economics*, No. 23, 2004.

[226] Grossman M. , *The Demand for Health: A Theoretical and Empirical Investigation*, New York: Columbia University Press For NBER, 1972.

[227] Miller J. R. , *Shingwauk's Vision: A History of Native Residential Schools*, Toronto: University of Toronto Press, 1996.

[228] Woodhall M. , "Cost Analysis in Education", in *Economics of Education – Research and Studies*, Oxford: Paragon Press, 1987.

[229] OECD, *The Well – Being of Nations: The Role of Human and Social Capital*, 2001.

[230] Doeringer P. and M. J. Piore, *Internal Labour Markets and Manpower Analysis*, Lexington, Massachusetts: Health, 1971.

[231] Petrakis P. E. , D. Stamatakis, "Growth and Educational Levels: A Comparative Analysis", *Economics of Education Review*, No. 5, 2002.

[232] Perreira K. M. , Ornelas I. J. , "The Physical and Psychological Well – Being of Immigrant Children Learners", *The Future of Children*, No. 1, 2011.

[233] Ram R. , Schultz T. W. , "Life Span, Health, Savings and Productivity", *Economic Development and Cultural Change*, No. 3, 1979.

[234] Riley J. G. , "Testing the Educational Screening Hypothesis", *Journal of Political Economy*, No. 5, 1979.

[235] Robert M. Solow, "Competitive Valuation in a Dynamic Input – Output System", *Econometrica*, No. 1, 1959.

[236] Robert M. Solow, "Technical Progress, Capital Formation and Economic Growth", *The American Economist*, 1962.

[237] Robert E. Lucas Jr. , "On the Mechanics of Economic Development", *Journal of Monetary Economics*, No. 7, 1988.

[238] Romer Paul M. , "Increasing Returns and Long – Run Growth",

Journal of Political Economy, No. 5, 1986.

[239] Romer Paul M. , "Endogenous Technoligical Change", *Journal of Political Economy*, 1990.

[240] Richard Teichgraeber Ⅲ. , "Rethinking Das Adam Smith Problem", *Journal of British Studies*, 1981.

[241] Sandra J. , "Employee Rights, Employee Responsibilities and Knowledge Sharing in Intelligent Organization", *Employee Responsibilities and Rights Journal*, No. 2, 2002.

[242] Solow Robert M. , "A Contribution to Theory of Economic Growth", *Quarterly Journal of Economics*, No. 70, 1956.

[243] Solow Robert. M. , "Technical Change and the Aggregate Production Function", *Review of Economics and Statistics*, No. 39, 1972.

[244] Schuler T. W. , "The Formation of Human Capital by Education", *Journal of Politics*, 1960.

[245] Schultz T. W. , "Investment in Human Capital", *American Economic Review*, No. 1, 1961.

[246] Schultz T. W. , "The Value of Children: An Economic Perspective", *The Journal of Political Economy*, No. 81, 1973.

[247] Schultz T. W. , "The Value of Ability to Deal With Disequilibria", *Journal of Economic Literature*, No. 13, 1975.

[248] Schultz T. W. and T. Paul, "Wage Gains Associated with Height as a Form of Health Human Capital", *The American Economic Review*, No. 2, 2002.

[249] Swan Trevor W. , "Economic Growth and Capital Accumulation", *Economic Record*, No. 32, 1956.

[250] Smith C. S. , *The Parameter of Aspect*, Kluwer Academic Publishers, 1997.

[251] Smith J. P. , "Healthy Bodies and Thick Wallets: The Dual Relation between Health and Economics Status", *Journal of Econom-*

ic Perspectives, No. 2, 1999.

[252] Rosen S., "Substitution and the Division of Labour", *Economica*, No. 1, 1978.

[253] Klees S. J., "The Economic of Education: Is That All There Is", *Comparative Education Review*, No. 4, 1991.

[254] Teal F., "Education, Incomes, Poverty and Inequality in Ghana in the 1990s", *GSAE WPS*, No. 21, 2001.

[255] Thomas A. G., Dennis A., Bandettini P. A. and Franken – Berg H., "The Effects of Aerobic Activity on Brain Structure", *Front Psychol*, No. 86, 2002.

[256] Uzawa H., "Optimal Technical Change in an Aggregative Model of Economic Growth", *European Economic Review*, No. 38, 1965.

[257] Wedgwood R., "Education and Poverty Reduction in Tanzania", *International Journal of Educational Development*, No. 27, 2007.

[258] William Petty, *A Treatise of Ireland*, http://www.taieb.net/auteurs/Petty/pastimes0.html.

[259] World Bank, "Expanding the Measure of Wealth: Indicators of Environmentally Sustainable Development", *Environmentally Sustainable Development Studies and Monographs Series*, No. 17, Washington, D. C..

[260] Haveman R. H. and Wolfe B. L., "Schooling and Economic Well – Being: The Role of Nonmarket Effects", *Journal of Human Resources*, No. 3, 1984.

[261] Wolfe B. et al., "Nonmarket Outcomes of Schooling", *International Journal of Educational Research*, No. 27, 1997.

[262] Rostow W. W., *The Idea of an Economic Development Decade*, March 2, 1961.

[263] Zon A. H. and J. Muysken, "Health and Endogenous Growth", *Journal of Health Economics*, No. 2, 2001.

后　记

本书的主要思想和观点是我在中南财经政法大学读博士时形成的。博士毕业后由于受诸多因素影响，始终没有时间进行整理。直到 2015 年先后获得湖北民族学院博士启动基金、国家连片特困地区（武陵山片区）农村贫困问题重点研究基地经费资助、湖北省科技支撑计划（软科学研究类）经费资助，才得以进行回顾、修改和成行。本书仍有一些漏洞、缺陷和不足之处，但使我略感宽慰的是以后还可以继续进行深入探讨、研究和拓展。实际上，在出版之前，有些内容和观点已在《中国卫生经济》、《湖北民族学院学报》（哲学社会科学版）等期刊上发表。

借本书出版之际，对所有关心和帮助过我的恩师、同学、朋友表示深深的谢意。感谢我的博士生导师陈全明教授悉心指导；感谢公共管理学院赵曼教授、陈芳教授、刘俊霞教授、蒋文莉教授、邓汉慧教授、张广科教授等的教诲；感谢张行、于雁洁、赵蔚蔚、帅起先、付晓明、于长勇等诸位好友，在我学习、生活遇到困难时，给予了热心的帮助和鼓励；感谢我的家人，谨以此书献给我的父母、婆婆、丈夫黄力英和儿子黄逸宸。

陈霞

2016 年 9 月 19 日